本 书 编 写 组

主 编：

    范恒山　曹文炼

编写人员（按拼音顺序）：

    方　正　郭芳翠　郭建民　黄永富

    景朝阳　李华香　毛克疾　沈体雁

    杨海龙　张庭瑞　周睿杰

区域
经济

国外区域经济规划与政策的研究借鉴

Study and Analysis on
Foreign Regional Economic Planning and Policy

范恒山　曹文炼◎主编

人民出版社

策划编辑:郑海燕
封面设计:林芝玉
责任校对:苏小昭

图书在版编目(CIP)数据

国外区域经济规划与政策的研究借鉴/范恒山,曹文炼 主编. —北京:
　人民出版社,2018.12
ISBN 978－7－01－019992－4

Ⅰ.①国…　Ⅱ.①范…②曹…　Ⅲ.①区域经济-经济规划-对比研究-
世界②区域经济-经济政策-对比研究-世界　Ⅳ.①F112

中国版本图书馆 CIP 数据核字(2018)第 248676 号

国外区域经济规划与政策的研究借鉴
GUOWAI QUYU JINGJI GUIHUA YU ZHENGCE DE YANJIU JIEJIAN

范恒山　曹文炼　主编

人民出版社 出版发行
(100706　北京市东城区隆福寺街 99 号)

北京汇林印务有限公司印刷　新华书店经销

2018 年 12 月第 1 版　2018 年 12 月北京第 1 次印刷
开本:710 毫米×1000 毫米 1/16　印张:16.25
字数:262 千字

ISBN 978－7－01－019992－4　定价:70.00 元

邮购地址 100706　北京市东城区隆福寺街 99 号
人民东方图书销售中心　电话 (010)65250042　65289539

十八大以来我国区域战略的创新发展[①]

（代序）

习近平同志指出，下好"十三五"时期发展的全国一盘棋，协调发展是制胜要诀。党的十八大以来，以习近平同志为核心的党中央与时俱进、科学决策，在区域协调发展方面作出了一系列重要论述、采取了一系列重大创新性举措，我国区域发展呈现由不平衡向趋于平衡、由不协调向日益协调转变的良好态势。

一、把协调发展作为治国理政的 基本发展理念之一

党的十八大以来，以习近平同志为核心的党中央在治国理政中的一个重大建树是提出了创新、协调、绿色、开放、共享的新发展理念。新发展理念建立在对经济社会发展规律深入把握的基础上，对于实现"两个一百年"奋斗目标、实现中华民族伟大复兴的中国梦具有重大指导意义。其中，协调发展注重解决发展不平衡问题，它既是治国理政的基本发展理念之一，又是推进各项工作的一个具体要求。贯彻落实协调发展理念，在宏观和战略层面，必须牢牢把握中国特色社会主义事业总体布局，正确处理发展中的重大关系，不断增强发展的整体性协调性，在协调发展中拓展发展空间；在微观和

[①]　本文发表于《人民日报》2017 年 6 月 14 日第 7 版。

战术层面,必须统筹兼顾,着力补齐发展短板、克服瓶颈制约,在加强薄弱领域中增强发展后劲。

促进区域协调发展是坚持协调发展的一项核心内容。党的十八届五中全会强调,推动区域协调发展,塑造要素有序自由流动、主体功能约束有效、基本公共服务均等、资源环境可承载的区域协调发展新格局。为此,要站在全局高度认识促进区域协调发展的极端重要性。区域发展不平衡会导致一系列矛盾和问题,影响经济发展和社会稳定大局,必须牢固树立不断促进区域协调发展的思想;把缩小地区差距作为一项需要持续推进的重大任务,着力解决区域发展中存在的突出问题,推动落后地区加快发展,促进关键领域"填平补齐";积极探索抑制地区差距扩大、解决区域发展不平衡的制度举措,通过市场和政府的有机协同,形成动态促进区域协调发展的体制机制。

二、着力实施"一带一路"建设、京津冀协同 发展和长江经济带发展三大战略

党的十八大以来,以习近平同志为核心的党中央审时度势、内外统筹,先后提出了推进"一带一路"建设、京津冀协同发展和长江经济带发展三大战略,着眼于实现一体联动和重点突破相统一,促进区域协调发展。经过几年的努力,"三大战略"取得了显著进展。

"一带一路"建设扎实推进,进度和成果超出预期。制定了总体战略规划和一系列专项规划,形成了较为完善的整体设计和建设框架;以战略对接为核心,与众多相关国家和地区、重要国际组织签署合作协议,形成了一批双多边合作规划纲要,国际共识不断凝聚;推进"六廊六路多国多港"建设,陆续开工建设了一批重大工程和建设项目,形成了丰厚的早期收获;产能合作不断扩展,建立了一批重要的合作园区、合作项目和多种合作基金,相应推动机制、标准、技术、检测检验等的对接;教育、科技、卫生、扶贫、环保等领域的合作全面展开,民心相通的基础逐步夯实。

京津冀协同发展战略着眼于解决"大城市病"和同质发展竞争,取得了一系列重大进展。主要是:明确协同发展的方向和路径,形成了比较完整的规划体系;着力攻克协同发展瓶颈,在交通一体化、生态环境保护、产业升级

转移三个领域实行率先突破,不断取得重要成果;加快构建协同发展体制机制,推动实施一批重大改革创新试验;致力于补齐协同发展短板,公共服务共建共享取得实质性突破;强化基础设施支撑,一批重大工程和重要项目落地建设。作为京津冀协同发展战略的核心,疏解北京非首都功能工作稳妥有序推进:加快北京城市副中心规划建设;实行集中疏解和分散疏解相结合,推动一批疏解示范项目向北京周边和天津、河北转移。尤其重要的是,中央决定设立河北雄安新区,这是深入推进京津冀协同发展的一项重大决策部署。雄安新区与规划建设的北京城市副中心一道,将在承接适宜功能和人口转移、推动京津冀协同发展方面发挥十分重要的作用;同时,将在建设绿色生态宜居城市,实现创新发展、协调发展、开放发展方面提供示范。

长江经济带发展战略坚持生态优先、绿色发展的战略定位,各项工作进展顺利。国家相继出台了指导意见和总体规划,明确了发展的方向、目标和重点。以此为基础,制定了重点领域的专项规划和实施方案,形成了系统的规划政策体系。生态环境保护专项行动、重点工程建设和制度建设全面展开,"共抓大保护"取得积极成效。以畅通黄金水道为依托推进综合立体交通走廊建设,一批重点工程陆续开工。依托重要试验平台,大力推进产业转型升级和新型城镇化建设,进一步培育形成一批带动区域协同发展的增长极。

在"三大战略"的引领下,以沿海沿江沿线经济带为主的纵向和横向经济轴带正在全面形成。

三、深入实施区域发展总体战略

在着力实施"三大战略"的同时,以习近平同志为核心的党中央深入实施西部大开发、东北振兴、中部崛起、东部率先的区域发展总体战略,创新区域发展政策,完善区域发展机制,进一步促进区域协调、协同、共同发展。

继续把深入实施西部大开发战略放在优先位置。贯彻落实深入实施西部大开发战略的指导意见和西部大开发"十二五"规划,充分发挥"一带一路"建设的引领带动作用,加快内外联通通道和区域性枢纽建设,进一步提高基础设施水平;加强产业平台建设,促进优质生产要素流动、特色优势产业发展和高新产业集聚；强化体制创新，优化政策支持，提升区域基本公共服务水平；推动开展各类区际利益平衡机制试验，促进资源节约和环境保护。在此基础上，进一步出台实施西部大开发"十三五"规划。近几年，西部地区经济增速在各大区域中一直保持领先态势。

大力推动东北地区等老工业基地振兴。针对经济发展新常态下东北地区经济下行压力较大的情况，出台了解决近期问题和推动中长期发展的一系列重要规划和政策文件，着力推动体制机制改革、经济结构调整、科技管理创新和营商环境改善；支持设立多种类型的创新转型试验示范平台，促进改革开放深化和新经济新动能培育；出台专门工作方案，推动东北地区与东部地区发达省市开展对口合作。在中央战略与政策的大力推动下，经过各方面的共同努力，目前东北地区经济总体上已处于筑底回升过程中。

大力促进中部地区崛起。制定实施新时期促进中部地区崛起规划，并进一步强化支持政策体系，推动中部地区加快建设贯通南北、连接东西的现代立体交通体系和现代物流体系；支持打造功能平台，推动承接产业转移，培育一批产业集群，加快发展现代农业、先进制造业和战略性新兴产业；推动深化重点城市合作，培育壮大沿江沿线城市群和城市圈增长极。在经济下行压力较大的环境下，中部地区一直保持较快发展，成为全国经济平稳发展的重要支撑力量。

积极支持东部地区率先发展。推进重点领域改革试验，着力实施创新驱动发展战略，打造具有国际影响力的创新高地；推动产业进一步优化升级，促进新兴产业和现代服务业加快发展，着力打造全球先进制造业基地；支持深化改革开放，建立健全国际化管理体制，完善全方位开放型经济体系，促进在更高层次上参与国际合作和竞争；探索陆海统筹新机制，不断拓展经济发展空间。经过努力，东部地区在调整转型中进一步焕发了生机活力，在全国继续发挥重要增长引擎和辐射带动作用。

四、大力实施脱贫攻坚战略

党的十八大以来，以习近平同志为核心的党中央把坚决打赢脱贫攻坚战提升到事关全面建成小康社会奋斗目标的新高度，出台了一系列重大政策措施,举全党全国之力实施脱贫攻坚,推动扶贫开发取得了显著成就。

强化总体部署。党中央召开高规格的扶贫开发工作会议,出台了打赢脱贫攻坚战的相关决定,印发并实施《"十三五"脱贫攻坚规划》和一系列专项规划与政策文件。在全国开展扶贫开发建档立卡工作,对贫困户和贫困村进行精准识别,构建全国扶贫信息网络体系,及时掌握实际情况。

明确工作责任。确立到 2020 年我国现行标准下农村贫困人口实现脱贫、贫困县全部摘帽、解决区域性整体贫困的硬性目标要求;建立中央统筹、省负总责、市县抓落实的工作机制,22 个省区市党政主要负责同志向中央签署脱贫攻坚责任书,脱贫攻坚任务重的地区层层签责任书、立军令状。

优化脱贫路径。按照因人施策、因地制宜的原则,实施"五个一批"工程,即发展生产脱贫一批、易地搬迁脱贫一批、生态补偿脱贫一批、发展教育脱贫一批、社会保障兜底一批;与此同时,注重提高脱贫质量,建立健全稳定脱贫的长效机制。经过努力,按现行标准计算的农村贫困人口已从 2012 年年末的 9899 万人减少到 2016 年年末的 4335 万人。

五、扎实推进以人为核心的新型城镇化

党的十八大以来,以习近平同志为核心的党中央遵循规律、顺势而为,大力推进新型城镇化建设,确立了以人的城镇化为核心、以城市群为主体形态、以城市综合承载能力为支撑、以体制机制创新为保障的建设思路。新型城镇化快速发展,不仅有力支撑着现代化建设,成为培育发展新动能和推进供给侧结构性改革的重要抓手,而且有效发挥着对区域和农村的辐射带动作用,为缩小城乡发展差距、推进城乡发展一体化作出了重要贡献。

围绕解决突出问题推进改革、完善政策。提出着重解决好"三个 1 亿人"问题,即促进约 1 亿农业转移人口落户城镇,改造约 1 亿人居住的城镇棚户区和城中村,引导约 1 亿人在中西部地区就近城镇化,并相应出台了推进户籍制度改革、实施居住证制度、实施支持转移人口市民化的财政政策等举措。围绕建立农业转移人口市民化成本分担机制、多元化可持续的城镇化投融资机制、农村土地制度改革等难点问题,选择不同区域的城市进行分类试点。2016 年年底,全国户籍人口城镇化率、常住人口城镇化率分别达

到 41.2% 和 57.35%，比 2012 年年末分别提高 5.9 个和 4.75 个百分点。

强化规划引导，推动城镇化空间格局不断优化。制定了一批重点城市群发展规划，促进城市群一体化发展；推动大中城市周边就近城镇化提速，促进中心城市和中小城市协调协同发展；加强城乡统筹，注重促进城乡要素平等交换和公共资源均衡配置，促进城镇化和新农村建设协调推进。加快特色镇发展，并将其与疏解大城市中心城区功能、特色产业发展和服务"三农"相结合。

六、充分发挥重大功能平台试验探索、引领促进和辐射带动作用

党的十八大以来，以习近平同志为核心的党中央继续把重大功能平台建设放在促进区域协调发展的突出位置，进一步拓展领域、挖掘深度，充分发挥其试验探索、引领促进和辐射带动作用。

建立自由贸易试验区。在构建开放型经济新体制、建设国际化市场化法治化营商环境等方面先行先试。目前，已分 3 批设立了 11 个自由贸易试验区。上海自贸区等在建立以负面清单管理为核心的外商投资管理制度、以贸易便利化为重点的贸易监管制度、以资本项目可兑换和金融服务业开放为目标的金融创新制度、以政府职能转变为核心的事中事后监管制度等方面形成的一些可复制的经验和做法，已在区域或全国推广。

继续有序推进新区建设。充分发挥新区作为深化改革开放重要试验田和落实新发展理念重要示范区的独特作用。除了不久前设立的河北雄安新区，国家级新区已发展到 18 个，它们在发展中突出特色、强化创新、优化功能，成为区域协调发展的重要支撑和促进力量。

设立统一规范的国家生态文明试验区。围绕建设资源节约型、环境友好型社会，大力推进绿色发展、循环发展、低碳发展，弘扬生态文化，倡导绿色生活，进行加快建设美丽城乡的探索试验。在综合考量的基础上，目前已选择福建、江西、贵州三省作为试点先行地区。

此外，根据实际需要，着眼于解决突出矛盾和问题，我国着力推进临空经济区、海洋经济示范区、产业承接转移示范区、产城融合示范区、综合改革

试验区、开放合作试验区等各具特色的功能平台的设立和发展。

七、扶持特殊类型困难地区转型发展

党的十八大以来,以习近平同志为核心的党中央进一步加大政策支持力度,推动特殊类型困难地区跨越发展、转型提升,着力补齐区域发展短板。

支持革命老区开发建设。专门制定指导意见和发展规划,进一步完善支持政策,大力推动赣闽粤原中央苏区、陕甘宁、大别山、左右江、川陕等重点贫困革命老区振兴发展,积极支持沂蒙、湘鄂赣、太行、海陆丰等欠发达革命老区加快发展。

推动民族地区健康发展。加大财政投入和金融支持,改善基础设施条件,提高基本公共服务能力,培育发展优势产业和特色经济,进一步强化对口支援和帮扶。

推进边疆地区开发开放。制定支持沿边重点地区开发开放指导意见,建立沿边重点开发开放试验区,推动基础设施互联互通,支持建设对外骨干通道,加快边境地区城镇化建设,大力推进兴边富民行动,边疆地区发展进一步加快。

大力支持资源枯竭城市转型发展。出台了推动资源型城市可持续发展相关规划和培育转型新动能指导意见,安排资金支持资源型城市发展接续替代产业、扩大就业,一批资源枯竭城市实现了转型发展。

积极推进独立工矿区改造提升。在强化体制创新、尽力化解剥离相关历史负担的同时,加大政策和资金帮扶力度,开展独立工矿区改造搬迁工程,支持独立工矿区加快建设基础设施、公共服务设施、接续替代产业平台,探索独立工矿区改造提升、转型发展的有效路径。

促进生态严重退化地区保护发展。进一步实施退耕退牧还林还草等措施,探索建立多元化补偿机制,推动开展区域间、流域间生态补偿和水环境补偿试点,实行生态环境损害赔偿制度和责任终生追究制度,为地区生态恢复与保护提供经济、法律和必要的行政保障。

目　　录

第一章 美国的区域经济规划与政策

第一节 美国区域经济的基本概况

美国位于北美洲中部,北与加拿大接壤,南靠墨西哥湾,西临太平洋,东濒大西洋,国土面积937.26万平方公里,本土东西长4500公里,南北宽2700公里,海岸线长22680公里。美国共分50个州和1个特区(哥伦比亚特区,首都华盛顿所在地),总计3042个县。美国大部分地区属大陆性气候,南部属亚热带气候,中北部平原温差很大,芝加哥1月平均气温−3℃、7月24℃,墨西哥湾沿岸1月平均气温11℃、7月28℃。美国普查局最新统计,美国人口3.11亿。美国属多民族国家,居民中白人约占72.4%、黑人占12.6%、亚裔占4.8%。

美国国土地势东低西高,地形多变。东部沿海地区的海岸平原由北向南逐渐变宽,延伸至新泽西州,长岛等地有冰川沉积平原。海岸平原往内陆方向是山麓地带,地形起伏,延伸至位于新罕布什尔州和北卡罗来纳州的阿巴拉契亚山脉。密西西比河以西的内部平原地形呈上升趋势,最终进入面积广阔的美国中部大平原,该区域地形特色稀少。

美国地域较广,区位条件、产业分工等因素导致地区发展极为不平衡。从建国至20世纪30年代,制造业、商业活动主要集中在东北部,南部则是较为落后的以农业为主的地区,30年代以来,其区域经济发展不平衡问题逐渐显现。为缩小区域差距,第二次世界大战后,美国实施了一系列当前看来效果显著的区域经济发展政策,并经历了多次区域经济政策演变。研究美国区域经济政策及其演变的内在机理,既可以填补国内现有区域经济政策演变机理的研究空缺,又对研究解决我国区域经济发展问题、提出政策措施、掌握演变路径具有重大的现实借鉴意义。

第二节 美国区域经济问题的源起

美国区域经济发展的不平衡曾使美国商品市场和资本市场一度陷入困境,影响了美国经济的整体发展和社会的全面进步。从 20 世纪 30 年代起,美国历届政府高度重视对落后地区的调控,积极利用财政杠杆扶持落后地区的经济开发,取得了明显成效。

一、20 世纪 30 年代美国的区域经济

20 世纪 30 年代,美国北部经济最发达,工业体系完备,商业规模巨大,资本市场活跃,人力资源丰富,交通、金融、保险、邮电等功能齐全,发展速度很快。西部自然条件较好,物质资源充裕,能源工业发达,农业集约化程度较高,土地面积占全国的 1/2,人口仅为全国的 17%,地广人稀,发展潜力巨大。美国建国初期,南部是比较发达的地区,但由于黑奴制度的束缚,其发展速度缓慢,只有一些分散的工业中心,主要提供农林矿原料、半成品及劳动密集型产品,未形成北部所拥有的零部件和半成品相互交错的协作体系。南部自然条件较差,拥有全国最贫瘠的地区——阿巴拉契亚山脉。由于各种因素,南部黑人较多,其受教育和跻身上层社会的机会比白人少得多,劳动力素质总体较低。由此可见,美国区域经济的非均衡性,既是资源禀赋差异的结果,又与资本状况和居民文化教育水平密切相关,是一种综合性社会历史现象。

二、20 世纪 30 年代美国区域经济的非均衡性

美国区域经济发展的非均衡性集中体现在四个方面:一是北部的经济体系比西部和南部健全,从而造成了后两个地区的经济自我再生能力低于北部,最终不得不在资金技术方面依赖北部输血,而这种输血又使经济利益过度向北部转移。二是北部工业体系具有超前性,能够创造高附加值产品,而西部和南部由于技术、资金和高级人才匮乏,只能向北部提供农业生活资料和初级工业产品,这使社会超额利润和一般利润向北部集中,造成资金宽

松和资金缺乏的自然循环,导致落后地区长期被困在"资金瓶颈"下。三是各经济区域的收入差异长期存在,使得落后地区的增长空间狭小,私人资本的积累规模增长相对缓慢,这直接导致两方面后果:一方面是区内消费市场相对狭小,本区产品无法在本区大量销售而只得寻求外部市场,但产品质量又难以与北部竞争,从而使落后地区的产业和商品处于低水平循环状态;另一方面是投资规模小、速度慢,大规模的经济开发过度依赖区外资金和政府投资。四是三大区域的财政收入相差较大,落后地区利用集中起来的财政资金调节区内经济的能力较弱,其基础设施建设、文化教育投资、社会福利保障等往往更多地依赖联邦政府的转移支付。

三、20 世纪 30 年代美国区域经济不均衡的负面效应

区域经济发展的不均衡,严重阻碍了美国经济的发展,引发了一系列社会问题。第一,弱化了美国经济发展的激励机制。20 世纪 30 年代以来,美国经济增长率一度落后于日本、德国,表面原因是投资不足,拓展国内市场容量的速度慢,实质在于落后地区的经济制约了美国整体有效需求的扩张,使得投资收益率低。当生产社会化进一步加大、社会分工更加细密时,南部的落后又加大了区域间技术交换和物质交换的难度,使美国经济难以实现其内在的激励机制。第二,加剧了美国社会的不稳定性。南北经济的差异,分别弱化和强化了南北财团的竞争实力和利润分配,导致双方的争斗更加激烈。由于人财物的制约,南部企业往往是规模不经济,经营粗放而浪费严重,在竞争中易被挤垮,结果减少了就业机会,很多人被迫降低就业条件。这些现象直接冲击了社会的稳定,无形中加剧了白人和黑人的种族矛盾,加大了南北之间的对立情绪。

四、20 世纪 30 年代美国区域经济均衡政策

美国 1929—1933 年的世界经济大危机把南部经济推向了崩溃的边缘,影响了美国经济的复苏和社会的稳定。为了使美国从一个地区经济发展和人均收入极不均衡的国家变成一个经济活动遍布全国、人们能较平等地享受幸福的国家,罗斯福新政以凯恩斯主义为指导,开始了针对落后地区经济的宏观调控,把区域经济的均衡发展看作事关国家长远利益和本国经济政

治根本制度能否正常运转的大事。联邦政府广泛运用财政货币政策,采取经济、法律等多种措施,大力培养落后地区的自我发展能力。针对不同地区的经济发展水平实行不同的税制,从20世纪30年代起,联邦政府对北部发达地区多征税,把增量部分转移支付给落后地区,对落后地区多留资金,积极培养其良性循环能力。随着落后地区经济的不断发展,这一税收制度到90年代才有所调整,减小了南北税负的差异。利用军事援款支持落后地区工业的发展,从40年代开始,联邦军事拨款一直向西部和南部地区倾斜,美国很多尖端军火工业和重要军事基地都建立在西部和南部,此举促进了该区域的工业发展,带动了消费,扩大了市场容量。利用财政融资手段鼓励私人企业向落后地区投资,联邦政府通过经济开发署,对在落后地区投资的私人企业提供长期低息或无息贷款,对向落后地区投资提供贷款的金融机构予以信贷保险和技术援助。政府出资在南部农村建医院、办学校,发展邮电和保险,改善基础设施,健全社会保障系统,创造良好的投资环境。

第三节 美国区域经济政策的历次演变

一、第一次:以开发落后地区为先导的区域经济政策

从18世纪美国建国一直到20世纪30年代,美国的制造工业都主要集中在东北部地区,而南部则是一个落后的农业区,因此,先进的北部工业区统治落后的南部农业区是当时美国经济发展的一个重要特征。对于这种地区经济发展的严重不平衡,无论是经济学家还是政府官员都相信通过市场的力量可以较好地解决。然而,1929—1933年的世界经济大危机打破了这种梦想。在经济危机的影响下,美国经济从20年代的繁荣走向萧条,出现了大崩溃、大倒退,许多工厂倒闭,失业率迅速增加,人民生活水平下降,在南部一些经济落后地区这种情况更为严重,它们不仅面临着严重的贫困问题,而且失业率也远高于全国平均水平。

为了摆脱经济危机,美国政府不得不放弃自由放任的经济政策,在富兰克林·罗斯福总统执政后,从1933年开始推行"新政"。作为"新政"的一部分,美国政府主要从两个方面加强了对南部地区的经济开发:一是通过扩

大政府间转移支付来增强州和地方政府提供公共服务的能力。二是通过区域规划、财政援助和水利建设等措施，直接推动南部经济发展。美国由此出现了以开发落后地区为先导的区域经济政策。

美国是世界上采用区域经济政策最早的国家之一，一是因为美国的工业化进程起步早、水平高，区域问题暴露得比较早、比较充分。二是由于20世纪20年代末，资本主义经济大危机引起了西方经济思潮的巨大变动，其直接产物便是出版于1936年的凯恩斯的《就业、利息和货币通论》，这一理论的发表为垄断资本主义国家干预经济提供了理论依据。

在美国刚刚实行区域经济政策、加强对南部落后地区开发时，美国有七块集中连片的贫困落后地区，罗斯福选择了其中的一块即田纳西河流域作为综合开发治理的试点，在他的建议下，国会于1933年5月通过了《麻梭浅滩与田纳西河流域开发法》，并依法成立了田纳西河流域管理局(以下简称TVA)，负责领导、组织和管理田纳西河和密西西比河中下游一带水利的综合开发与利用，以推动这一地区工农业的发展。

第二次世界大战期间，美国联邦财政的集中程度不断提高，军费开支也不断增加，为了促进南部经济的发展，美国联邦政府把总额达740亿美元军费拨款的60%倾注到了这一地区。战争结束之初，美国联邦政府还成立了南部地区全国计划小组委员会，来推动该地区经济的协调发展。

二、第二次：通过供给和需求刺激相结合的方式提升地方环境的公共干预

20世纪50年代末60年代初，美国在不到5年的时间里连续受到两次经济危机的袭击，再加上农业危机的迅速恶化，使得落后地区的境况尤为惨淡，其中不少地区失业率超出了全国平均水平的50%—100%。为了在全国范围内促进落后地区的经济开发，美国政府于1961年颁布了《地区再开发法》，并成立了地区再开发管理局。1965年，为实施约翰逊总统的"伟大社会计划"，美国政府又颁布了《公共工程和经济开发法》《阿巴拉契亚区域开发法》等一系列法规，并依法成立了阿巴拉契亚区域委员会和在地区再开发管理局的基础上成立了经济开发署，以及一些其他的州际区域开发委员会，可以认为，60年代，美国联邦区域政策达到了前所未有的程度。具体来

看,这一时期的政策可以从供给和需求这一对维度进行定位。

在供给方面,主要通过改善基础设施和促进公共研究机构。如阿巴拉契亚区域委员会把援助的重心放在公路网络的建设上,经济开发署主要强调向地方公共机构提供援助。1966—1991年,经济开发署通过公共工程和设施建设计划,对困难地区的8111个公共设施提供财政援助,援助金额达43.28亿美元。

在需求方面,是为现有企业开辟新的市场,包括建立出口加工区、扶持出口和公共购买项目。如经济开发署通过贸易调整援助计划对那些由于进口产品的增加而受到损害的供暖公司和产业给予技术援助。政策扩大到不限于简单地增加就业,也开始强调挽留现有企业和培植新企业,特别是高科技企业。如美国地区再开发案,它是第一次将地区的失业和经济落后问题视为全国性问题的法案,明确提出"实行区域再开发的目标必须是能够发展和扩大新的或现有的生产能力及资源,而不仅是将就业机会从美国的一个州转向另一个州"。由此,重点转向了通过鼓励中小企业和技术型发展道路创造新岗位,通过投资活动以期获得新的工作岗位并创造财富。

三、第三次:充分利用市场机制来改善地方经济发展政策

自20世纪70年代以来,美国联邦区域政策开始逐步衰弱,导致这种情况出现有三个主要原因:一是自20世纪60—70年代以来,美国地区经济发展格局逐步发生变化,在联邦经济政策、自然环境以及低税率等诸多因素的刺激下,大量北部"冰雪地带"的人口和工商业迁移到南部"阳光地带",由此导致先进的北部日趋衰落,而相对落后的南部迅猛发展。20世纪60—80年代,南部经济经历了真正的"起飞"阶段,并逐渐发展成为全国的宇航、原子能、电子、石油化工等新兴工业的中心。当今,"冰雪地带"与"阳光地带"的对立已成为美国经济发展的主要矛盾之一。二是在20世纪60年代,美国推行的区域政策主要是以促进农村落后地区的经济发展为目标的。然而,从70年代开始,美国出现了"逆城市化"的趋势,一些大城市的人口和制造业,继而商业和服务业不断迁往附近的农村地区,导致大城市中心区衰落。近年来,大城市的衰落问题已在美国引起广泛的注意。三是美国联邦区域政策主要是民主党执政时期制定的,保守党执政后,大多对地区干预采

取保守主义做法,如尼克松执政后,最初就反对阿巴拉契亚区域委员会继续实行零预算,后来只是由于国会的坚持才使该委员会得以生存。因此,传统的、政府主导的区域经济政策的问题在于难以操作、复杂和官僚化,造成了资源的浪费。

1993 年 8 月,迫于国内政治压力和全球经济竞争的需要,克林顿总统签署的《联邦受援区和受援社区法》被认为是美国第一个比较系统地解决欠发达地区经济发展问题的法案。联邦政府认为,该法案涉及的援助计划对美国经济发展十分重要,并专门成立了全国援助计划执行董事机构。援助项目包括创造就业机会、兴建公共设施、人力资源培训、职业转换培训、居民住房改善、环境保护和加强公共安全等方面。援助计划采取综合措施,目标在于为受援地区创造经济机会,培育自我发展能力,从而使受援地区走上可持续发展之路,而不是依赖联邦和州政府援助。即政府试图充分利用市场机制,为公共干预政策赋予私营部门的面目,政府不再提供商业发展服务,而是通过提供类似私营企业提供的中介服务介入经济发展。从法案援助的项目可以发现,这次政策的特点是强调教育培训和环境因素。

四、第四次:以培育产业集群为主导的区域经济政策

20 世纪末,三个有关产业集群的学术贡献激起了新一轮以培育产业集群为主导的区域经济政策的出现。20 世纪 80 年代,斯科特(Scott,1988)有关交易成本和洛杉矶大都市区形成的研究及皮奥里和萨贝尔(Piore 和 Sabel,1984)有关中部意大利产业区增长和发展的具有影响力的综述,分别从空间和微观利益角度为企业集群发展提供了理论依据。90 年代,波特发表了《国家竞争优势》,他认为国家的财富和机会是与其拥有竞争优势的产业部门的成功密切相关的。基于 20 世纪初马歇尔(Alfred Marshall)及其 60 年代理论工作的洞见,三方面的研究反映了一个核心思想:相关产业部门的经济活动倾向于在空间上形成地理集群。

意大利和丹麦是集群政策的发展先驱。意大利的集群政策产生于 20 世纪 70 年代,到 80 年代中期已成为闻名的"产业区"规范性文献。丹麦在 1989 年就创立了促进企业聚集的"产业网络协作项目",该项目为 300 多个带有集聚特征的企业网络提供金融服务,缔造集群的作用曾轰动一时。

在美国,产业集群作为一种新的政策思路被联邦政府和地方州政府广泛采纳,取代传统产业政策来刺激集群所在地区的技术创新和提升区域竞争力,使之成为繁荣区域乃至国家经济的新动力。比如经济发展咨询部门转而提倡基于行业的发展规划,明尼苏达州、俄勒冈州和纽约州等都建立了相关机构、制定了相关政策,应用集群思想培育和扶持现有产业集聚。集群政策的制定涉及产业链、地方知识、基础设施建设等方方面面,是相关行业、企业与区域发展机构的高度互动。政策制定的焦点在于运用投入产出分析地方经济结构的知识与价值链关联,利用 SWOT 态势分析法分析地方经济的结构、知识基础,选择发展机会。

第四节　美国区域经济政策的实践案例

一、地区再开发计划

早在 1955 年,就有议员建议联邦政府对失业率较高的东北部老工业区提供援助,然而,该项建议当时并没有被采纳,直到 1961 年,国会才正式通过《地区再开发法》,以全面解决美国地区经济发展的严重不平衡问题。根据该法令,美国政府制定了第一个促进所有困难地区经济发展的综合规划,并在商务部下设立了地区再开发管理局,其目的是想通过对那些持续失业率超过全国平均水平一定限度或人均收入低于全国平均水平一定幅度的经济困难地区提供援助,以帮助他们减少失业,提高收入水平。

地区再开发管理局确定的受援助地区主要包括两种类型:一是过去 12 个月的平均失业率至少为 6%,而且过去两年内至少有一年的失业率超过全国平均水平 50% 以上的工业区;二是农户家庭总收入和生活水平都较低的乡村和小城镇地区。在此基础上,地区再开发管理局又根据其他标准如地理上相互接近、每州至少一个以及一些特殊情况,对受援助地区的地域范围进行了调整,并增加了一些新的地区。地区再开发管理局选择了 1061 个经济困难地区作为再开发区,几乎包括美国全部县数的 1/3。再开发区的范围较小,一般以县为单位,个别的也有包括几个县的。为了在这些地区创造就业机会,并促进其发展,地区再开发管理局一方面通过提供公共设施项目贷款和投资补助帮助再开发地区改善基础设施状况,确定是否提供贷款和给予补助的主要标准是该项目必须符合地区的经济发展规划,并能为当地工商业的发展提供机会;另一方面,管理局又为那些在再开发地区建厂或扩建的私人公司提供低息贷款,提供贷款的数额最高可达土地、建筑以及机器和设备总成本的65%,归还期限最长可达25年以上。

再开发计划实施后不久就遭到了来自各方面的批评,这些批评主要集中在三个方面:一是再开发区规模太小,经济力量单薄,但数量过多,联邦政府援助重点不突出,效果不明显;二是地区再开发计划过分重视基础设施等的建设,忽视对地区软环境的改善,特别是对研究开发和人力资源的培训,结果导致工厂建成后,在当地招不到熟练掌握技术的工人,无法提高当地实际就业;三是《地区再开发法》规定,受援助地区在结束援助之前必须递交一个综合的地区经济发展总体规划,然而,由于地方再开发管理局没有研究力量,只能依靠地方和当地工商业的支持,其结果是受援助地区制定的规划大多只是迎合地方工商利益集团的需要,而不是改善地区生活质量的长期规划。鉴于地区再开发计划存在的不足,1965年美国国会通过了《公共工程和经济开发法》,根据该法案,美国商务部在原地区再开发管理局的基础上组建了经济开发署。

二、阿巴拉契亚地区开发计划

阿巴拉契亚地区是美国最为贫困的地区之一。它沿着阿巴拉契亚山脉从纽约州南部一直延伸到密西西比州北部,地域范围包括13个州的399个县,面积约50.5万平方公里,总人口达2100万。20世纪60年代初,该地区约有1/3的家庭生活在贫困线下,而且失业率远高于全国水平,人口特别是青壮年大量迁往区外。针对阿巴拉契亚地区问题的严重性,肯尼迪总统设立了一个临时机构,即总统阿巴拉契亚区域委员会对其进行专门研究,经过几年的研究和考虑,国会于1965年3月通过了《阿巴拉契亚区域开发法》,并依法成立了阿巴拉契亚区域委员会,该委员会由阿巴拉契亚各州的州长(或其代表)和一名由联邦政府委任的联合主席组成,其经费支出由联邦和州政府共同负担,委员会的主要任务是制定地区发展总体规划,确定其优先发展领域,并通过财政援助和技术服务等途径,促进地区经济增长。阿巴拉契亚地区开发计划十分强调公共设施的重要性,把援助的重点放在公共设施特别是公路网络的建设上,1965年通过的《阿巴拉契亚区域开发法》明确规定联邦财政拨款的绝大部分都必须用于公路建设,同时批准建立长达3782公里(后来增至4868公里)的阿巴拉契亚公路网络。同时,阿巴拉契亚地区开发计划还明确规定,公共投资应该集中投放在那些增长潜力较大和投资收益较高的地区。为此,在地区开发形式上,阿巴拉契亚区域委员会采取了增长中心战略,并根据地区增长潜力的大小,确定了125个增长中心,这些增长中心一般由一个或多个社区组成,它们主要承担为周围腹地提供各种就业机会以及文化、社会和商业服务的功能。位于增长中心周围的广阔腹地,则主要是通过就业岗位培训和教育、医疗设施建设,提高当地居民的文化素质,以使他们能够从增长中心创造的就业机会中获得好处。经过近三十年的努力,阿巴拉契亚地区开发计划取得了较大的成就,特别是阿巴拉契亚公路网的建设从根本上改变了地区交通落后的状况,并吸引了一批工商业企业沿路建厂,同时在联邦和州政府的有力支持下,阿巴拉契亚地区经济也获得了较快发展,阿巴拉契亚地区与其他地区之间的收入差距不断缩小。

三、创建经济开发署帮助困难地区实现经济复苏

按照《公共工程和经济开发法》,经济开发署的主要任务是通过财政援助规划指导和技术服务等措施,刺激严重困难地区的工商业发展,促进经济复苏。为了实现这一目标,经济开发署最初采取了"最差的优先"战略,即对那些失业率最高或低收入家庭比例最大的严重困难地区在资金分配上给予优先。"最差的优先"战略虽然满足了国会的要求,但在实践中被证明是不成功的。尽管照顾到了地区公平,但由于许多按照"最差的优先"标准确定的受援地区自身缺乏资源未能很好地利用经济开发署为他们提供的项目,造成这些项目所产生的地区乘数作用较小,带来了经济效率的损失。

因此,为提高联邦政府援助资金的使用效率,从20世纪60年代后期起,经济开发署开始实施增长中心战略,重点支持那些具有重大增长潜力地区的经济发展。经济开发署把受援助地区划分为一些规模较大的开发区,

经济开发区一般由地理上相互接近的5—15个县组成,每个开发区都必须有一个发展水平较高并具有发展潜力,因而能够支持和带动整个地区经济发展的增长中心。在资金分配上,经济开发署把绝大部分援助项目都安排在增长中心,以便能够创造更多的就业机会,并为周围腹地提供文化、社会和商业服务的功能。对增长中心以外的地区,主要是通过人力资源培训和社会服务,提高当地居民素质,为增长中心源源不断地输送合格的劳动者。增长中心战略的实施,取得了明显的成效,有力地推动了困难地区的经济发展。以阿巴拉契亚地区为例,1965年该地区人均收入仅相当于全国平均水平的78%,到1991年这一比例已提高至83%。经济开发署对困难地区提供援助的方式主要包括公共工程、技术援助以及经济和贸易调整援助等,其中,公共工程是最主要的援助方式。经济开发署设立了公共工程专项拨款,对那些能够为困难地区创造较多就业岗位的项目的新建扩建给予援助,受援助的公共设施项目主要有工业公园、一般工商业设施、旅游和娱乐设施、港口、机场建设、职业和技术教育设施、医疗设施等。经济调整援助主要是为那些面临工厂大量关闭或迁出的地区以及遭受严重经济衰退的地区的经济结构调整而设立的。同时,经济开发署还通过贸易调整援助计划对那些由于进口产品的增加而受到损害的公司和产业给予技术援助,并通过技术援助计划为困难地区提供各种技术和社会信息服务。工业技术援助、经济数据的收集与处理、人力资源培训和可行性研究是技术援助最主要的几种方式。经济开发署通过提供财政援助、规划指导和技术信息服务等多种途径,有力地推动了困难地区的经济发展,取得了一定的成就,但它没有完全实现最初确定的任务和目标,即通过公共工程等措施促进落后的非大城市地区经济的长期发展。然而,从20世纪70年代开始,由于美国经济增长长期不景气,国会不断把阻止经济衰退、减轻灾害、贸易和经济调整等一些短期的反经济周期任务交给经济开发署,受援助地区的范围也从非大城市地区扩展到包括大城市的地区,这样就使经济开发署的性质发生了重要的变化。同时,由于美国各地区都面临着不同程度的区域问题,国会不断要求经济开发署把财政援助提供给更多的地区,结果导致有资格享受经济开发署援助的地区的人口最后几乎达到了全国人口的80%。显然,经济开发署不可能用十分有限的资金来解决美国大部分地区的众多经济问题。

第五节　美国区域经济政策演变的机理分析

从 20 世纪 30 年代至今,美国的区域经济政策经历了四次演变,从区域经济政策体系角度,可以将政策的演变细分为宏观经济环境、区域问题、生产要素、政策工具和理论依据的演变等五个方面。

通过细分美国区域经济政策的演变过程,我们可以看出,不同阶段的政策之间存在着前后递进的关系,区域经济政策的演变实质是区域政策工具的更新迭代过程。这是因为区域政策实际上试图修改自由市场经济的某些空间结构,以实现两个相关的目标,即经济增长和良好的社会分配(C.罗杰),而区域经济政策工具的选择是实现这一基本目标的基本路径,本质上说,区域经济政策的演变最直接的体现就是区域经济政策工具的更替。另外,区域政策工具的选择将受到一定时期的宏观经济环境、区域问题和生产要素等因素的制约,因此,通过分析这些关系,就可以厘清美国区域经济政策演变的机理。

一、宏观经济环境的变化是区域经济政策演变的外在原因

一国的宏观经济环境主要包括该国经济发展阶段和发展水平、经济管理体制以及国民收入水平,而区域经济政策作为宏观经济政策体系的一个组成部分,必然会受到来自宏观经济环境各方面因素的约束。

发生在 20 世纪 20 年代末的资本主义国家经济大危机,使美国认识到自由市场经济体制的缺陷,开始相信宏观经济干预的必要性,在此情况下,美国的区域经济政策得以出台。第二次世界大战后,美国进入了后工业化时代,在经过战后十年的繁荣期后,随之而来的是连续两次的经济危机和农业危机,美国南部地区经济的脆弱性更是显露无遗,而以往以扶贫开发为主的区域经济政策已经不能适应美国整体经济良好运行的要求,开始转向改善基础设施、公共机构和为企业开辟市场。美国经济在走出了 70 年代的石油危机和十年滞胀期后,经济全球化带来的竞争加剧成为其面临的新压力。如何充分发挥人力资源和环境要素的优势成为这一时期区域经济政策的重心。进入 90 年代末以来,美国本土出现了大量的产业集群,美国政府肯定了集群对区域增长、经济发展和社会进步的重要作用,此后陆续探索实行引

导、支持集群发展的政策措施,美国集群政策由此演化产生。

二、区域问题的演变是区域经济政策演变的客观决定因素

美国著名经济学家约翰·弗里德曼(John Friedman)认为,"区域经济政策处理的是区位方面的问题,即经济发展'在什么地方',它反映了在国家层次上处理区域问题的要求。只有通过操纵国家政策变量,才能对区域经济的未来作出最有用的贡献"。弗里德曼强调在国家层次上处理区域问题,即区域经济政策是针对区域问题。区域问题是动态变化的,因此,从客观上决定了区域经济政策的动态演变。

一般来说,区域问题有三种,即落后病、萧条病、滞胀病。20世纪30年代,在凯恩斯宏观干预理论的支持下,美国区域经济政策产生的直接原因就是南部农业地区的落后病,其特征表现为长期的贫困、高失业率和产业结构低度。到第二次世界大战后十年期间,资本主义国家的繁荣让市场调节再次成为主导,大量资源要素投入到发达地区。美国南部和北部的差距并没有因为扶贫开发政策得到扭转,而是出现了更为明显的两极分化。著名的发展经济学家缪尔达尔指出,这是由于市场的作用倾向于扩大而不是缩小地区间的差别。因此,美国的区域经济政策重心从单方面扶贫开发转向扩大区域发展能力。到20世纪70年代,在政策的刺激下,南部"阳光地带"走向繁荣,而北部"冰雪地带"却由于资源和人才大量向南部转移而逐渐衰落,而且美国重点建设农村地区的政策导致"逆城市化"现象,使得内城地区开始出现衰退。美国的区域问题演变成萧条病和落后病并存,使得政府主导型的政策开始弱化。为解决两种并存的区域问题,第三阶段充分利用市场机制的区域经济政策出台了。到90年代,产业集群的研究强调非市场的相互关系,包括信任关系和非贸易的相互依赖性(哈里森,1992)。然而,在市场机制固有缺陷下,区域问题也演变成为产业集群在区域内的长期"扩散发展"结果及其"成功孕育失败"的悖论。因此,第四阶段美国的区域经济政策演变成为以培育产业集群为主导的政策创新。

三、区域生产要素的整合升级是区域经济政策演变的内在动力

美国区域经济政策的重心集中在区域经济增长目标上,而区域经济要

实现增长和发展,就必须构建区域的动态竞争优势,必须对区域生产要素进行整体升级。波特在其巨著《国家竞争优势》中将生产要素划分为初级生产要素和高级生产要素,前者主要包括天然资源、气候、地理位置、非技术人工和半技术人工、融资等,后者主要包括现代化通信的基础设施、高等教育人才以及各大学研究机构等。区域生产要素的整合升级过程,即从初级到高级、从基本要素到高级要素,这一过程的演进为美国区域经济政策的演变提供了内在的动力。

美国第一阶段的区域经济政策是在南部地区发起工业建设,开发落后地区。尽管南部地区有丰富的矿产、水利、土地等自然资源和廉价劳动力,但是南部地区的基础设施薄弱、公共建设能力差,这些初级生产要素未能得到有效整合形成比较优势。于是到第二阶段,美国区域经济政策开始转向改善基础设施、能力建设与促进公共研究机构以及为企业开辟新的市场和提供优惠措施培植新企业。20世纪70年代以后,美国南北区域经济格局发生重大变化的同时,经济全球化的进程加剧了国家和地区之间的竞争,基于初级资源禀赋的传统比较优势不再适应区域经济增长的要求。为整合高级生产要素,构建区域竞争优势,美国的区域经济政策开始通过提高公共产品的供给量和质量、通过教育培训提高高级要素的拥有量、通过环境保护提升本地区的产业环境,为投资企业和相关产业提供良好的发展环境。到20世纪末,美国出现了新一轮鼓励产业集群的政策创新,这基于产业集群会形成集群企业共享性的异质性、不完全流动性的知识资源以及网络结构带来的技术创新优势,通过整合知识资源和网络资源,共同构成了区域的动态竞争优势。

第六节　美国区域经济发展政策的主要特征

一、注重运用法律手段

美国联邦政府在促进区域经济发展的手段选择方面十分谨慎,尤其是行政手段。在注意公平的同时,更关注经济的效率问题,确保不损害市场经济中的公平竞争精神,注意在寻求公平的过程中不影响经济效率,在提高经济效率的过程中逐步实现经济公平。联邦政府区域政策的价值判断标准十分明确,好的区域政策要使落后和衰退区域经济有显著改善,还要不损害其他地区的发展。

美国在经济发展和协调区域的发展过程中一贯注重法律法规的指导作用。早在 1862 年,林肯总统在经济开发的政策中就颁布了著名的《宅地法》,规定凡符合条件的美国公民只需缴纳 10 美元的费用就可以得到 160 英亩的土地,耕种 5 年后便可享有该土地的所有权,从而刺激了当时经济的发展。20 世纪以后,为有效地促进落后地区的经济发展,美国政府于 1961 年和 1965 年先后颁布了《地区再开发法》和《阿巴拉契亚区域开发法》,以此实行有计划的区域开发。其中,联邦政府在 1965 年通过的《阿巴拉契亚区域开发法》明确规定,联邦财政拨款的绝大部分都必须用于公路建设,同时批准建立长达 3782 千米(后来增加到 4868 千米)的阿巴拉契亚公路网络。而非公路项目主要集中在社区公共设施、能源和企业发展以及教育和医疗设施建设等方面。1965—1992 年的二十多年中,美国各级政府总共为阿巴拉契亚区域开发计划投入资金 140 亿美元,大大促进了该地区经济的发展。经过多年的努力,阿巴拉契亚区域开发计划已取得较大的成就,特别是在公路网络的建设上,根本改变了该地区交通落后的状况,并吸收了一大批工商业企业沿路建厂,在政府的有力支持下,阿巴拉契亚地区经济也获得了较快的发展。到 20 世纪 90 年代,美国仍大力促进区域的协调发展,为了更好地利用税收优惠政策鼓励相对欠发达地区的发展,1993 年克林顿政府颁布了《联邦受援区和受援社区法》,并规定政府拨款 25 亿美元用于欠发达地区的税收优惠。这些法律的颁布和实施以及相应管理部门的建立,大大提高了落后地区经济发展的效率,并更好地完成了促进相对落后地区快速发展的任务。

二、实行灵活的地方税收制度

针对不同地区经济发展水平实行不同的税制,在保证联邦财政税收和各州不出现赤字的前提下,允许各州实行相对独立的不同的税收政策,因地制宜地实行差别税收优惠政策吸引资金,创造有利的区域投资环境。有些州政府对其贫困地区投资的企业给予 5 年的税收减免,企业以其所得利润进行再投资的可以享受进一步的税收优惠。对欠发达地区允许免征州所得税。为鼓励投资、购买本州物业,州政府提供低息甚至贴息贷款,对在欠发达地区提供就业机会的企业给予所支付工人工资一定比例的返还等。灵活的地方税收制度增强了各州经济的自我发展能力。

三、实行合理的财政转移支付制度

美国联邦政府的目标是致力于建立一种长期稳定的、统一的、无太大差别的区域经济政策。美国财政分为联邦、州、地区三级,联邦财政收入占全美国收入的一半以上,联邦政府通过转移支付对欠发达地区提供财政上的支持,调节其社会经济发展。从 20 世纪 30 年代开始,为调节各区域经济的平衡发展,美国联邦政府一直对不同区域采用不同的税率,对东北部发达地区多征税,把其中增量部分转移给西南部相对落后的地区。对相对落后的地区多留资金,积极培养其经济发展的能力。第二次世界大战后,联邦财政始终注意对落后地区的资金补贴。50 年代,财政援助的重点在南部。80 年代,区域之间的补助差异有所减轻,但落后地区的份额依然较大。严格的个人收入所得税累进制度是美国财政转移支付制度得以实现的保障。在累进税制度下,收入越高,所需缴纳的个人所得税就越多,经济发达地区的税收远远多于欠发达地区,为联邦政府能够通过财政转移支付制度向欠发达地区提供资助奠定了基础,使这一制度成为缩小地区差距的有力手段。从 20 世纪中期开始,美国东北部经济较发达地区的税负始终高于西南部地区,在这种税收政策的刺激下,更多的企业、工厂在选址时更愿意到税率较低的西南部地区。此外,美国联邦政府始终坚持通过转移支付方式对相对落后的地区进行援助,仅 1975 年 1 年就有约 106 亿美元从发达的北部地区流入相对落后的西部地区,并且,在 1984 年的统计中,美国联邦政府用于国内约 7000 亿美元的财政支出中,南部占 34.5%、西部占 22.6%,而东北部仅占 21.6%。从 20 世纪 30 年代到 20 世纪末,转移支付的资金占联邦政府支出的比重由 4% 上升到接近 20%,这一政策也逐渐成为美国联邦政府刺激落后地区发展、缩小区域经济差距的重要手段之一。对于转移支付的财政补助,联邦政府有严格的管理制度,需要地方政府说明用途并由联邦政府严格监督使用过程,或者由联邦政府指明使用范围,不得挪作他用。

四、重视科技创新和产业结构调整

发挥区域独特优势,加大科技投入,以技术创新和产业结构调整来促进地区的经济发展。美国南部和西部地区在很长一段时间内工业基础都相当薄弱,但这里土地辽阔、气候舒适、劳动力价格相对便宜,适合高新技术发展。第二次世界大战后,西部和南部地区抓住美国大量军事工业转为民用的契机,在联邦政府扶持下,借助高科技发展浪潮,兴建科学技术中心。依托大学、研究所等技术部门,利用良好的自然环境和便捷的交通设施,建立起大学、风险投资和创业公司相结合的高新科技产业基地,极大地促进了微电子技术、生物技术、新材料技术、激光、宇航及光电通信技术的发展,形成了加州"硅谷",北卡罗来纳"三角研究区"等著名高新技术产业研究生产基地,并同时带动了区域内金融、地产、服务业等行业的发展,实现了区域经济的繁荣以及西部和南部地区产业的跳跃式升级发展。

五、加强落后地区基础设施建设

水利工程、高速公路等大型基础设施项目往往投资大、成本高、工期长、收益不稳定,所以私人资本和地方政府往往不愿涉及,然而,这些基础建设又对落后地区的发展极其重要,所以需要中央政府的扶持。美国西南部落后地区开发中,田纳西河流域的开发就是一个很好的例子。在田纳西河流域开发以前,该地区是当时美国最穷困落后的地区之一,年人均收入仅100多美元,约为当时全国平均值的45%。1933年美国国会通过了《田纳西河流域管理局法》,成立田纳西河流域管理局,开始对该区域进行水利综合开发利用,经过长期开发,该地区经济得到空前繁荣和发展,居民人均收入水平也达到了全国人均收入水平的80%以上。此外,在阿巴拉契亚区域的开发中,政府对公路网络等基础设施的建设也是其区域经济得到大力发展的重要原因。《阿巴拉契亚区域开发法》明确规定,"对这一地区进行的公共投资将集中投放到今后增长潜力大、国家投资可望得到最大收益的地区"。该法实施过程中,通过投资最有潜力地区,开发区内形成了一批增长点,进而产生"滴入扩散效应",把增长的势头向最困难的地区渗透,取得了良好效果。在需要政府支持的地区,联邦政府的投资主要集中于交通运输、能源等基础设施和教育。

六、引导人力资源合理流动

联邦政府在加大向欠发达地区的教育投资规模、改善其发展软环境的同时,采取了一系列政策措施,促使北部人口向西部、南部流动。主要包括给迁移户发放迁移补贴费、提供就业机会或就业信息;制定欠发达地区住宅建筑法,补贴迁移户住房费用;通过税收和信贷优惠,鼓励资本家在南部地区投资。自20世纪60年代开始,美国出现了人口南移的高潮,大批科学家、工程师、专业技术人员和熟练工人从北向南迁移,寻找新的就业机会。人口的合理流动,不仅满足了西部、南部经济发展的人力资源需求,而且扩大了消费市场,极大地推动了区域经济的发展。

第七节 美国区域经济政策的借鉴意义

美国联邦政府实行的是一种市场主导型的区域经济政策,其政策从制定到实施都与美国奉行的经济理论和经济制度相吻合,以市场导向为主,结合政府适度宏观干预,市场发展的需要决定实施区域经济政策的时机和力度。用美国经济学家的话说,美国从来没有明确的区域经济政策。尽管联邦政府认为自身没有多少义务去扶持区域经济发展,但有责任从战略利益上考虑国家宏观经济、社会发展和环境保护的统一协调,并为各地区的可持续发展创造条件。这一点在美国区域经济政策的内容和时间的选择、实施政策的方式和内容上都有所表现。但不管怎样,美国联邦政府依然在区域经济协调发展方面发挥了重要作用。

一、以系统的区域经济政策促进区域协调发展

美国作为自由市场经济国家,其区域政策在整个政策体系中并不具有重要地位。其建国后的150年间,基本谈不上政府的区域政策,完全是放任经济自由发展。直到20世纪30年代,经济大危机引发经济大萧条,受凯恩斯理论的影响,罗斯福政府才开始试行支持部分落后地区的政策。尽管半个多世纪以来美国落后地区经济发展取得很大成绩,但区域政策起的作用

还是很有限的。从总体上讲,美国区域政策是局部性、分散式、非系统的。作为特色社会主义的中国,比资本主义的美国更重视区域差距问题,区域政策更主动、系统,更有可能把区域发展不平衡的问题解决得更快、更好。

改革开放以来,我国国民经济持续快速增长,各地区都取得了长足进步。但由于各地地理条件和经济基础不同,不可能齐头并进,只能实行让一部分地区先富起来的政策。当前东部沿海与西部地区之间的差距拉大应当说是正常的,符合世界各国经济发展的一般规律。但同时也要看到,区域发展不平衡过于严重又长期得不到缓解,也会对国民经济的持续健康发展和社会的长治久安产生消极影响。根据我国国情,借鉴美国做法,应集中财力从宏观上尽快改善中西部地区投资环境,主要是加快交通运输的建设力度,把内地重要城市和新兴市场中心与沿海城市、港口连接起来,促进中西部地区的对外开放及与东部地区的互动合作。对于跨省区的大交通、大水利建设项目,要依靠中央政府的协调和直接投资。

二、根据宏观经济环境选择适宜的区域经济政策

在美国区域经济政策历史沿革中,政府历来注重宏观经济环境的影响,如公共干预从自由市场经济体制的缺陷暴露开始产生,政府主导型区域经济政策向充分利用市场机制的公共干预转型是受到来自经济全球化竞争压力的影响。现阶段,我国具有独特的经济管理体制——中国特色社会主义市场经济。我国作为世界上最大的发展中国家,总体工业化水平处在中期阶段,然而东西部地区之间进程差距很大,东部已经进入后工业化阶段,而西部地区还处在工业化快速发展阶段。我国作为世界上第二大经济体,人均国民收入却只能排在中低收入水平国家行列。由此可以看出,我国面对的宏观经济环境要比美国复杂得多,而且变数也很大。要协调好东西部地区的经济发展,就必须注重分析社会主义市场经济体制对公共干预的接受程度,是允许还是反对;注重分析工业化水平对政策策略的约束,是基础设施建设还是发展工业项目;注重分析国家财政收支规模对区域政策工具的制约,是采用直接援助还是政策优惠等。因此,只有通过对宏观经济环境的具体分析,权衡利弊后,才能选择出适宜的区域经济政策,实现政策的基本目标。

三、依据区域问题和问题区域制定针对性的区域经济政策

在西方区域经济理论界,一般认为主要存在的区域问题是落后问题、萧条问题和滞胀问题,而与之对应的三类问题区域即是落后区域、萧条区域和滞胀区域。美国自区域经济政策产生以来,就开始注重区域问题的定位和区域划分,如经济开发署负责对问题区域的援助和确定问题区域框架,经济分析局负责区域分析与区域划分。从对美国区域经济政策的演变机理分析中得知,区域问题的存在和演变是区域经济政策制定和演进的客观决定因素。因此,我国要重视区域问题的定位,并以此划分出问题区域,使得针对性的区域经济政策得以实施和演进。结合现阶段我国区域经济发展状况,我国的问题区域主要有两个:一是主要表现为农业结构为主、地理位置偏远和经济基础条件差的西部落后区域;二是以传统重工业产业衰落为特征的东北部萧条区域。另外,还存在两个隐性问题区域:一是东部沿海地区由于经济活动过于集中、产业布局过度拥挤以及"城市病"可能导致膨胀问题和内城衰落而膨胀或衰落的区域;二是中部地区由于相对政策供给不足成为政策边缘化地带可能导致中部衰落的区域问题而发展成为问题区域。我国面临的区域问题也是美国历史上经历过的问题,包括欠发达地区经济发展问题、发达地区产业结构调整问题等,因此我国的区域经济政策应该是多种政策的集合体。最后,问题区域和区域问题一样,是动态变化的,会依次经历落后、发达、衰退的循环过程,形成区域生命周期现象,这就要求区域经济政策还得针对实际变化进行调整。

四、注重增强欠发达地区的自身发展能力

美国政府促进欠发达地区发展的政策导向,主要是着重提高劳动者素质,鼓励私人资本投资,支持中小企业发展,创造新的就业机会,增加劳动者收入,减少贫困人口。核心是培育欠发达地区自我发展和持续发展的能力,通过帮助地方教育、科研事业和职业培训,最终摆脱对联邦政府的依赖。培训的方式主要有:为社区服务机构提供培训资金、组织社会自愿者帮助培训、提供资金组织社区管理人员到外地考察、学习先进社区发展经济的成功经验等。美国及其他国家的经验表明,解决区域发展不平衡问题的核心是

培育和增强欠发达地区自身的发展能力,重点是创造就业机会。政府的扶持是必要的,但应遵守"授之以鱼,不如授之以渔"的原则。

美国区域经济政策的演变有一个内在的动力机制,即通过区域生产要素的整合升级来提升区域竞争力,促进区域经济增长。根据威廉姆森的"倒 U 型"理论,在区域差距进入临界值域之前,区域差距扩大是不可避免的,而当区域差距进入临界值域以后,区域差距将区域收敛。进一步延伸该理论,即在国家经济发展水平还比较低的发展中国家,最优选择是加快区域经济增长。

我国作为一个发展中国家,国家经济发展正处于成长期,经济增长速度很快,但是区域差距也在逐渐拉大,针对我国的区域问题,结合威廉姆森的"倒 U 型"理论,我国现阶段的区域经济政策的重点应该是区域经济增长。区域经济增长的动力在于通过整合生产要素,从低级到高级,构建区域动态竞争优势。首先,西部地区要通过整合自然资源、非技术劳动力等初级要素获取比较优势,同时强调基础设施建设,比如电源基地建设和西电东送工程、生态环境保护和教育医疗等公共服务建设,进一步整合这些高级生产要素形成区域竞争优势。其次,东北部地区作为我国老工业基地,尽管面临衰退的问题,但其基础设施建设良好、能源优势突出,因此,当前振兴东北老工业基地的政策应该是着力发展人力资源和科学技术、培养产业集群,通过生产要素的整合升级过程,实现工业化和经济增长。再次,中部地区面对成为政策边缘地带的困境,要依托现有产业基础,引进东部地区制造业和高新技术产业转移,利用其作为东部地区增长极的腹地优势,整合技术、市场、交通、人才等资源要素,形成中部地区的区域竞争优势,提升经济自主增长能力。最后,东部发达地区在拥有区位、基础设施、人才、知识技术等资源禀赋的情况下,通过政策培养东部地区已经出现的产业集群,通过集群整合这些生产要素,从而获取集聚优势,即外部规模经济和范围经济、降低交易费用、知识技术及制度的创新和扩散,推动构建区域创新网络,实现区域内生增长。

五、逐步把援助欠发达地区各项工作纳入法制化轨道

美国政府把援助欠发达地区经济发展置于严格的立法、执法和司法过

程之中。联邦政府对欠发达地区和社区的援助主要是根据国会通过有关法律，制定具体援助计划，审查批准援助项目的申请报告，拨付一定比例的款项给州政府，并定期审计资金的使用情况。州政府要制定如何使用援助资金的法规及会计制度，具体指导和监督援助计划的实施，各级政府对区域发展的权责都依法明确和履行。美国政府运用法制手段规范援助工作的责权和行为，在援助欠发达地区发展方面以有限的投入取得很好的成效，这一点很值得我国借鉴。首先，应进一步健全立法工作，逐步把现行中西部地区、贫困地区发展的各项行之有效的政策、措施，在总结完善的基础上用法制形式确定下来，特别是扶贫项目的申报、批准、执行。扶贫资金的申请、拨付、使用、审计等也要尽快立法。其次，要加强执法工作。目前有法不依、执法不严的问题比较突出，主要原因是一些领导干部和执法人员法律意识淡薄，又缺乏有效的监督机制。所以，有必要制定专门监督执法的法律，设立相应的监督机构，并使这一机构独立于同级党政机关，直接隶属于上级党政机关。

六、美国区域经济政策的一些原则值得借鉴

美国制定区域政策不是从人道主义出发，不是从共同富裕的理念出发，完全是实用主义。它没有系统的区域政策，但从解决实际问题出发却也形成了若干解决区域发展问题的方法和原则：一是问题严重原则。一个地区出了很严重的经济问题，没有力量解决，就要靠联邦政府支持，如针对洪水泛滥而提供的援助项目。二是增长有潜力原则。现在落后，但比较有潜力的区域可能会优先得到联邦财政支持。如开发南部，除了反危机外，还因为南部的资源条件可发展军工，北部资本正在涌入，增长有望。三是直接原则。不以行政区划为受援单位，直接确定若干受援区或增长中心给予支持。四是个案原则和项目原则。不是从一个特大区域如美国南部或西部入手，不是对某个区域的所有领域都提供支持，而是通过个案方式，以具体项目为载体进行规划和操作。五是公开竞争原则。联邦财政给各地的拨款项目中，有相当比例要在报纸上公开。要获得联邦资助，各地要通过申请和竞争来取得。

这些原则并不一定都适合我国的基本国情，但还是可以提供一些参考。

一是我国目前在区域划分上把整个中西部都作为国家支持发展的对象,范围是否太大,能否把中央政府扶助的省区控制在5—6个之内,集中进行帮助。二是在区域政策方面,既有包括多种内容的经济支持,又有社会发展(如文化、教育、医疗)等方面的支持,是否过于庞杂,难以有效操作。三是能否成立"开发署"之类的机构,通过竞争的办法,调动各地在开发经济上的智力和财力,力求用同样的资金获得更大的效益。

第二章　加拿大的区域经济规划与政策

第一节　加拿大区域经济的基本概况

加拿大位于北美洲北部,北至北冰洋,南接美国本土,西濒太平洋,东临大西洋。国土面积998万平方公里,居世界第二位,海岸线长约24万多公里。北部为寒带苔原气候,南部气候适中,西部气候温湿,东部气温较低。全国设10个省和3个地区,省设省督、省议长、省长、省内阁,地区设立对应机构及职位。人口约3500万,大部分为英法等欧洲后裔,土著居民包括印第安人、米提人和因纽特人等,约占3%,其他为亚洲、拉美、非洲等的后裔。1926年,英国承认其"平等地位"并获得外交独立权。1931年,成为英联邦成员国,议会获得同英国议会平等的立法权,但无修宪权。1982年,英国女王签署《加拿大宪法法案》给予其议会立宪、修宪的全部权力。加拿大是世界第十大经济体,有"能源超级大国"之称。资源工业、初级制造业和农业为国民经济主要支柱,制造业、高科技产业、服务业发达,近年经济增长强劲,增速名列发达工业国前茅。

加拿大依据自身国情制定了独具特色的区域经济政策。宏观上,加拿大联邦政府针对不同时代、不同社会经济需求,制定出具有各时代特色的区域经济发展政策,既能促进各区域经济发展,又能从宏观上调控区域经济增长差距,使全国范围区域经济增长差距保持在一定范围内。微观上,加拿大联邦政府在其东部、中部和西部设立了五个区域经济发展署,分别为东部区域的加拿大大西洋机会发展署,中部区域的加拿大魁北克省经济发展署、安大略省北部经济发展署和安大略省南部经济发展署,西部区域的加拿大西部经济多样化发展署。加拿大注重把权力下放到各发展署,由发展署具体执行联邦政府的区域经济政策。每个区域经济发展署的工作范围、工作重点和工作方式等各不相同,工作业绩和得到的评价也各有特色。各区域发展署既负责把联邦政府区域政策执行到位,又负责协调联邦政府和各区域地方政府、当地企业、社区组织等的关系,及时把各区域经济发展情况、区域经济增长差距控制情况反馈给联邦政府,以便联邦政府适时修改区域经济政策,控制区域经济增长差距。

第二节　加拿大区域经济发展政策的演变

区域经济增长差距对经济主体的经济行为模式转换起到了诱导和推动作用,成为区域经济主体调整自己经济行为的指示器。如果区域经济增长差距是适度的,那么这个差距不仅是经济社会发展的动力源泉,而且是区域经济合作和竞争的基础。适度的区域经济增长差距对于一国的经济、社会发展有明显的积极意义。但是,如果这种差距达到一定程度,尤其存在一种加剧的趋势,就会对区域经济主体的行为产生一定的误导。各区域的利己行为、地方保护主义现象增多,区域之间经济发展不协调,从而引起国民经济发展波动,总体上不利于全国经济的持续发展。因此,适度的区域经济增长差距可以促进区域经济发展。但是,如果这种差距达到一定程度就会引起因为贫富高度分化而产生的社会恐慌,造成国民经济发展失衡,最终不利于全国经济的持续发展。加拿大联邦政府一贯高度重视区域经济发展,积极致力于缩小区域经济增长差距。加拿大总理曾宣布,消除区域经济增长差距的挑战是和关于加拿大国家统一的"魁北克问题"具有同等重要的政治议题。20世纪60年代开始,加拿大联邦政府在不断缩小区域经济增长差距、推动区域经济发展方面制定了很多政策,开发了很多相关项目,做了很多努力,并取得了一定成绩。

自20世纪60年代起,加拿大区域经济发展政策共经历了四个阶段,每个阶段都处在一个特定的历史时期,都经历新政策的制定、贯彻执行和最后获得实践经验和教训的过程。

一、20世纪60—70年代:设立区域城市增长极带动辐射区域经济发展

20世纪50年代末加拿大经济进入一个新的阶段,城市成为国家经

济增长的引擎,而农村和资源型地区经济处于落后状态。这些落后地区失业率较高、教育程度和识字率低、住房条件差、基础设施陈旧、新技术使用有限,居民大量迁至外省。通过降低联邦税收和再分配转移支付政策并不能从根本上解决区域经济增长差距。由于城市重要性的提升,联邦政府的智囊团进一步提出设立区域城市增长极战略目标,并且通过与城市的联系纽带和扩散影响来帮助提高资源型地区的生产能力和经济状况。

20世纪60年代初开始,联邦政府致力于消除横跨加拿大全国的区域经济增长差距。首先,联邦政府采取了单边方式,直接干预农村经济,制定各项援助指标,并在滞后地区指定当地城市作为潜在增长极中心。渥太华联邦政府的农业部门和行业部门制定出一系列政策,第一代区域经济发展政策由上到下集中传达。虽然这种方法使各项援助较快执行下去,但联邦政府很快面临着来自政府内部的障碍,其中最突出障碍与联邦政府和省政府的共管辖区相关。没有省政府的参与,联邦政府下达的各项措施不能有效地支持经济领域内的企业、拥有土地的农业生产者和基础设施规划的发展,也不能可靠地指导当地政府官员和当局采取具体行动和监管措施。如何完善这项措施成为70年代联邦政府需要优先解决的问题。联邦区域经济扩张部因此成立,主要职能是协调联邦政府与各个省政府之间的区域项目发展关系及协商各项开发协议。到70年代末,一个新的加拿大区域发展政策出台,联邦政府政策的大方向是各级政府内部建立优先权,根据实际情况权力下放到各级政府。

尽管联邦政府在制定适合当地需求的区域经济政策和组织政策学习上有很大付出,加拿大经济观察家们还是很严厉地评判了联邦政府进行的一系列区域发展工作。加拿大经济委员会对近二十年政府为缩小区域经济增长差距而采取一系列政策的评估结果为:"严酷的事实是,尽管采取了很多公共政策但是并没有导致任何地区收入差距显著缩小。"对于这种现象的解释为:依赖过于抽象的理论概念导致有限地指导实践,未能实质性地参与地方或区域项目设计和实施;区域计划透明度不足,社区人员不清楚计划目标而丧失发展机会;继续依赖行业项目而不是领土策略;对干预措施认识的不足导致忽略了支撑项目成败的因素。

二、20世纪80—90年代:区域经济政策决策权下移,社区建设融入区域经济政策

20世纪80年代是加拿大区域经济发展政策的一个关键十年。相关政策被重新调整和重新定位,基本目标也发生变化,区域经济发展的重点不再是消除经济落后省份和经济富裕省份之间的差距,而是每个区域都面临自己特殊挑战并着重挖掘经济潜力。紧接而来的区域经济发展政策的任务不是评估需求而是提升开发能力和抓住机遇。政策和项目必须坚定植根于当地官员的知识体系和人际关系中,确保政府责任部门和相关社区部门共同进行的公共投资有明确收益。这些新政策被贯彻执行,用以对抗80年代初期的经济衰退。并且联邦政府同时对农村和城市社区推出就业调整计划,强调社区建设和地方经济发展的区域经济发展理论也得到了学术界的支持。

作为区域经济发展新政策的一部分,联邦区域经济扩张部被解散,主要原因是未能充分贯彻执行联邦政策。这个政策直到现在仍被视为一个值得称赞的有组织的、主要负责协调权力下放、优先级设置和项目实施的利好政策。1987年,联邦区域经济发展政策的结构仍然存在。大西洋区域和西部区域都分别设立了自己区域的发展署,具有独立部门和责任人,分别为加拿大大西洋机会发展署和加拿大西部经济多样化发展署。几年后类似的机构出现,例如加拿大魁北克省经济发展署和安大略省北部经济发展署。新成立的机构仍然保留联邦政府和省政府的协议机制,但和普通发展协议相比,更专注于特定区域和本土优先权。如此权力下放的体制是为了保证双重利益,既向渥太华联邦政府汇报区域经济发展问题,同时又加强联邦政府在该地区的影响力。新机构从20世纪80年代末开始工作,区域经济发展政策从短期对抗经济衰退、调节经济差距转向调整长期产业结构、实现经济多元化发展。

20世纪80年代中期,联邦政府区域经济发展政策的重新定位获得普遍好评。事实上,政策的三大转型——从缩小经济差距到努力开发潜力,从官僚主义到以社区为主动力,从设立区域发展署到权力下放、机构间互相合作——真是姗姗来迟。这些问题得以解决的同时又出现了新的问题,就是如

何更好地运用新机构和贯彻执行新策略。普遍认为,良好的区域经济发展政策并不是"一刀切"政策,联邦政府为制定最优政策而扮演的角色并不清晰,尤其是在农村和城市经济发展合作的各个方面变得越来越活跃的时候。

三、21世纪初:各种组织的多样化创新合作激发区域经济发展

21世纪的第一个十年,上述问题的解决变得更加紧迫,经济全球化和知识经济的全面到来改变了区域经济发展政策的大环境。传统制造业被有效改造,资源型经济多样化,行业领军公司日益增长,这需要各大公司、研究机构和培训中心之间形成新形式的合作关系来迎接这些新的挑战。价值链形成的经济伙伴关系已经过时,只有通过知识的更新、传播和应用才能进行创新。各大公司和社区面对全球一体化重新进行自我定位,集中于两个重要主题:一是强调区域发展中社会维度的重要性,因为使用社会资本可以促进跨部门合作、连接企业和社区的社会经济关系,增加地方社会资产;二是强调政府在投资基础设施创新过程中以合作伙伴角色出现。

这一时期见证了区域经济发展署的持续发展和成熟。每个机构都贯彻执行了很多区域经济发展政策,虽然有些效果明显,有些效果一般,但都通过横向、纵向的合作实现联邦政府的目标和区域经济重点目标的有效融合。通过知识动员、组织学习和制度适应促进公司创新和提高社区适应力,同时也讨论如何将各种组织进行多样化合作,比如将社区组织、教育机构、商业协会和一些弱势经济组织(如原住民、青年组织、妇女团体和新移民等)组织在一起。区域经济发展署鼓励各大社区开展经济、劳动力市场和知识集群相符合的区域内部合作。

2008年,面对全球经济动荡的新挑战,联邦政府制定区域经济发展政策时,既要考虑环境的可持续性又要考虑社会的包容度。这就需要建立新的评价指标并评估相应的指标结果。

第三节　加拿大区域经济发展政策的主要特征

加拿大东、西部一些省区因自然条件、历史传统、产业结构等原因,致使

经济发展相对落后。为推动欠发达地区经济发展,加拿大政府采取了一系列政策措施并取得显著成效,如改善基础设施、鼓励经济多样化发展、提供优惠政策和提供额外公共服务等。

一、成立专门组织以凝聚合力共谋落后地区发展

加拿大国会为促进东北部以及西部地区经济发展,设有东北部资源开发委员会和西部大发展委员会,联邦政府设有西部经济多元化发展计划部。1988 年,为促进加拿大东四省经济发展,加拿大联邦政府通过法案,宣布在联邦工业部下成立大西洋沿岸省份商业机会署,并由联邦工业部部长亲自领导,具体工作由相当于联邦副部长级的主席及加拿大东四省的四个副主席组成的委员会负责。1996 年开始,大西洋沿岸省份商业机会署成为加拿大联邦产业领导小组成员,该小组由联邦 13 个相关部、局、署组成,可见配备规格之高。1998 年,为促进魁北克省经济发展,联邦政府将地区经济发展办公室(魁北克分部)升级为加拿大魁北克省经济发展署,由联邦国库部长直接主管,署长由该部一名副部长兼任。又如安大略省设有北部地区发展与矿业厅,主管安大略省欠发达地区的发展事宜。

二、改善欠发达地区基础设施并扶持社会公益事业

以阿尔伯塔省为例,该省高度重视基础设施建设,人均科技研发和教育支出一直位列加拿大最高。经过努力,该省目前拥有在加拿大较先进的公路、通信设施、工业生产、科研和教育设施以及一支技术过硬的劳动力大军和科研队伍,很多国际知名的跨国企业青睐于阿尔伯塔省一流的基础设施和优美的环境,纷纷来此投资设厂。同时,加拿大实行 1—12 年免费义务教育,90% 的高校为国家所有。加拿大职业教育水平普遍很高,如汽车产业工人基本受过高等教育,加拿大每整车生产时间为 21 小时,而美国是 23 小时。由于加拿大全民整体受教育水平高、劳动力素质高,所以能吸引投资,增加落后地区的就业机会。

三、鼓励传统产业和新兴产业多样化发展

1987 年,加拿大联邦政府建立了西部经济多元化发展计划部,东部的

纽芬兰省出台了"经济多元化和发展企业计划",西部的阿尔伯塔省在合理开采石化资源的同时,大力发展与石化资源相关的、技术含量和附件价值高的加工业和制造业。他们认识到,如果仅限于原料的生产和销售,对经济和就业的助益是有限的,因此必须发展石化产品的深加工和相关产品的开发,这不仅可增加资源附加值,而且能带动生产技术的提升,使加拿大石化工业竞争力在世界上立于不败之地。据统计,目前阿尔伯塔省制造业的2/3与石化资源有直接关系。同时,阿尔伯塔省政府鼓励在省内建立以石油、天然气为能源的制造业和新兴工业,用一个产业带动多个产业共同发展。同时,旅游、农林业等传统优势产业也没有被忽视,并且有了新发展。政府大力发展旅游娱乐业,为旅游业企业提供市场营销、广告宣传、供求信息交流、资金技术等方面的协助;政府非常重视环境保护,设立专门机构,接受对环境破坏行为的投诉。旅游娱乐业的发展和优良的生活环境吸引了大批公司和人才到阿尔伯塔省创业。

四、通过扶持中小企业增强欠发达地区自身发展能力

加拿大政府一贯认为,中小企业是该国重要的经济增长来源,也是吸纳就业人口的主要源泉,因此把中小企业发展提升到了战略高度。多年来,加拿大联邦政府通过与加拿大各种工业协会、金融机构及西部四省政府精诚合作,有效引导企业发展具有巨大技术和增长潜力的产业,从而使该地区产业发展符合当地经济增长的需要,而且有力地支持了联邦政府的"就业和经济增长战略"。如阿尔伯塔省近年来采取各种措施鼓励私营经济和中小企业发展,开办各种企业家培训计划,鼓励个人投资建立企业,培植企业家精神。同时,取消对私人投资的限制,并在税收等方面予以扶持,将公司税税率分为多个等级,企业规模越小应缴纳公司税税率越低,目的就是要给私营中小企业以充分的发展机会。目前,阿尔伯塔省中小企业数量以每年10%以上的速度增长,自我雇佣人员比例居全加拿大第二位。

五、以优惠政策支持欠发达地区发展

联邦政府通过金融机构帮助从事生物科技、医疗保健、信息技术和通信、环保科技、新材料和先进制造工艺、农产品深加工、旅游等方面技术研发

和产品生产的中小企业获得借款计划和融资项目资助。萨斯喀彻温、曼尼托巴等草原省份政府为当地谷物和经济作物种植者提供条件优惠的信贷支持。大西洋沿岸省份商业机会署为所有希望在大西洋沿岸地区设立企业的机构和个人提供贷款安排,为所有有志在沿岸地区建立企业和开拓业务的机构和个人,尤其是中小企业提供还款担保、借款保险、信用担保等一系列金融服务。加拿大东部的纽芬兰省出台了"经济多元化和发展企业计划",凡是参加该计划的符合一定条件的省内外企业,均可享受多种优惠政策,包括免征公司收入税、高等教育及保健税 10 年,继之以 5 年的逐步恢复征收期;可向当地市政府申请 10 年免征财产税,继之以 5 年的逐步恢复征收期;有权要求当地政府帮助加入当地融资计划,取得使用当地公有设施的执照、许可及选择权利;可以象征性的价格获得当地公有土地的使用权,加入计划的企业最低可以 1 加元收购当地闲置的工业设施。当然,享受优惠企业必须具备诸如最低投资额、雇佣当地最低人数、投资技术含量等项条件。如税收方面,阿尔伯塔省总体税率在加拿大是最低的:在全加拿大是唯一免征省销售税的省份;不对省内企业和个人征收在美国和加拿大其他省份普遍施行的一般资本税和工资税;居民个人纳税负担全加拿大最低,因而极大地增加了阿尔伯塔省对外省和外国移民的吸引力。

六、为欠发达地区发展提供多项额外公共服务

为了使西部欠发达地区中小企业能够简单快捷地获得开展业务所需的信息和情报,联邦政府主导建立了西部商务服务网络体系。政府与社区未来发展公司、妇女创业办公室、加拿大商务服务中心等结成了商业信息服务联盟,最大限度地为加拿大西部经济发展服务。联邦政府设有一个"供货商发展计划",主要是帮助西部企业参与政府采购计划的投标,在联邦政府的层级上向加拿大其他地方大力推介西部的企业和公司,与各级政府协作,不断简化、优化加拿大西部企业发展的各项政策措施和法规,鼓励当地企业从事国际贸易和扩大出口。此外,联邦政府建立了西部产业联盟,借此推动西部企业之间结成各种形式的生产联盟、技术合作联盟和营销联盟,从而使当地企业获得成本优势。例如,大西洋沿岸省份商业机会署的职责就包括鼓励成立各种行业协会、举办贸易展览和交易会、开展经济研究和市场调

研、建立银行和商业信息网络、提倡企业间的交流与合作、提高商业和投资方面的人才素质等。

第四节　加拿大区域经济政策的借鉴意义

一、建立政府内部优先权并注重权力下放

20世纪60年代,加拿大联邦政府为了消除加拿大全国各省区域经济增长差距,由农业部门和行业部门制定出一系列政策,由上到下集中传达。但联邦政府很快发现,权力过于集中造成政策执行障碍,既不能有效消除区域经济增长差距又不能指导当地政府官员和当局采取具体行动和监管措施。70年代,联邦政府优先解决这一问题,在各级政府内部建立优先权,根据实际情况将权力下放到各级政府。各级政府贯彻执行联邦政府区域经济发展政策,但在政府内部政策执行具有很大灵活性,各级政府可以根据当地实际情况按任务轻重缓急列出完成次序,这样既保证联邦政策执行力度,又有完成任务的自由空间。

二、通过区域发展署打破地方保护主义

加拿大联邦政府在全国不同区域共设立了五个独立的区域经济发展署,这些发展署起双向作用,既帮助联邦政府进行区域经济干预、完成区域经济发展部署,又有针对自己区域的特殊战略计划和具体行动,机构设置灵活,具体执行任务的先后顺序可调整,以应对不断变化的宏观经济条件、突发事件和当地社区的需求。另外,为了更好地完成联邦政府布置的任务,各区域经济发展署势必要打破地方保护主义,虽然地方保护主义在一定范围、时间内可以增加税基、扩大就业、促进区域经济增长,但从长远看超过一定范围的地方保护主义会造成整体经济发展不平衡,必须遏止。各区域经济发展署就是联邦政府打破地方保护主义的榔头工具,它们落户于地方,熟悉地方情况,有利于打破地方保护主义,从而发挥了双向作用。

三、提升社区与企业等地方组织的重要性

加拿大联邦政府和各区域经济发展署高度重视各区域社区、企业、高等

院校和科研机构的重要性。在全球经济一体化新形势下,传统制造业被有效改造,资源型经济多样化,各大公司、研究机构和社区之间形成新形式的合作关系,这种伙伴关系对当地的经济发展水平、税收、知识的更新、传播和应用方面起了重要作用。高等院校和科研机构有丰富的教育资源,促进了知识体系的提高,帮助公司创新和提高市场适应力、竞争力。在这种情况下,各区域经济发展署高度重视社区、企业等地方组织的重要性,充分认识到使用社会资本可以促进跨部门合作以及连接企业和社区的社会经济关系,增加地方社会资产。同时在投资基础设施创新过程中,区域经济发展署以合作伙伴角色出现,充分发挥了地方组织在区域经济发展中的作用。

四、通过重点支持项目带动多样化投资

各区域经济发展署主要通过推进各种项目、开展各种计划完成区域经济发展多样性投资。加拿大大西洋机会发展署通过大西洋创新基金专注于高水平成果,帮助区域和地方经济活动选定开发重点。通过大西洋贸易和投资机构支持大西洋区域中小企业推动出口业务,促进外商投资,并对新出口商、妇女、原住民、青年进行贸易教育和技能培训,给留在大西洋区域的大学毕业生提供出口实习机会,通过泛大西洋投资协调委员会开展大西洋投资策略工作。加拿大魁北克省经济发展署通过中小企业扶持基金来支持中小企业在以知识为基础的新兴行业发展,帮助省内具有增长潜力的新兴行业实现可行性研究和创业规划,并通过区域战略倡议为农村和偏远地区投资建设基础设施,从生态旅游、森林再生到测绘学等技术领域识别资产,支持小型企业采用新技术,帮助农村社区和区域重大工业项目更新。另外,还为魁北克省量身定制了区域未来计划项目。加拿大西部经济多样化发展署投资重大项目,支持创新、企业家精神和社区经济发展,建立加拿大西部商业服务网,为当地经济发展实施妇女企业贷款和贷款投资两个主要项目,用来帮助妇女创业和资金风险高的客户提供贷款,并一直致力于知识提高和政策研究。安大略省经济发展署分为南北方两个署,北部经济发展署通过两个项目和两个计划来开展区域经济发展工作,两个项目分别为安大略省北部发展项目和安大略省东部发展项目,两个计划分别为社区未来计划和经济发展计划;南部经济发展署利用安大略省南部特定地区的资源,通过水

平和垂直的方法进行多层次的合作治理,把资源集中运用到新项目上,把项目参与者组织在一起来达到创新、包容和可持续性的目的。同时利用目标之间的协同效应培养当地经验和扩大成功范例。总之,每个发展署都根据区域情况开展支撑项目,进行多样性投资,以达到协助联邦政府与当地组织合作、协调发展区域经济的目标。

五、推进绩效评估常规化并实现评估结果透明化

国家区域政策实施后效果如何,是否达到预期的政策目标,都需要进行科学评估。加拿大联邦政府每年都对各个区域经济发展署一年的工作绩效进行评估,既从定性角度考核又按定量标准考核。例如,最权威的观察家唐纳德·萨瓦定性地肯定了加拿大大西洋机会发展署的工作业绩,指出其工作已经在大西洋区域的就业和创新方面产生了积极的影响。同时,托马斯和兰德里用量化指标来评估加拿大大西洋机会发展署的贡献,认为加拿大大西洋机会发展署每支出 1 美元,大西洋区域的 GDP 就会增加 5 美元,失业率会降低 2.8%。各区域经济发展署的年度报告由国家审计署审核,审计通过后向社会公众公布。同时由权威机构,例如观察家和经济合作组织等共同对发展署一年的工作业绩进行再度评审,所有评审意见都及时反馈给社会公众,实现评估结果透明化。审计署和权威机构既对各区域经济发展署的工作业绩作出肯定,同时也指出不足及需要改进之处。除了内部审计署评估外,还有外部观察家等组织审查,才能得到公正客观的评估意见。只有对业绩评估常规化、透明化,才能客观评价各区域经济的实际工作情况。

第三章　巴西的区域经济规划与政策

第一节　巴西区域经济的基本概况

巴西位于南美洲东南部,东临南大西洋,国土面积851.49万平方公里,约占南美洲总面积的46%,是南美洲面积最大的国家。海岸线约7400多公里,领海宽度12海里,领海外专属经济区188海里。拥有丰富的自然资源和完整的工业基础,国内生产总值居南美洲第一,是世界第七大经济体。地形一部分分布在巴西中部和南部的巴西高原,海拔500米以上;另一部分主要分布在北部和西部的亚马孙河流域的平原,海拔200米以下。全国共有26个州和1个联邦区(巴西利亚联邦区),州下设5564个市。人口约2.01亿,其中白种人占53.74%、黑白混血种人占38.45%、黑种人占6.21%、黄种人和印第安人等占1.6%,来自欧洲、非洲、亚洲等地区的移民使得巴西形成了多种民族融合的文化特性。巴西人口分布极不平衡,大西洋沿岸人口稠密,内陆地区较为稀少。东南地区是巴西人口最多的地区,该地区拥有圣保罗、米纳斯吉拉斯和里约热内卢等三个巴西人口最多的州和圣保罗、里约两个最大的城市。在圣保罗和里约的交界地带形成了以两个城市为支柱的商业区,聚集了约23%的巴西人口,是巴西人口密度最大的地区。

20世纪30年代以前,巴西对落后地区的开发主要表现为对内地的占领,几届政府为改善落后地区的交通状况及东北部地区的干旱问题做了不少努力,然而当时巴西的经济实力不强,有限的措施并没有使落后地区根本改观。30年代的大危机严重地影响了发展不平衡的巴西。瓦加斯政府为了维护国家的统一,提出了"向西部进军"的口号,开发西部成为当时巴西民族主义者的一个明确思想。尽管当时的巴西政府认识到开发内地的重要性，但碍于国力不足，有限的资金只能主要用于刚刚起步的工业，对不发达地区的开发仅限于个别州或地区，主要建设项目集中在中西部的戈亚斯州。50 年代以后，特别是近几十年来，开发不发达地区、解决区域经济发展不平衡、实现全国一体化已成为历届政府的共同愿望，也是巴西人民的心愿。

巴西联邦共和国曾经是拉美唯一由葡萄牙人建立的殖民地，自 1500 年被发现后，北方经济发展一直领先于南方，18 世纪南方兴起"黄金热"后开始领先北方。1763 年，巴西首都亦由北方的萨尔瓦多迁到南方的里约热内卢，从此开始了延续至今的南北差距问题。这一问题本应在巴西走上独立自主发展道路之后逐步解决，然而直到 20 世纪，巴西在工业化以及战后加速现代化的过程中，南北差距不仅依然存在而且愈演愈烈。目前，根据自然情况及发展历史等因素，全国分为东南部、南部、北部、东北部和中西部等五大地区。大部分人口聚居于东北部和东南部地区，经济活动集中于东北部、东南部和南部地区，各区域经济发展程度各不相同，东南部是巴西经济最发达的区域，东北部是较落后的区域。巴西在南方迅速发展、北方愈益落后的长期不均衡格局中，不仅导致了南北人均收入、教育程度、人均寿命等方面的差距，而且还引发了南方的分裂运动，使国土面临分裂的危险。正因如此，巴西政府实施区域经济政策努力缩小南北差距就成为必然。

第二节　巴西区域经济问题及原因

一、殖民主义掠夺政策留下的殖民时代历史遗产

巴西地大物博，自发现之日起便成为欧洲殖民者野蛮榨取的对象。葡萄牙殖民当局为了寻找金银以及开发能在欧洲市场牟取暴利的热带产品，使巴西的经济活动在不同时期集中于不同的地区，导致出现互相脱节的"经济周期"，如殖民初期沿海的砍伐木材周期、16—17 世纪中期北方的种植甘蔗周期、18 世纪中南部开采黄金周期等。这种按照单一产品、单个地区、单独发展的历史，使巴西形成了所谓的"经济岛屿现象"，即在不同时期，某一王牌产品的产地变成了巴西的"经济增长极"，成为其他地区依附

的中心,而当殖民者对这一产品失去兴趣时,他们便放弃对这一地区的开发,任凭其衰落下去。

二、代表不同利益阶层的统治集团加大了南北差距

巴西成为现代国家后,政府长期被来自南方的政客把持,使北方经济落后地区得不到应有的重视,加大了南北之间的差距。1889年,巴西帝国随着奴隶制的崩溃而垮台,联邦共和国应运而生,但权力主要落在以大庄园主为代表的农业寡头集团手中。巴西建立共和国以后的历史可分为老共和国时期(1889—1929年)、新共和国时期(1930—1945年)以及1946年以来的现代共和国时期。老共和国时期,巴西的政治被南方的咖啡园主和畜牧场主的政治代表交替垄断,在南部和东南部不断发展的同时,东北部日益贫困。1930年,由新兴资产阶级发动的"圣保罗革命"结束了"咖啡加牛奶政治",巴西进入了比较注意协调发展的新共和国时期,但长期形成的重南轻北的经济格局一时难以改变,联邦政府的投资、大型工程和大型国有企业仍集中在南方。北方以不断下跌的国际价格向外国出口农矿产品,国家用这笔外汇收入以海关保护价格为南方进口工业设备,北方又按照高于国际市场的价格从南方运进工业产品。这样"东北部以出口换取的外汇被经济发达的南方地区所占有,造成令人难以理解的现象:贫困地区资助富裕地区",巴西学术界有人把这种现象尖刻地称为"国内殖民主义"。

三、区域政策也是导致南北差距扩大的重要原因

20世纪30年代以来,巴西实施的区域优先发展战略也使区域间差距进一步拉大。由于圣保罗等地的大型现代化工程快速发展需要大量劳动力,北方的贫苦农民大量流向南方,人力资源流失成为阻碍北方经济发展的因素之一。目前,以圣保罗、里约热内卢和贝洛奥里藏特三大城市为支点的庞大的工业三角区是巴西经济最发达的地区,工业三角区内城市毗连、人口密集,除了有上述三大城市外,还聚集了60多座卫星城、许多工矿基地以及全国最大的桑托斯港区,成为巴西的经济中心和工业心脏。但是由于巴西幅员辽阔、地形复杂、人口庞大,经济增长中心的扩散效应有限,难以有效带动其他地区的发展。

第三节　巴西区域经济政策的内容与实践

一、根据不同地区特点制定相应的开发战略和计划

巴西各地区的特点不同,所采取的开发战略也有所不同。对于东北部,开发的主要目的是以发展生产来解决失业等严重的社会问题。东北部开发管理局还特别针对这个地区严重干旱的状况,制定了农业现代化规划及圣弗朗西斯科河流域特别开发规划。对于北部、中西部两个尚待开发的地区,巴西政府提出了"扩大农业边疆""进行生产性占领"的战略,即通过逐步合理地利用该地区的农牧业、工业、矿业和林业资源来繁荣地区经济,进而促进全国经济的发展。

巴西政府有关区域性开发计划名目繁多,根据其包含的内容和涉及项目的范围,大致分为五类:第一类是全国性社会经济发展计划所涉及的有关区域开发的方针和任务,如第三个全国发展计划将东北部、北部及中西部经济的开发与整个国民经济的发展结合起来,规定了明确的目标、任务和方针。第二类是同时涉及几个落后地区的开发计划,如1970年提出的"全国一体化计划",实际上是有关北部和东北部的开发计划,该计划的主要目标是将经济边疆尤其是农业边疆推向亚马孙河沿岸地区,为东北部地区经济的有效转变建立基础,创造条件使农民不离开农业,提高劳动生产率,扩大劳动力市场和建立包括在国际市场有竞争力的工农业部门。第三类是有关一个地区的综合开发计划,如中西部开发计划试图通过对该地区公路、仓储、冷库、食品加工厂的建设以及对马托格罗索州沼泽地的治理,加速地区经济发展。第四类是有关一个地区的单项开发计划,如亚马孙的朗多计划,其目的是在亚马孙地区进行资源普查,寻找矿产区和适宜发展农牧业的地区。第五类是某一个具体工程项目开发计划,如卡拉雅斯计划就是一个以铁矿开采为中心,包括农、林、牧业的综合开发项目,其目的在于"加速国家各地区之间协调和平衡发展,促进工业分散化,增加就业,通过铁矿及其他矿产品、钢铁制品、农牧业产品和木材的出口,提高国家的对外支付能力"。

上述各类计划的执行情况和结果虽不尽相同,但都不同程度地对有关地区的开发起到了积极作用。对于各个地区,政府采取的计划重点也不同,

东北部地区是增强自力更生的能力、提高低收入阶层的收入；北部和中西部地区是扩大农业边疆，实行生产性占领，促进一体化发展。

二、实行各种政策促进落后地区形成经济增长能力

除了提出各种开发战略和计划外，最重要的是通过实施各种鼓励、优惠和扶助政策，促进落后地区尽快形成经济增长能力。巴西实行的主要政策有以下类型：一是采用财政刺激的办法筹集开发资金，引导私人资本投向落后地区和薄弱的农业部门；二是通过预算拨款保证区域开发所需要的资金；三是实行农产品最低价格保护政策，特别是保护新开发地区农业生产者的利益；四是加强开发地区的基础设施建设，特别是优先发展交通运输和电力部门；五是大力引进外资和国外先进技术，促进出口发展。财政扶持和税收政策是落后地区起步发展的基础。20 世纪 70 年代实施"全国一体化计划"期间，联邦政府规定将全国所得税的 30% 作为专门用于落后地区开发的全国一体化计划基金，在马瑙斯自由贸易区，政府实行了一系列特殊政策鼓励投资建厂和自由贸易，同时还通过税收和投资优惠政策，引导民营企业增加在西北部和东北部落后地区投资。

三、设立强有力的开发管理机构加强区域间联系

巴西政府为了协调整个区域经济发展，建立了强有力的开发管理机构。主管区域开发的机构是内政部，内设四类职能机构：一是经济特区管理局，负责在不发达区域开辟经济特区，并管理经济事务；二是跨州的区域开发管理局，负责研究区域社会经济资源，代理政府监督执行、拟订开发计划；三是开发公司，它是内政部下属的国有企业，以开发各区域资源为目的，负责具体组织实施；四是专项开发工程处，负责领导区域开发工程项目的建设。巴西在落后的东北部、中西部、南部和亚马孙四个地区也专门设有开发管理署。这些机构沟通和加强了国家与区域间的联系，有利于协调各方面的关系，对落后区域的开发大有裨益。

四、首都内迁促进北部和中西部地区开发

1763 年，巴西定都里约热内卢，有力地带动了东南沿海各州以咖啡、棉

花、烟叶及畜牧业为主要内容的经济发展,形成了里约热内卢、圣保罗、米纳斯吉拉斯等巴西南部繁荣的三角地带。但巴西广大中、西、北部地区人口稀少,经济落后。为了改变这种地区差异,促进内地发展和国家一体化,1956年1月就任总统的库比契克提出“50年的事5年办”的加速发展口号,决定把首都迁往国家腹地,即在距里约热内卢以西1150公里的中部高原另建一个新的首都。经过几万名工程技术人员的努力奋战,仅用41个月,就完成了投资约41亿美元(大部分为国内外借款)的新建首都,并于1960年4月21日正式迁都巴西利亚。首都内迁对于实现“向西挺进”的目标是一个巨大的推动和促进,具有深远意义。首先,它振奋了巴西人民开发内地的精神,显示了巴西民族的信心和力量。其次,新首都的建成使国家政治中心向内地转移,与边远地区接近,在政治、经济和文化方面强化了中央政权对内地的影响力。再次,以巴西利亚为中心的公路干线的建设和航空线的开辟,方便了北部、中西部同全国各地的联系,为地区经济的开发和全国一体化发展创造了条件。巴西迁都被认为是世界城市发展史上的成功范例,巴西利亚于1987年12月7日被联合国教科文组织确定为“人类历史遗产”,也成为巴西一个重要旅游景点。

五、建立马瑙斯自由贸易区带动中北部地区发展

为了加快中北部发展,除迁都巴西利亚之外,1957年还在马瑙斯建立自由贸易区,1967年批准扩展为自由港和自由工业区,1968年将整个亚马孙地区划为自由贸易区,面积之大,堪称“世界第一”,1975年创建了面积为59万公顷的自由农业区,对巴西经济的发展和腾飞发挥了重要作用。开发马瑙斯自由工业区的目的是在亚马孙腹地建立一个商业、工业和农牧业中心,为该地区获得发展创造经济条件。马瑙斯是亚马孙州的首府,19世纪末20世纪初,该地区曾因“橡胶繁荣”而发达起来,市政设施较为完善,拥有一定的工业基础,与外界联系也十分方便。政府在马瑙斯自由贸易区实行了特殊政策:一是实行进出口自由贸易,符合有关规定的进口物资可免除产品进口税;二是实行财政刺激,凡是在该地区投资设厂的企业可以得到投资基金的资助、享受减免所得税和流通税、得到信贷帮助等。由于实行特殊的优惠政策,马瑙斯地区的经济发展很快,目前已成为巴西彩电、光学仪器、

电子计算机、钟表以及摩托车等产品的生产中心。马瑙斯经济发展最重大的意义在于中央政府对边疆地区的向心力,同时也为巴西发展外向型经济打下了基础。巴西政府从 1988 年起积极支持在每个州设立出口加工区以发展外向型工业。进入 20 世纪 90 年代,特区开放政策逐步推向全国。国内市场现已基本开放,并将逐步向共同市场发展。

六、在东北部等落后地区建设发展极

除了财政、税收等政策外,巴西还根据落后地区的资源状况及原有工业基础,有计划地选择和建立了新的"增长中心",通过直接投入使之成为新的工业基地。1974—1979 年的第二个全国发展计划规定,在东北部投资近 1000 亿巴西克鲁赛罗建立石油化工中心、化肥中心、五金机械和电器机械联合企业,加强传统工业如纺织、成衣、皮革、制鞋等企业。同时对圣弗朗西斯科河流域电力资源的开发以及卡尔萨利石油化工中心的建立,使东北部的巴伊亚州经济迅速发展起来,被誉为"东北部的圣保罗"。1970 年,巴西政府拨款 20 亿巴西克鲁赛罗,修建纵横东西南北的三条大公路,即全长 5404 公里的跨亚马孙公路、沿亚马孙河南岸修建的北周公路、连接亚马孙与南部地区的库亚巴—圣塔伦公路。1974 年又制定了一项"亚马孙地区农业、牧业和矿业发展极计划",在亚马孙地区重点开发建设 15 个"发展极",通过加强基础设施和改善投资环境吸引国内外投资。

七、以移民促进地区开发

以移民促进地区开发,即引导国内人口向落后地区迁移,实现对不发达地区的"生产性占领"和解决部分地区的社会问题,在巴西乃至整个拉美都一直受到决策当局的重视。有的政治家甚至提出"统治之道在于移民"。19 世纪末 20 世纪初,大量外国移民的迁入曾对巴西的开发发挥过重要作用。如今,把国内劳动力向边远内地转移,则是地区开发的重要措施。巴西政府一直把向不发达地区(尤其是亚马孙地区)移民和实行"生产性占领"同区域开发和一体化计划联系在一起,以移民促进开发,以有利的开发计划促进移民。亚马孙地区新建的农牧业、工矿业发展中心对于外地特别是东北部地区人口具有很大的吸引力。沟通地区之间的公路干线的修建和通车,也增加了人口迁移的可能性。巴西政府鼓励农民从事商品性农业生产,大力开拓国内外农产品市场,根据国内外市场需求,政府通过适时调整农产品最低价格的方式引导农民的生产投向。此外,政府还组织科研人员对落后地区的自然资源、气候状况和经济开发的可能性进行深入调查,并以高薪等优厚条件吸引他们参加落后地区的建设。

八、收入转移支付

巴西联邦政府在落后地区开发中强制实施了贫富区域之间的财政转移支付制度,以支持落后地区发展教育和卫生事业。

以 1999 年为例,巴西各区域之间的财政转移支付制度大约要将国民收入的 12% 或 GDP 的 7.5% 转移给落后地区。巴西的中西部和北部正是有了这笔用于经济与社会发展的资金,才开始了缓慢的开发进程。同年,东北部获得了相当于其国民收入 7.7% 的 80.28 亿巴西雷亚尔,约合 43.86 亿美元或 364 亿元人民币,这相当于中国西部一个人口大省全年的财政收入。这些转移支付资金主要用于公立学校的免费午餐、免费医疗、免费教育等。由此可见,巴西政府协调区域经济和社会均衡发展的力度很强。而从转移支付的资金来源看,最多的是东南部,达 69.44 亿巴西雷亚尔,约合 37.94亿美元或 315 亿元人民币,约占东南部国民收入的 1.9%。

第四节　巴西区域经济政策的特征

一、建立地区开发机构协调落后地区开发

多年来,巴西政府通过设立各种开发机构,形成了一套自上而下的国家干预体系。内政部是联邦政府主管区域开发的机构,具体任务由下属的四个职能机构执行。它们是跨州的区域开发管理局、经济特区管理局、专项开发工程处和各开发公司。目前,巴西共有四个跨州的区域开发管理局,各管理局管辖的地域以地理和经济条件为主要依据进行划分,不受行政区划的限制。各管理局的共同职责是:研究本地区的社会、经济以及自然资源状况,提出本地区的开发方针;作为政府在地区开发业务上的代理机构;直接

或间接通过协议执行区域开发计划。各管理局、工程处、公司都有明确分工，东北部开发管理局、亚马孙地区开发管理局和中西部开发管理局分别负责三个不发达地区的开发工作。经济特区管理局专门负责经济特区的管理工作。专项开发工程处是领导工程项目建设的机构，负责区域开发中的各项工程建设。各开发公司是内政部所属的国营企业，是以开发各地区资源为目的的经济组织。

二、对不发达地区实行财政与税收优惠政策

巴西对不发达地区实行财政优惠政策，以鼓励区域开发。为了吸引私人资本投向不发达地区，政府免除或减少税收，放宽对投资的限制。1963年颁布的 439 号法令规定，根据东北部开发管理局的规划在东北部投资者，可免除 50% 的所得税，但必须用免缴税款在该地区追加投资。从 1966 年起，巴西相继划定实行财政刺激的地区和部门，如亚马孙地区和东北部地区，以及农、林、渔业等部门。事实证明，政府实行的上述吸引投资的措施是十分有效的。此外，政府还通过预算拨款保证区域开发所需的资金，巴西1969 年宪法规定，长期投资预算将为国家执行不发达地区振兴计划提供资金，仅 1980 年联邦预算中用于区域开发的支出就达 1120 亿巴西克鲁赛罗，占当年总预算的 15%。另外，巴西在区域开发过程中一贯采取开放政策，重视利用外资弥补国内资金的不足，为外资提供了良好的投资环境。

三、通过鼓励移民实现对落后地区的开发

以移民进行区域经济开发，在巴西乃至整个拉美一直受到决策当局的重视，有的政治家甚至提出"统治之道在于移民"的主张。

19 世纪末，外国移民的迁入曾对巴西的经济发挥过重要作用。现今把国内劳动力向边远内地迁移又是巴西区域经济开发战略的一个组成部分。巴西的一体化计划包括两方面的内容：一是社会一体化，即通过各种反贫困措施，保证低收入阶层的收入，减少社会内部的对抗；二是国土、物质和地理的一体化，其目的是通过对空旷的不发达地区实行"生产性占领"，使其成为国家整体的有机组成部分。1970 年 6 月，巴西军政府通过的"全国一体化计划"就是以扩大经济边疆，尤其是农业边疆为目的，计划包括为亚马孙

地区的两条公路提供资金,资助移民定居在公路附近,鼓励移民在亚马孙地区有发展潜力的农业地带定居。

随着社会经济的发展,移民活动有了更明确的目的性。在巴西北部地区实施的垦殖计划就是一项有组织的移民行动。政府规定,跨亚马孙公路和库亚巴—圣塔伦公路两侧各一百公里地带总计 200 万平方公里的土地上,计划迁入 10 万户居民。迁入的农户必须在半年到一年内做到粮食自给。在不太长的时间内,如果这些农户表明自己有能力对土地进行合理利用,就可成为土地的主人。在组织上,每 50 万户居民组成一个"农业小村",20 个农业小村组成一个称为"农业小镇"的综合体。政府鼓励农民从事商品性农业生产,大力开拓国内外农产品市场。建立"出口走廊"和"出口公路",即用公路、铁路和仓储等基础设施,把出口产品、产地与港口直接连接起来,以减少运输费用与时间,使农产品在国际市场上具有更强的竞争力。这种做法极大地调动了移民农户从事商品性农业生产的积极性,推动了对不发达地区的"生产性占领"。

四、运用"生长点"理论的扩散作用推动落后地区开发

1967 年,为了加速边远地区开发,巴西政府在远离海岸线 1000 多公里的亚马孙大森林中的马瑙斯建立了面积 1 万平方公里的自由贸易区,在其周围建立畜牧业、工业和农业中心,推动该地区得到全面发展。也就是说,把马瑙斯建成一个发展中心,以它带动周围地区甚至整个亚马孙地区的开发。在马瑙斯自由贸易区的带动下,在法定亚马孙地区已相继建起了 17 个规模不等的"生长点",初步形成了整个区域的经济开发网络。其中有的生长点甚至囊括农、林、木材加工、工矿以及水电工程等多种项目。此外,马瑙斯地区经济的开发也增强了边疆地区对中央政府的向心力,给地区经济带来新的活力,短期内已显示出其抗衡邻国经济的能力。

把首都迁至经济落后的荒原上,更是巴西政府的创举,也表明巴西开发落后地区的决心和远见卓识。迁都后的五十多年来,新首都的城市规模不断扩大,已建立起电力、建筑材料、机器制造、汽车修配等众多工业部门。新首都巴西利亚的建成与发展带动了中西部地区的发展,提高了中西部的经济地位,改善了全国经济的布局,促进了内地与沿海地区的联系,以巴西利

亚为中心的公路干线和航空线的开通,结束了中西部与外界隔绝的落后状态,为中西部的经济发展创造了有利条件。

此外,巴西政府还把巴依亚州首府萨尔瓦多和伯南布哥州首府累西腓定为东北部地区的生长点,大力发展两个城市的工业,以工业支撑生长点的经济活动,又以这些生长点带动全地区经济的开发。巴西第二个全国发展计划就规定在东北部地区投资近 1000 亿巴西克鲁赛罗,用于建立东北部石油化工中心、化肥中心、五金机械和电器机械联合企业,并加强诸如纺织、成衣、皮革、制鞋等传统工业中心的发展,从萨尔瓦多到累西腓以及雷孔卡沃地区,已建立起石化工业和钢铁联合企业。巴西《标题》杂志认为,"从长远来看,巴伊亚州可以被视为东北部的圣保罗",到 20 世纪 80 年代初,东北部已成为拥有多种工业部门的工业基地。这就在一定程度上改变了国家工业集中在东南部的局面,并进一步推动了东北部贫困地区的开发。

五、加强交通基础设施建设形成全国一体化网络

交通运输特别是公路交通运输在巴西经济中起着举足轻重的作用。20世纪 70 年代末,公路运输承担了巴西全国货运量的 80%,客运量的 90%,连接内地与沿海的纽带也是公路。巴西历届政府都试图大规模修筑公路,使中西部、北部与东南部、东北部沿海连接起来,实现"全国一体化计划"。

早在 20 世纪 30 年代末,巴西就有公路 25.84 万公里,到 1955 年全国公路总里程达 47.7 万公里。50—60 年代,以圣保罗为中心、里约热内卢为次中心的公路体系迅速扩展,先与内陆各州的州府连接,然后伸展到中西部和北部空旷的农业地区,最后把东南部与内地连在一起。1960 年,巴西公路里程比 1950 年增长 1.3 倍。1952—1965 年,跨州公路增长 200%,各州公路增长 100%;1965—1975 年间,联邦公路和州公路又增长了 100%。70年代初,梅迪西政府为实现"全国一体化计划",加速边远地区的经济发展,重点建设内地公路网。1974 年制定的第二个全国发展计划,规定到 1979年要修建 1 万多公里的新干线。1960—1977 年间,巴西内地公路发展很快,北部公路线增加了 5 倍,公路网密度从每平方公里 34.6 公里增加到214 公里,亚马孙州 15 年间增长了 15 倍以上,中西部增长了 2.5 倍。到 1980年,巴西公路总里程达 150 万公里,仅次于中国和美国,其中增长最快的是巴

西不发达地区。库比契克政府制定了第一个全国公路发展计划，修建了5条公路干线和7条支线，使新首都巴西利亚同全国主要城市连接起来。在内地公路建设中，重大的公路建设项目有贝伦—巴西利亚公路、跨亚马孙公路和北缘公路。

第五节　巴西区域经济政策的借鉴意义

巴西政府经过四十多年对落后地区特别是对全国最落后的北部和东北部的开发，富裕的南部和贫困的北部之间的人均 GDP 差距明显缩小，开发成效明显，但过程中也出现了不少偏差和失误。实际上，要真正消除地区经济发展不平衡、缩小地区间经济差距，巴西要走的路还很长。中国和巴西的经济有很多共同点，都存在明显的较发达的工业和落后的农业、较发达的沿海和不发达的内地并存的"二元结构"现象，两国边远落后地区的资源都很丰富，两国经济的进一步发展都有赖于边远地区的发展等。巴西开发边远落后地区的经验对于我国无疑具有重要的借鉴意义。

一、重视基础设施的合理配置

基础设施薄弱是发展中国家经济发展的一大制约因素，在边远落后地区更加突出。巴西政府制定了一系列计划加强对交通、能源、通信等部门的投入。第一个全国发展计划期间，完成了世界著名的跨亚马孙公路。库比契克政府在实行第一个全国公路发展计划中新建公路 1.7 万公里，基本形成以新首都巴西利亚为中心，连接各州主要城市的公路网。为解决能源动力不足，第二个全国发展计划将动力政策视为"全国发展战略的决定性环节"，制定了一系列法律，允许外国在巴西勘探石油和投资购买股票。一般来说，能源与交通是发展中国家，尤其是领土面积广阔的发展中国家经济发展的"瓶颈"。巴西就是在四条纵横穿越西、北部地区的公路建成通车以后，才提出了大规模开发落后地区计划。当前，中国开发西部地区也面临着大体相同的问题，因此，加强对西部基础设施的投入，摆脱交通、能源、通信等方面的落后状况，对于开发西部地区、促进经济的一体化发展具有重要意义。

二、重视边远地区的智力开发

巴西非常重视边远地区的智力开发,注意培养适用人才,重视发挥已有的技术人员、管理人员的作用。巴西居民的总体素质水平是比较低的,边远地区的文盲率很高,政府对技术阶层的重视和培养人才的努力,在一定程度上弥补了这方面的不足。中国西部地区整体文化素质水平也很低,因此,办好职业教育、技术教育,提高劳动者素质刻不容缓。尤其应加强职业培训,为西部地区的开发输送各方面的适用人才。同时,将一些优秀知识分子吸收到各级领导岗位中,发挥他们的聪明才智。

三、注重重点资源和资金的使用

在面临诸多生产要素短缺的情况下,注意有重点地使用有限的资源和资金,在边远落后地区建立经济"增长中心",通过它的联动作用,带动地方经济的发展。在巴西,新首都的建设带动了内地经济的发展,新首都被视为"巴西由封闭式经济转为一体化经济发展的关键"。除此之外,建立各种"增长中心",使之成为国家某项工业基地和地区经济的联动中心。如前所述,巴西在第二个全国发展计划中,规定在东北部地区投资近1000亿巴西克鲁赛罗,用于建立东北部石油化工中心、化肥中心、五金机械和电器机械联合企业,并加强诸如纺织、成衣、皮革、制鞋等传统工业中心的发展。有重点地投入,刺激了工业中心的腾飞,也带动了周围地区的经济发展。根据巴西的经验,经济发展中心一般都是工、矿、农、牧、林业的发展基地。它的建立,首先要注重发挥资源优势的原则,但从带动和影响周围地区经济发展的角度来说,发展中心要适当分散。同时,发展中心或基地建设不应只重视资源的开发和利用,而忽视城市总体发展对周围地区产生的影响。因此,中国在西部地区有重点、有选择地建立一些"增长中心"和经济特区,甚至使西部部分地区直接对外开放,应是一条较为可行的选择。

四、建立独立高效的管理机构

巴西在对边远落后地区几十年的开发中建立了各种组织机构,如管理局、开发公司及部际委员会等,这对于加强不同部门和不同区域纵向和横向联系、推动地区开发具有积极意义。采取中央统一规划和分级负责的开发组织形式,有利于减少上下左右进行讨价还价的组织成本,加强相互之间的协调配合和信息沟通。如亚马孙地区开发委员会是由联邦、州和市三级政府官员和企业代表共同组成,他们既分别代表各自的利益,又以委员会为基础形成利益共同体。同时,各级政府也都对开发具有明确的分工和责任。开发管理局及各地区办事机构都被赋予统一负责组织本地区开发建设活动和协调推进各地区开发计划的权限,这有利于在开发初期集中人、财、物实施重点突破的发展战略,实现尽快起步。

第六节　巴西区域经济政策的教训与警示

第二次世界大战后,尽管巴西曾因 1968—1974 年间创下国民经济年均增长率持续高达 10% 的奇迹而备受瞩目,被视为"潜在的世界经济强国"。但是,巴西在其现代化进程中,由于没能解决历史上形成的地区经济差距过大的问题而至今未能跻身发达国家之列,其存在的问题和沉痛教训给了我们许多警示。

一、战略目标的选择和实施必须与国力相适应

第二次世界大战后巴西政府对边远落后地区投入了大量的人力、物力和财力。为强化中央政府对边疆的影响力和促进对北部和中西部地区的开发,巴西的民族主义者早就提出要把首都迁往内地,但长期未能付诸实践。1956 年,库比契克总统提出要在任期内完成迁都这一历史使命。1960 年,首都由里约热内卢迁至巴西利亚。1956—1962 年,巴西政府每年用于建设新首都的投资均占国民生产总值的 2%。由于迁都任务太紧迫,资金又缺乏,政府被迫大肆内外举债。由于外债负担过重,通货膨胀急速上升,经济严重衰退,给下届政府制定经济计划造成巨大困难,导致后几年巴西经济不断衰退,甚至引发了政治危机。

二、现代化进程中要注重社会改革

第二次世界大战后巴西政府为加快东北部的发展做过不少努力,但成效不大,原因之一是参与这一工作的谋士们"用纯技术的眼光看待问题,引

进在工业化国家形成的模式,推行一项缺乏社会改革的现代化政策"。在一些发展中国家,人民比较容易从经济角度看到沿海与内地、工业与农业之间的"二元结构",而不注意研究在思想层面、社会结构、收入分配方面的"二元结构"。巴西在创造"经济奇迹"后不久就发生了南北分裂运动,这一教训告诉人们,发展中国家在推进现代化时,既要加快经济发展,又要保持社会稳定和国土完整,重视社会改革,缩小地区差距,将经济发展与提高当地居民的物质文化生活水平这个长远目标结合起来。

三、要在充分论证的基础上制定经济发展战略

1964 年巴西军政府执政后,1970 年提出到 20 世纪末要建成世界经济大国的宏伟口号,并耗费巨额资金开始修建横穿巴西东西部的长达 5000 多公里的跨亚马孙公路。受宏伟目标的驱动,在缺乏充分根据和可行性报告的情况下,修路大军匆忙上阵,结果该公路建成后,由于巴西雨季时间太长,公路的使用率仅为 50%。同时实施的公路移民计划也因为公路无法正常使用和缺乏相应的配套设施如医院、学校、商店、娱乐场所等而失败,来自东北部地区的移民不得不重新返回。

20 世纪 90 年代以后,为了适应世界经济全球化、地区化和日益激烈的市场竞争要求,巴西政府放弃了实施近半个世纪的进口替代发展战略。实行对外开放、吸引外国和本国发达地区的投资成为落后地区各州政府的首要任务。为了争夺投资,各州利用宪法赋予的权限和当地自然资源与原料丰富、劳动力价格低廉的优势,推出 10 年、20 年免除商品流通税、免费提供土地、代培技术人员、提供完善的基础设施等一系列措施,推出一个比一个更加优惠的财税政策。这本是加速西部开发的好事,但由于政府调控不善,引发了一场空前的财税大战,结果导致联邦政府税收大幅下降,经济发达地区的企业不愿在落后地区落户,而是纷纷迁移,严重影响了这些地区的经济发展。从全国来看,实际上得不偿失,而且引起南方共同市场国家特别是阿根廷的强烈不满,甚至影响了南方共同市场这一地区性组织的顺利发展。

四、兼顾开发与保护间的生态平衡问题

巴西军政府下决心开发西部地区,在一系列措施均未取得理想成效的

前提下,又制定了"全国一体化计划",颁布优惠财政、税收政策,鼓励经济发达地区的企业和外国资本到亚马孙地区进行开发。然而事与愿违,一些企业只追求短期效益,选择了将亚马孙森林开辟为面积庞大的畜牧场的简便、获利迅速的开发方式,导致森林资源和环境植被大规模破坏,造成水土流失、河流泛滥,引发了严重的生态问题。据统计,目前亚马孙森林面积正以每年5%的速度减少,巴西的做法受到世界舆论的谴责。

第四章　英国的区域经济规划与政策

大不列颠及北爱尔兰联合王国或不列颠,通称英国,是由大不列颠岛上的英格兰、苏格兰、威尔士以及北爱尔兰和一系列附属岛屿共同组成的一个西欧岛国,国土面积为 24.41 万平方公里。2016 年年底,英国总人口 6558 万,主要聚集在伦敦、曼彻斯特、利物浦、苏格兰低地、南威尔士和北爱尔兰。2015 年,城市化率达到 82.6%。

英国的国家治理结构是复合制地方分权制。地方有着复杂的地方政府系统,比如在英格兰地区,伦敦是两个层级的地方政府系统,包括第一个层级的大伦敦市和第二个层级的 32 个行政区和金融城,而谢菲尔德、曼彻斯特等地区只有单一层级的城市政府,其余地区还有郡政府、区政府,以及历史上遗留下来的 8500 个教区和镇议会,管理范围覆盖了 35% 的英格兰人口。

第一节　英国的区域问题及原因

英国区域规划和政策的制定实施,源于政府决心解决区域差距不断扩大的问题,以避免较大的社会矛盾和动荡。最明显的区域差距反映在失业水平上。1986 年北爱尔兰的失业率最高,是英国东南部失业率的三倍,英国西北部的苏格兰、约克郡、亨伯赛德郡的失业率也一直大大高于全国的平均水平。

英国区域间的差距还反映在居民收入水平上。1984—1985 年,英国南部人均周收入是 96.6 英镑,而同期北部威尔士为 59.9 英镑,北部地区是 65.5 英镑。在房价、每户拥有的汽车数量、电话费用以及出国旅游时间等指标上也都表现出明显的区域差异,同周边地区相比,繁荣中心的伦敦和东南部地区拥有巨大的经济优势。当然,在富裕的东南部地区也有贫民区,主要集中在被称为"危险地区"的市中心,而在经济不景气的地区也有富人区,其经济水平与东南部地区水平相似。不管是区域间还是区域内,差距明显存在而且巨大,人们普遍认为英国的区域差距问题必须设法解决。

伦敦及东南部与北部及西部边远地区的失业率和生活水平方面的巨大差距,一直影响着英国的区域政策。然而在经济活动集中的地区需要提供额外的经济和社会基础设施,而同样的设施在其他地区却未充分利用。针对这些区域差距问题所制定的区域政策的目标,主要包括可接受的区域失业水平、可接受的区域收入水平、缓解收入过分集中和跨区域就业、人口的区域间流动、地区自我支撑的经济增长以及降低人口拥挤程度。

第二节　英国区域规划与政策的演进

英国是最早实施区域规划和政策的国家,区域规划与区域政策产生于 19 世纪末,发展至今历经多个政策周期,区域发展思路也随之发生变化。由于经济、政治、社会因素的不断变迁,其诞生与演变的历程可归结为三个主要时期。

一、复兴时期:19 世纪末—20 世纪 50 年代

19 世纪末—20 世纪初,面对产业革命后城市无序扩展带来的问题,英国出现了区域规划思想的萌芽,1915 年出版的著作《进化中的城市》,从人类生态学的研究出发,重点强调了人与环境的关系,并提出将自然地区作为规划的基本框架,这些思想在当时的背景下无疑是具有革命性的。

第一次世界大战之后,由于战争的影响和经济结构的变化,英国城市规划理论和实践活动一度陷入徘徊不前的局面,为了顺应当时战后经济发展的需要和处理各郡之间的城市土地开发控制问题,各郡议会之间成立了联合委员会。1920 年,联合委员会受当时负责城市规划的健康部的委托,成立了专门调查委员会,对某些区域的基本情况进行了调查,并着手编制《区域开发方案》,其中,试点地区是曼彻斯特及附近地区。区域规划内容涉及道路交通规划、居住区布局、工业区、商业区及空地、绿地的布置。

20 世纪 30 年代,英国区域经济发展产生了较大的区域差异,南部和中

部由于新工业发展出现繁荣的景象,北部、威尔士和苏格兰则持续萧条。1940年,英国政府建立新的城乡规划体制来控制城市与城镇聚落的增长和农业用地保护问题,紧接着是战后英国规划机构的建立和其后一系列的立法活动,如《工业分布法》、《新城法》(1946年)、《城乡规划法》(1947年)、《国家公园和享用乡村法》(1949年)和《城镇开发法》(1952年),构成了战后的规划体系。其中1947年的《城乡规划法》较之1932年的立法进一步提升了区域观念,授权两个较高级别的地方实体(郡和郡属区)编制发展规划,而由于郡和郡属区的发展常常涉及与之相邻的区域,所以发展规划本质上带有区域规划的属性。然而由于缺乏法定的区域组织机构,郡之间或者郡与郡属区之间的区域合作并不理想。

综观第二次世界大战后的30年,英国区域规划发展主要在两个层面上进行:一类是以大城市为核心,以解决城市问题、促进大城市健康成长为目的的区域规划,以1944年艾伯克隆比编制的大伦敦规划方案为代表;另一类是以复兴区域经济、平衡区域发展为目的的国家层面规划,如著名的《巴罗报告》中的《东南部研究》。

二、繁荣时期:1960—1990年

1964年前后,为了在中央政府和郡政府之间"搭桥",英国政府将国家划分成9个经济区域规划,并成立相应的区域经济规划委员会和区域议会,负责制定区域经济发展方案。1964年发布的《东南部研究》在充分认识到伦敦地区持续人口增长的客观事实基础上,建议在伦敦通勤范围以外发展第二圈新城。1967年发表的《东南部战略》建议英格兰东南部发展应该面向更广阔的地域范围,沿着伦敦向外延伸的交通线发展,把这些新城和伦敦联系起来。

由于缺乏拥有实际权力的地方政府的参与,区域经济规划委员会和区域议会更像是凌驾于郡和郡属区政府之上的研究机构,没有权力来实施规划方案。20世纪70年代早期,尽管区域经济规划委员会的活动还十分活跃,但其内部问题已逐渐暴露:一是区域政策和规划体系仅体现中央政府的目标和愿望,一成不变、因循守旧、缺乏弹性,难以适应地方的不同需求;二是缺乏区域政府这个固定的责任体系,很难保证规划有效实施。1979年,区域经济规划委员会被撤销。

1972 年英国颁布的《工业法》奠定了英国相当长一段时期的区域经济政策基础,政府主要采取区域发展赠予金制度,对不同地区发展规定不同的补助标准以及划分重点地区促进区域经济发展。1973 年英国加入欧共体后不久,欧共体试图推动解决各国不同的区域问题,设立了欧共体区域发展基金,对各国需要扶持的地区给予一定的资金补助,英国为适应欧共体区域政策和发展基金的要求,对本国的政策进行了调整,随后又成立了苏格兰威尔士发展局,主要处理区域内的投资和管理事宜。

20 世纪 70 年代中期,英国工业开始衰退,与此同时,原有规划体系内部的缺陷和新理念的出现都导致了旧规划体系的消亡,以市场为导向的英国保守党政府对各种形式的政府管治模式表现出不信任。

20 世纪 80 年代英国面临着更加复杂的区域问题,撒切尔夫人主张削弱中央和其他官僚机构的权力,鼓励私有企业和小公司发展以振兴经济。1984 年,对区域政策和法规进行了调整,取消了特别开发地区,缩小了受援地区的范围,减少了援助金额,同时,扩大中间地区的范围,受援地区由特别发展地区、发展地区和中间地区三级转变为发展地区和中间地区两级,区域发展赠予金促进地区就业的制度仍然实施。伴随着大伦敦议会和中央政府的政治矛盾激化,1985 年,政府通过《地方政府法》正式废除了大伦敦议会和大都市郡议会。随着这些议会和区域层次的政府与规划机构的废除,英国的许多区域几乎没有战略层次的规划和政策,造成了区域规划战略的真空,郡议会的大部分职能移交给区议会或联合委员会。

该时期英国区域规划政策最主要的目标是创造就业。1960 年《地方就业法》发布。1965 年,新上台的工党政府对法国规划系统表现出浓厚的兴趣,即通过建立一个指示性规划系统(复杂的理事会与委员会结构)来协调公共和私人投资计划。但这一系统的运作面临理事会与现有规划者之间的工作性质划分问题,最终这些理事会的工作变为区域空间规划,而不是广义的国家或区域规划。正所谓“不破不立”,英国区域规划的发展在挫折中开始了对新模式的探索,某些地区要求区域规划的复归。

三、复兴时期:20 世纪 80 年代末至今

1985 年大伦敦议会和大都市郡议会解散之后,迫于现实需要,英国政

府引入了战略规划指引,旨在为新的规划机构提供战略方向和目标。1990年前后又采用区域规划指引取代战略规划指引作为战略层次规划,标志着英国区域规划复兴的开始。区域规划指引制定程序是由地方政府或者区域联合会准备区域规划建议,然后提交给环境大臣,在此基础上形成区域规划指引以指导区域共同关心的问题。尽管区域规划指引内容还非常单薄,仅能反映区域内各地方政府所能达成的最低程度的共识,但它为区域规划体系的重构提供了一个可操作的平台。

1994年,政府区域办公室在每个区域得以成立,同时,工党政府在每个区域引入区域发展机构,以平衡地区间的发展和增强地区发展竞争力。至此,英格兰有了三个主要区域机构:一是区域议会,主要由区域内地方政府代表组成;二是区域发展机构,由大臣指定区域内相关利益集团以及地方政府代表组成;三是政府区域办公室,代表中央政府提供区域政策。其中区域发展机构主要负责制定区域经济发展战略,促进持续的区域经济增长。

2000年,工党在伦敦以外的每个区域建立了区域议会,1997年新工党上台,区域层面的管理体制出现了一些明显变化,强化了区域规划指引的指导作用。2000年,对区域规划指引的内容作出重大修改,试图将其编制的责任更多地交给区域规划机构和各区域利益相关者。为了进一步加强区域规划机构的力量,从2000年开始,在英格兰原来作为发展规划一部分的区域规划指引被独立出来发表,并扩展了内容,特别是公众参与程序方面。独立的主要内容包括区域视角、空间战略、自然区和建成区、经济、休闲旅游、文化和运动、住宅、交通、基础设施和资源、实施和监督等。

区域规划系统,其主要职责之一是制定区域空间战略,取代区域规划指引和结构规划,为地方政府编制发展规划提供新的框架。区域空间战略是法定的,每年要接受检验,并且与区域交通战略整合在一起,时间跨度为15年,包括新住宅的规模和布局;交通、基础设施、农村发展、农业、矿藏开发以及污染治理的优先权力;空间视角和战略;国家政策的区域应用;目标和指征在内的五项内容。此外,区域空间战略(Regional Spatial Strategies,RSS)的内容还需详细说明如何体现区域利益和公众利益,如何响应可持续发展的建议等。

此外,中央规划权力下放到北爱尔兰、威尔士和苏格兰的直选区域议会,也为区域规划的发展铺平了道路。2001年,北爱尔兰率先采纳了区域空间发展战略,威尔士的空间规划也成为英国区域规划的新例证。北爱尔兰、威尔士和苏格兰的发展推动了英格兰对建立区域机构的思考,首当其冲的是伦敦。2000 年,"大伦敦市政府"成立,统辖 32 个自治区和伦敦市,目的是对整个都市区范围进行战略管理。

2003 年,英国政府发布了《区域白皮书》,建议各区域可以选举产生区域普选议院。通过英国政府和政府半官方机构的授权,区域普选议院将使决策处于更紧密的民主控制之下,使区域内居民对与他们相关的就业、交通、住房、文化和环境等事务有了真正的发言权。这些区域建立了区域普选议院后,包括区域空间战略在内的一系列区域战略都被重新整合,这揭开了英国区域规划体制变革新的一幕。

2004 年,《规划政策声明:区域空间战略》《规划与强制购买法》和《城乡规划条例(区域规划)(英格兰)》先后发布,形成了新的区域规划体制。

四、近年来的区域发展战略

当前,英国区域空间战略涉及 17 个政策主题,包括空气质量、生物多样性和自然保护、气候变化、海岸线、文化、经济发展、能源、绿化带、健康、住宅、矿产、零售和休闲、农业发展和乡村、土壤、交通、废物和水。每个政策主题的制定都有一系列可供参考的国家政策或法规。区域空间战略与区域可持续发展框架、区域废物处理战略、区域经济战略、就业和技术发展行动框架、区域住宅供给声明以及区域文化战略等其他现有的区域战略共同构成了英国区域战略的主要内容,彼此既相对独立,又相互支持。

未来 10—15 年地区发展的土地利用需求由英国区域规划机构考虑,并以国家规划政策声明为指导编制区域空间战略。区域空间战略是一个区域的发展规划和展望,结合区域交通战略,区域空间战略为制定地方发展、地方交通规划以及与土地利用活动有关的区域和次区域战略及方案提供了一个空间框架。区域空间战略应该包含 9 个方面的内容:战略期区域空间的远景及可持续发展目标;主旨和目标、政策制定、空间战略及工作图;解决跨区域问题但不解决地方问题;与其他区域框架和战略(包括区域可持续发展框架、区域文化、经济和住宅战略)保持一致;与国家政策衔接,提供空间具体政策,以使国家政策适用于地区环境;适用于区域性而非具体地点的问题;实施战略及具体期限;建立政策目的和优先项目、目标和指标之间的联系,监督区域空间战略的实施并审查评议;有利于实现《规划与强制购买法》规定的可持续发展目标的其他内容。

区域空间战略的制定一开始就充分考虑交通因素,空间发展考虑到了所有交通方式的影响,因此,区域空间战略更具公信力、权威性和可实施性。区域交通战略是区域空间战略不可分割的重要组成部分,且两者目标一致。制定和实施区域交通规划和空间规划一体化政策对于制定和实施一个有效的区域空间战略来说至关重要。

需要强调的是,区域交通战略要认识到土地利用、经济活动和交通需求之间的联系以及交通堵塞对经济的影响。因此,其与区域空间战略都应该说明土地利用和交通政策将如何支持经济发展,并在区域发展机构制定和实施的区域经济战略中得以充分体现。交通政策反映和支持区域空间战略的目标,土地利用规划考虑现有的交通网及其发展计划,两者的结合有助于实施更多的可持续交通模式,并在公共交通高度便利的地区确定住宅布局、商业发展和必要的服务。对交通问题不应该脱离空间规划而孤立看待。此外,交通应为地方交通当局制定的地方交通规划和地方规划当局及郡一级相关部门制定的地方发展文件提供一个区域和次区域的交通框架指南。区域交通战略的成功实施取决于国家公路局和铁路战略管理局、地方规划局和交通局、私营部门经营者和区域规划机构等众多组织的合作和协议。经过各组织协商的区域交通战略实施计划要指明每一项政策和优选的实施机构、现状和时间安排,该计划要纳入区域空间战略或作为其附件。

第三节　特点与经验借鉴

一、英国区域规划的特点

(一)法律保障

自 1947 年《城乡规划法》实施以来,英国已逐步形成了一套严密的城乡规划法规体系。《城乡规划法》及其辅助规定特别是政府的规划政策指导纲要,确定了城市规划的一套法定程序和内容等。规划的编制和实施都在法律控制程序下进行,其中规划编制必须经过相应法定程序并批准后生效,而规划实施中违反规划准则的开发可通过拒绝申请而制止。

(二)综合规划

早期的英国规划主要是解决土地利用布局问题,即侧重于形态规划。但随着经济、社会、环境建设的发展深入,至 1960 年年末,形态规划体系的局限性日益暴露,比如新城形态规划没有取得规划蓝图上预期达到的效果。所以,只有寻找新的规划手段来解决形态规划的不足。1968 年的《城乡规划法案》标志着英国形态规划体系时代的结束,进入了全面考虑经济、社会、环境、人文因素综合发展的规划时代。发展规划内容方面并不排斥形态布局,而且把经济、社会、环境、人文因素等同形态规划进行了有机结合,把发展目标同规划政策、开发策略、资金筹措等规划也有机结合了起来。现在的英国城市规划正朝着综合规划的方向发展。

(三)灵活高效

英国规划体系的一个重要特点是具有灵活性,主要表现在两个方面:一是两级规划体系提供的结构规划没有时间局限,是对未来任何时候进行开发的原则性指导,打破了规划的时间局限。二是规划强调动态运作过程,结构规划一旦确定,可以随时进行修改,这种修改可以涉及结构规划的全部或局部地区,这个特点使规划在经济发展和城市改善过程中能够更有效地对城市的变化进行管理。市场经济中,规划的战略目标是确定的,但城市的发展取决于私人投资的非确定性,这就要求规划在内容上必须具有一定的灵活性。

(四)公众参与

城市规划是政府干预开发的一种方式,同时,开发及规划决策不可避免地会对当地居民产生影响,因此,需要有公众参与规划的机制。英国在整个规划过程中规定,必须有三个月时间的公众参与阶段,作为规划编制的重要组成部分。可通过磋商、质询、听证等环节,以充分听取公众的各项意见,据以对规划加以修改完善。规划一旦确定,就要以公告的形式予以公布,以使公众遵守并监督实施。

二、英国区域空间战略对我国的启示

随着国家构建和谐社会发展目标的推进和国际经济环境的变化,我国环境保护和区域发展正面临着持续增强的巨大压力,越来越需要在国家层面对空间发展进行宏观调控。我们可以从英国的区域规划中得到一些启示。

(一)完善空间规划法规体系和法律效力

英国城市规划法规多以国家层次的法规为主,地方规划法规几乎没有。英国不论是新城规划,还是旧城改造规划,其组织体系都比较合理,不同层级组织与政府的规划,内容非常明确,着重点也有差异。

相比,我国空间规划具有三个明显特征。一是现行的规划政策法规体系是由法律、行政法规、部门规章等组成的,城乡规划不具有统筹地位,加之其他行业政策各自为政、缺乏逻辑关系,降低了规划政策的系统性和完整性,不利于人们总体把握政策内容,也不利于监督和执行。二是不同层级的规划内容和着重点的差异并不明显,这直接导致基层规划的操作性不强。三是区域规划的组织还处于自发状态,国家层面没有专门的机构协调区域之间的发展问题。

为此,我国应构建国家层面的拥有法律授权的规划政策体系,明确国家规划政策的法定地位,确定规划的法律效力。同时,不仅要确立规划的法律地位,还要在规划法中做到以下几个方面:明确规划的编制内容、审批和变更的程序与权限,确定规划编制、管理与监督的机制;明确公众参与的方式程序;规定规划部门的分权结构和各级官员的权力范围,保障地方规划修改方式灵活、程序简明而又严密;建立咨询、定期检讨和修订的开放机制,使目标和政策更新紧随时代主题,反映国家和人民群众需要。

(二)设立区域空间规划专门机构

英国为保障国家规划的实施和协调区域发展,专门设立了管理区域规划的机构,比如区域规划机构,以确保任何区域空间战略的修订能实现可持续发展的目标,进而达到政府规划制定的法定目的。

现阶段我国普遍缺乏协调城市和区域发展的有效组织。我国制定并实施区域空间规划,首先,要设置跨省以及省内跨市州的实体性政府机构,从而通过区域内资源、资金及人力资源的空间配置以及政策法规等限制性手段实现规划区域的总体目标。其次,要突破区域政体制度,设立区域实体机构,搭建政府与民间、公共部门与私人部门之间的合作与互动平台,在区域规划的制定上,充分尊重地方参与的权利,激发企业和社会的力量。从纵向上看,规划要尊重不同等级政府对空间资源的配置要求。从横向上看,不仅产业、土地、交通和环境等不同行业、部门的发展要求应该在空间资源配置上得到体现,而且企业和社会的意愿也需要得到尊重。

(三)规划政策覆盖领域要广且相互协调

英国的区域空间战略涉及4个方面、17个政策主题,而我国往往在部门利益驱使下,相关部门从各自部门利益出发制定政策和进行专项规划,从而存在很多交叉和盲点,造成一些矛盾和冲突。

我国正处在工业化和城市化发展的中期阶段,资源与环境是制约经济社会可持续发展的重要因素。制定空间规划应该从规划区域的空间特点出发,协调和平衡空间结构关系,落实生态和环保概念,保护自然,促进人类与自然的和谐统一,促进经济社会可持续发展。在这个总体目标下,更要注重不同部门间空间开发政策和规划方案间的协调与整合,对于政策的修订要保持连续性,避免出现冲突。

规划政策应覆盖地区社会、经济、环境和资源等多个领域,摒弃现在的拟定区域空间结构和配套设施这样一种计划政策思维。规划政策内容要综合覆盖地区发展的各个方面,政策焦点是对地区重大议题的修订,对于其他次要的政策领域,可进行常规性修订以保持政策的连续性。同时,要建立各政策彼此之间的关联,以便区域各部门协作。

城市是包装,交通是骨架。城市规划决定了交通发展的前提、依据、环境和条件,而现实的和规划的交通又决定了城市规划的形态、布局、网络和动脉。土地使用规划和交通规划一体化是英国当前规划政策的主要目标。作为两个息息相关的规划,我国也可以借鉴英国空间规划和交通规划一体化的做法。首先,在规划思想上体现合二为一;其次,在管理机构设置上实现一体化,当然基于我国的现实,可以使区域空间规划机构在交通和规划上权责统一,通过这个独立部门将相关政策、活动连接起来,实现协同作用;再次,从法律上对一体化的空间规划和交通政策的发展作出规定,实现立法上的保障;最后,加强部门间协调,在一体化过程中配套有效的体制动力和程序。

目前,我国规划决策的协作仍停留在政府领域,如规划评审只邀请国土、水利、交通、环保等建设系统部门。当今中国社会利益结构变迁十分迅速,各利益群体正在分化、解组和重新整合,社会团体和民营企业的社会影响力在逐渐扩大并对参与决策的呼声越来越大,我国规划体系应建立一种由政府与社会精英、民众代表共同构建的多方协作架构,按照"多规合一"要求,推动各专项规划的协调性得到改善。

(四)强化规划约束力和中长期指导作用

英国任何开发行为都要得到规划许可,规划具有很强的约束力。这种约束力一方面来自规划的科学性和可操作性,另一方面来自规划的修改程序十分复杂,成本非常高。而我国有些规划不是科学性不足就是可操作性差,执行难度很大,规划的权威性受到挑战。另外,修改规划的程序简单也导致规划执行不彻底,规划中长期的指导作用没有体现出来。为保证规划的约束力,需要加强规划制定的研究,并提高公众在规划制定和修改中的参与度,提高规划中长期的指导作用。同时,还需要强化规划实施过程中的监管,对规划结果进行评价,并出具评估报告。在规划体系报告中,可增加规划实施监控计划的内容要求,对重要政策内容确定主导和配合实施的部门、定期监控的目标与量化指标。地区规划主管部门需要定期对规划实施拟定一份监控报告,提交上一级主管机关。

(五)公众评议制度值得借鉴

英国建立了地方政府在准备、选择方案、规划评价以及重要发展决策等不同阶段公众参与的制度,并制定了相关标准,以法定形式规定公众参与。另外,英国的公众评议制度非常值得我们借鉴,该制度针对区域空间战略修订的合理性,提供一个公众讨论和评议的机会,并在公众评议结束后,对于听证意见是否得到采纳以及采纳的程度要在报告文件中体现并向公众发布。

我国公众参与城市规划总是停留在"事后参与"和"被迫参与"阶段。实现公众参与规划,首先,政府要转变职能,简政放权,把所包揽的社会管理权归还社会,保证公众参与的实施与战略规划编制同步进行。其次,要形成制度,将公众参与规划的目标、性质、内容、职能、机构、组织、权限、程序等逐一明确规范,并将其纳入规划立法体系。再次,将评审纳入公共检查程序,提升公众参与水平。在整个规划过程中建立广泛咨询利益相关者意见的机制,使公众参与从目前的象征性咨询向更为实质的协商转变。规划初步报告经过充分的准备和内部讨论后,可开展一个正式的公共检查程序,代替原来由政府官员和专家构成的成果评审,公共检查的代表应广泛体现地区社会利益关系的组织状况,非政府官员比重应大于30%。公共检查可以采用针对重要议题进行听证的方式,面向媒体公开。公共检查结束后,听证意见多大程度得到采纳需要在规划报告中体现,并向公众发布。最后,要充分发挥人大政协代表作用,调动专家、社区和普通市民积极性,培育和发展非政府组织,形成共同参与的模式。

(六)重视生态和历史人文环境保护

英国的空间规划非常重视生态环境保护,国家规划政策对环境建设和自然资源利用都提出了明确要求,还专门建立了评价可持续发展的指标体系。相比较而言,生态保护和可持续发展的理念在我国各类规划中还没有充分体现,有些还仅仅停留在概念层面。近年来随着我国城市化和工业化进程持续高速推进,生态环境也持续恶化,大气、土壤和水体都受到不同程度的污染,人们的身体健康和生命安全受到严重威胁。因此,社会各阶层要从构建生态安全的角度重视生态问题,国家也需要尽快制定一系列政策措施,将生态保护和可持续发展落实到具体操作层面上来。

英国在规划中对历史环境的保护也非常重视,不仅要求保护历史古迹本身,而且对历史古迹周围的环境也加强了保护。我国目前在规划中对历史环境的保护很不重视,诸多极有价值的历史古迹都在城市开发建设中被破坏。为此,需要重新审视我们的规划观,不断加大对历史人文环境的保护力度。

第五章　欧盟的区域经济规划与政策

　　欧盟总部设在比利时首都布鲁塞尔,由欧洲共同体发展而来,初始成员国包括法国、德国、意大利、比利时、荷兰和卢森堡等 6 个国家。欧盟现拥有28 个成员国,总面积 437 万平方公里,人口 5.1 亿,正式官方语言有 24 种。欧盟是目前各国实现经济一体化和政治一体化的典范,其最终目标是实现经济和社会的聚合。欧盟的区域政策有效地解决了欧盟成员国以及成员国不同地区之间的经济差距,使欧盟整体国际竞争力得以提高。目前区域发展不平衡、地区产业结构同构化、生态环境破坏日益严重已成为制约我国经济协调发展的主要因素,而这些问题在欧盟区域政策酝酿之初也同样困扰着欧盟各成员国,研究借鉴欧盟地区政策成熟的运行机理,对我国区域协调发展具有十分重要的意义。

第一节　欧盟区域政策的形成与发展

　　欧盟是一个经历了欧洲煤钢共同体、欧洲共同体、欧洲联盟不同发展阶段的经济及政治联合体。随着每一阶段经济融合的渐趋深入,欧盟提出的区域政策的目标以及内容也逐渐完善起来。

　　1951 年,欧洲煤钢共同体的建立,标志着欧洲经济一体化正式启动。1957 年,《罗马条约》的签订以及 1967 年欧洲共同体的建立,标志着欧洲经济一体化全面展开。但欧共体强调竞争为主,其首要目标是通过建立关税同盟以实现共同市场,而与地区政策相关的资助措施可能会对成员国间的自由贸易造成扭曲。因此,在地区发展事务方面没有制定具体的行动计划和明确的时间表,也没有充足的财政手段作为支撑,地区发展措施基本上以成员国的各自行动为主,几乎不存在欧洲共同体一级的地区政策。

欧盟区域政策真正发端于20世纪70年代,由于各成员国经济开始出现减速增长,加之欧共体又迎来了第一次扩大,成员国间的经济差距十分明显,不利于欧共体实施《维尔纳报告》中提出的欧洲经济与货币联盟计划。因此,推行一项真正的欧共体地区政策,不仅符合经济上的要求,并且也是政治上的需要。1975年,欧共体部长理事会就全面实行共同地区发展政策达成一致。同年,欧洲区域发展基金成立,正式开始为落后地区提供资金援助。此阶段欧共体区域政策主要包括五个方面的内容:一是以拨款或低息贷款对落后地区产业进行投资,给予税收减免和特殊折旧政策等;二是将公共支出用于落后地区道路、港口和住房建设等项目;三是为落后地区企业提供可降低生产成本的补贴,对多使用劳动力的企业给予补贴,鼓励采用劳动密集型生产技术以增加就业;四是保持地区政策措施具有一定侧重点;五是共同体与各国地区政策协调。此外,欧共体还通过政策工具支持落后地区发展,运用欧洲地区发展基金来消除地区间发展不平衡,运用共同农业政策及农业基金加速落后地区产业结构调整,利用欧洲投资银行向工业薄弱地区提供援助。

1988年,在欧共体布鲁塞尔首脑会议上,成员国一致决定对地区政策进行重大改革,将欧洲区域发展基金、欧洲社会基金、欧洲农业指导与保证基金中的指导部分合并成结构基金,大幅度扩增数目,仅次于共同农业政策开支,大大加强了地区政策的力度,改变了以往地区行动中以成员国为主、欧共体为辅的局面。1994年,又启动了聚合基金,主要用于扶持GDP水平低于欧共体平均水平80%以下的国家,进一步增强了欧共体的经济及社会聚合力。

在欧共体加速一体化进程中,更广泛和激烈的市场竞争及经济结构变动给落后地区带来了巨大的负面影响,资本、信息和技术创新的缺乏,基础设施和公共服务的不足,使落后地区日益落后于先进地区。为解决这一难题,欧共体于1992年通过了《欧洲联盟条约》即《马斯特里赫特条约》,规定最迟于1999年启动单一货币欧元,条约于1993年11月生效后,欧洲共同体也随之改称为欧洲联盟。以欧元为核心的欧洲经济与货币联盟的再次启动,不仅是欧洲一体化发展过程中的一个质的飞跃,同时也对成员国提出了明确的经济趋同要求。为加强成员国经济的均衡发展，欧盟于1993年新增渔业指导财政手段作为结构基金中的组成部分，同时设立聚合基金，专门用于促进希腊、葡萄牙、西班牙和爱尔兰四个相对落后成员国的经济发展。

为使地区政策在缩小地区差距方面真正发挥预期作用，欧盟根据人均GDP、产业结构、失业状况、地理条件等因素，将优先发展的目标地区划分为7大类：目标1地区、目标2地区、目标3地区、目标4地区、目标5a地区、目标5b地区及目标6地区。其中，目标1地区是促进落后区域的发展和结构调整；目标2地区是严重衰退区域的经济转型；目标3地区是同长期失业作斗争，帮助年轻人和被劳动力市场排斥在外的人重新找到工作岗位；目标4地区是推动工人适应产业变革而调整以及生产方式变革；目标5a地区是加快在共同农业政策改革框架下的农业结构的调整，推动在共同渔业政策改革框架下的渔业部门的结构调整；目标5b地区是推动乡村地区的发展和结构调整；目标6地区是促进人口密度极低区域的发展。

此外，为便于地区政策操作，并充分发挥成员国政府及其各级地方机构在参与地区发展事务方面的积极性，欧盟特制定了六项基本原则：一是集中原则，即将结构基金集中用于支持最需要资助的地区；二是伙伴原则，即密切加强欧盟同成员国及其地方机构在地区行动中的协调与合作；三是计划原则，即通过制定地区发展战略和中期行动计划，强化对结构基金使用的管理；四是附加原则，即成员国必须对欧盟资助的地区项目提供相应的配套资金；五是辅助原则，即成员国只将涉及跨国或越境的地区计划交由欧盟一级负责，而尽可能保留对其他项目的管理权限；六是效率原则，即通过对地区发展项目进行评估、跟踪和控制，以保证结构基金的使用效率并达到预期目标。

随着欧洲经济与货币联盟建设的不断发展，要求加入欧盟的国家也越来越多，欧盟区域政策也面临改革。1999年3月，柏林举行的欧盟成员国首脑会议一致决定对结构基金进行进一步调整，以继续加大对地区发展项目的支持力度。同时，为使资金更加集中地运用并提高效率，将先前地区政策中的7类目标减化为目标1、目标2和目标3三类。目标1主要用于促进落后地区的发展和结构调整，包括原来分类中的目标1和目标6地区。2000—2006年间，结构基金的69.7%用于资助目标1地区，其人口占欧盟总人口的 22.2%。目标 2 主要用于资助面临结构困难的地区进行经济和社会转型,包括过去地区政策中的目标 2 和目标 5b 地区。在此期间,该地区从结构基金中分配到的比例为 11.5%(其中也包括一定数额的过渡安排资金),地区人口占欧盟总人口的 18%。目标 3 主要用于支持教育、培训和就业政策及体制的现代化,包括以往分类中的目标 3 和目标 4 地区。2000—2006 年,该地区将得到结构基金中 12.3% 的资助,主要用以提高人力资源的素质和改善劳动力市场条件。

2000 年,欧盟理事会制定了"里斯本战略",基本目标是在今后 10 年内使欧洲经济成为世界上最富竞争力和以知识经济为基础的最具活力的经济体,在更多地提供就业机会和增强社会凝聚力的基础上实现经济可持续增长。经济、社会、环境三大支柱构成了"里斯本战略"的核心,有效解决了福利国家的弊端。欧盟的区域政策也围绕这一目标,在各项政策的综合协调方面、技术创新方面、环境的可持续发展方面进一步得以增强。

可以说,欧盟的区域政策从产生到渐趋成熟并不是一蹴而就的,欧盟的经济发展遵循了循序渐进、由低级到高级的一体化形式,保证了其稳定而有序的发展。

第二节　对欧盟区域政策的评价

在区域合作中,制度的安排往往是一项庞大而复杂的系统工程。它涉及政治、经济、文化、环境等各个方面,是一个具有强大生命力的"生态系统"。欧盟在制度安排时以稳定发展作为其优先考虑的目标,对区域政策进行了总体设计。对于区域协调的运作机制而言,需要解决由谁协调、协调什么、怎样协调这三个首要问题。为了使这个框架变得系统和完整,需要对三个问题进行回答。三个问题实质上分别解决的是协调的组织机构、客体问题以及实体和程序问题。欧盟的区域政策可以说是紧紧围绕这一主线展开的。

一、由谁协调

欧盟区域政策完备的组织机构保证了其区域政策运作的规范性。欧盟区域政策采取的是分层治理结构,在欧盟体制中,欧盟一级的机构主要包括欧洲委员会、部长理事会、常任代表委员会、欧洲议会、经济与社会委员会和区域委员会。此外,还包括欧盟成员国一级的组织机构。这种分层治理结构是欧盟各国实现区域政策的有力保证。欧洲委员会是区域政策的主要执行机构,委员会下设24个事务部。部长理事会是欧盟的最高立法机构。区域政策委员会由负责区域规划的部长组成并定期开会,研究空间规划与政策,推动欧盟区域政策的实施和发展。常任代表委员会由每个成员国的大使组成。欧洲议会具有民主监督权、决定权和参与立法权,设有20个常务委员会,其中区域政策委员会、交通与旅游委员会、环境公共卫生与消费者保护委员会等与区域政策问题密切相关。经济与社会委员会和区域委员会主要是在经济社会问题和区域发展问题上向欧盟决策机构提供咨询。

二、协调什么

欧盟区域政策协调的客体是"问题区域",这种"问题区域"的划分摆脱了地理区划的藩篱。欧盟解决问题的路径是找出区域的病症,然后对症下药。在欧盟及其成员国内,为了确定区域政策工具的受益区域范围,在整个欧盟范围内确定了地域划分体系,通常采用问题区域的区划框架来确定区域政策的对象。确定问题区域的基本框架是依据欧洲委员会统计局设计的统计地理单元,将整个欧盟的区域划分为三个单元层次,单元1是大区或联邦州,单元2是省、较小区域和郡的组合,单元3包括法国的省、爱尔兰的规划区域、西班牙的省与英国的郡。通过区域间GDP、失业率、参与率等指标的衡量,将问题区域分为落后区域、萧条区域和膨胀区域。欧盟通过大量的基础工作,明确界定了问题区域,随着人们对资源环境问题重视程度的提高,土地撂荒、空气或水污染等许多指标均被用作识别问题区域的新指标。

三、怎样协调

欧盟的经济协调做到了经济、社会、文化及生态等各项制度的有效整合,关键在于以下几个方面:

第一,建立有效的区域法律制度。欧盟的市场经济比较成熟,其以法律为主要方式,保障在区域政策的规划、目标的设定、实施、监督、评估等方面都有章可循、有法可依,政策工具的制定与实施都有规范的规划可依,避免了区域政策领域的冲突,取得了良好的效果。

第二,运用多元化的区域政策工具。主要的政策工具有五种:一是拨款,即对项目实施成本补助或对创造或维持就业机会的固定补偿,拨款鼓励的比率和付款方式一经确定就在较长时间内固定不变。二是优惠贷款,欧盟的做法是,贷款数额可以是项目总投资的一固定比率,接受一笔贷款并不妨碍公司申请其他形式的政府援助(如拨款),但累计奖励值的最高比率要受到国家法律的限制。三是减免税收,主要针对地方税的征收,其形式或者是降低税率,或者对企业在问题区域开展经济活动开始5—10年内完全不征收,这些税收特权会鼓励企业将利润重新投资在问题区域。四是基础设施建设,在欧盟区域政策中,突出强调了刺激基础设施建设。五是建立工业与科技园区,其目的在于吸引私人公司。欧盟针对各种具体情况有效运用政策工具以实现经济及社会融合的目标。

第三,建立规范的区域基金。欧盟区域基金的资金来源主要是财政预算。欧盟财政总预算分为共同农业政策、结构运行(包括结构基金、聚合基金与欧洲投资银行)、内部政策、外部行动、储备及赔偿。其中,结构运行支出为主要区域政策支出,约占欧盟总预算的1/3。在结构运行基金中,结构基金占91.55%(2000—2006年规划),这保证了欧盟区域政策的实现。结构基金主要由欧洲区域发展基金、欧洲社会基金、欧洲农业保证及指导基金(其中的指导部分)、欧洲渔业指导基金组成。1993年后,欧盟又设立了聚合基金,专门援助欧盟收入最低的四个成员国进行基础设施建设和环境建设。结构基金统一由欧洲投资银行贷款予以支持。

第四,建立有效的利益协调机制,解决欧盟及其成员国的利益冲突。欧盟在执行一体化政策时会对某些成员国产生不利影响,这时区域政策成为促使成员国执行一体化政策的一种"补偿"。欧洲通过区域发展基金的设立,对一些成员国进行补偿性支付,维护了欧盟作为一个整体的稳定性。

第三节　欧盟区域政策对中国区域协调发展的启示

借鉴欧盟实施区域经济政策的成功经验,结合我国实际情况进行区域经济协调机制设计是十分有必要的。在完善我国区域协调框架时,应按照机制的运行机理来进行,主线可以是主体—客体—内容。

一、构建完善的区域经济主体体系

第一,扩大主体范围,明确主体职能。我国区域政策已在实践中运行了多年,但主体依然不明确,因此要保证区域政策的协调运行,必须建立规范的主体系统。区域经济协调发展是一项复杂的系统工程,不能仅强调政府的区域协调作用,必须动员涉及的区域发展主体来参与,并充分发挥市场主体以及社会中介组织的力量。政府最基本的职能定位是利益协调,而不是命令计划,更不是直接参与,其职能关键在于按照市场经济的要求合法地调整各个区域的利益分配,创造有利的外部环境促进各个主体的共生式发展。市场主体的职能不能仅仅定位在竞争与赢利上,如何运用适当的利益调节机制促进企业落实社会责任,也是其职能定位必须考虑的问题。社会中介组织的职能定位应当是一种独立而有效的监督力量。

第二,设置区域协调机构。要实现区域经济协调发展的目标,制定实施机制并有效运行是一个关键因素。长期以来,我国在区域合作中只建立了松散性的协调组织,如联席会议等,由于不具备约束力,因此无法对区域利益冲突进行协调,进而影响了区域政策的实施。我国应建立超越地方政府具有政治权威的区域管理机构,并以法律形式将其固定下来,明确其职权,并赋予其高度的监督及调控区域利益的权力。

二、明确区域协调的客体是问题区域

欧盟在划分问题区域时采用的思路是先找出问题,然后寻求解决途径,并没有将问题区域局限于地理因素的划分和整合。而我国研究区域协调问题的范式始终走不出"行政经济区划"或"经济行政区划"的影子。实际上这种协调对象的划分本质上仍属于地理层面上的协调,而区域经济的协调远远不只于地理层面。因此,我国在区域经济协调时,还要同时考虑经济、生态、文化教育、社会保障等问题,用综合环境指标来构建具体的框架,形成相对固定的模型,再按照这种模型在不同的区域之间寻求具体的实现渠道。

三、建立完善的区域发展协调机制

第一，以立法形式确立区域发展战略和政策。我国应制定明确的区域发展政策，并以法律的形式将其固定化和程序化，将其地位提升到法律的高度。正如欧盟的区域政策是通过欧盟宪法《罗马条约》表达出来一样，我国也应赋予区域政策较高的法律权威。因为区域政策是政府干预区域经济发展与协调区域经济关系的主要工具，是政府公共政策的一个重要组成部分，是经济空间格局发展到一定阶段的产物，对区域经济的发展有着极其重要的指导意义。有必要以立法的形式，确立区域经济政策的目标体系、适用的区域范围、政策工具、奖惩措施、调整机制以及资金的来源、使用、监督和效果评估、规定各级区域利益主体的权责范围等一系列保证政策有效执行的法律依据。这样，既有助于加强政策执行的系统性、稳定性和权威性，也可以提高政策执行的效率和效果。

第二，以问题区域为重点对象，采用多元化政策工具实现区域政策。目前可采用的具体措施有：一是加大财政对重要建设项目的投资力度，在落后地区培育新的增长极或增长带。二是通过金融政策，对落后地区的开发实行产业倾斜，在落后地区实行宽松的货币控制政策，主要是在贴现率、存款准备金率等金融政策工具上放松对落后地区的管制，保证落后地区经济发展对资金的需要。实行鼓励私人资本向落后地区投资的信贷政策。三是通过创建科技园等形式吸引民营企业，改善投资环境。

第三，促进区域市场一体化，降低资源跨区域配置成本。统一市场的建立和发展是实现区域经济协调发展的外部环境。统一市场的形成，依赖于生产要素的自由流动。但目前由于我国在政治体制上依然以 GDP 等经济指标作为主要考核依据，还存在地方保护主义，因此，要形成和发展区域共同市场。首先，要进行相应的政治体制改革，打破地区封闭和市场分割，规范市场主体行为及竞争规则。其次，要在经济区内部建立起专业化分工的产业关联机制，重视不同地区的产业协调，实现产业结构优化升级。另外，在产业协调过程中，还应注重区际利益补偿机制的建立，从而形成区域主体互补、共生式的良性循环态势，形成完善的区域共同市场。

第六章　德国的区域经济规划与政策

德国地处欧洲中部，面积为 35.7 万平方公里，人口 8267 万，行政区域分为联邦、州、地区三级，共有 16 个州，14808 个地区。西德各州和东德各州的经济实力差距较大，每个州都存在落后区域、萧条区域、膨胀区域以及针对这三类的区域政策。

第一节　德国区域政策的阶段性发展

一、南方相对落后阶段

德国工业化起源于北方，以"鲁尔地区"为中心的老工业区依靠资源优势成为德国工业化早期经济发展的主要动力。此时，德国南方地区处于相对落后的前工业化时期的农牧业发展阶段。1951—1958 年，区域政策旨在消除战争损失和减少战后秩序的区域后果而开始制定区域促进计划。借助工业企业迁入农村地区的政策，安置大量战争难民，以低息贷款吸引工商企业进入存在超比例失业问题的农村地区，成功实现了农村地区的工业化。

二、北方相对落后阶段

第二次世界大战前后，德国新兴的机械、汽车和电子工业在南方兴起，北方老工业区忽视了结构转变，发展速度明显放慢，成为经济萧条的老工业区。1959—1968 年，区域政策目标转向积极促进增长潜能的形成，即促进结构薄弱地区的发展潜能。实行中心地支撑原理成为该时期区域政策中的重要理论依据。1969 年后，区域政策又回到对危机地区的经济援助。德国宪法《联邦基本法》第 72 条规定，"国家必须保持各地区人民生活条件的基本一致性"。1968 年左右发生的第一次较大衰退，使得各州有意愿联合抗击衰退，1969 年生效的《改善区域经济结构共同任务法》标志着德国的区域政策进入第三个阶段，从联邦和州两个层面实施。

三、东、西德统一后

东、西德统一后，东部成为德国的严重落后地区。因此，东德成为德国联邦政府区域政策支持的重点。

第二节　德国区域政策的主要特点

按照优先取向，一般可以将区域经济政策战略分为积极的和消极的两类。当前，德国区域政策的总体特点是：一个目标，两个层面。一个目标是以地区经济平衡为目标，是积极的区域政策。两个层面是指联邦层面的统领区域方针和各州具体的区域发展政策。

一、积极的区域经济政策

当经济发展到一定程度和规模之后，联邦政府开始出台政策，实施积极的区域经济政策优先取向实现不同区域间收入分配的公正性和相同的生活条件，即通过提供投资激励和改善区域条件尝试把资本引导到经济上较为薄弱的区域。在这些问题区域进行附加的私人投资一般会比在其他地区对国民生产总值作出更大的贡献，可通过投资为这些问题地区的居民创造就业和收入，并且避免较大的区际流动。一般按照区域"需要得到促进的程度"来选择促进地区，也就是说这些区域必须满足某些困难指标。德国目前的区域政策战略就属于积极性战略。

德国的区域经济协调发展政策一旦成熟，就会用法律的形式确定下来，并贯穿于自上而下各层次的法律法规中，在国家整体政策目标中占有相当重要的地位。如 1969 年，西德制定了《关于共同任务——区域经济结构改善的法律》，该法将共同任务规定为"鼓励民间企业向落后地区投资，以及对此所需的公共基础设施投资的援助"。

二、消极的区域经济政策

所谓消极的区域经济政策,是专门针对薄弱区域提出来的。实际上是就治理薄弱区域的消极面而言的。消极的区域经济政策优先取向增长的目标,客观审慎评估经济薄弱的区域。经济发达区域通过自身优势对经济薄弱区域产生示范与辐射效应,其结果不是直接将资本引到经济薄弱地区以创造就业和收入,而是吸引年轻和劳动生产率高的人口群体从薄弱区域外流到劳动生产率较高的区域。政策中对促进区域的确定标准并不是地区"需要得到促进的程度",而是其"值得促进的程度"。德国区域政策的第二阶段就是这一战略的区域政策,即促进不同区域增长潜能的形成,发展一些具备潜质的中小城市作为中心地,从而提升整体经济水平。

第三节 区域政策的目标与控制措施

联邦和各州分别承担着区域政策实施的不同责任,联邦为各地区域政策的实施提供法律、制度、资金上的保障,制定总的方针,主要为"改善区域经济结构共同任务"。联邦政府只起协调作用,并在经济上予以补助,各州承担州内区域政策的规划和各项具体措施。

一、为区域政策立法

德国 1949 年制定的《联邦基本法》就强调了国家负有"社会"的责任,责成国家保护社会的弱势者,要求不断谋求社会公正,特别是于 1969 年将"改善区域经济结构共同任务"引入《联邦基本法》,以政府行为缩小地区差异,达到区域平衡。1970 年 1 月,《改善区域经济结构共同任务法》生效,规定了联邦和州层面区域政策的共同任务,为各级实行区域政策提供了法律保障,同时也限制了各级区域政策必须符合联邦的平衡区域差异的目标。

根据法律规定,联邦各级政府从行政措施与组织架构上保证区域经济政策的出台与有效贯彻。德国专门成立了制定和实施区域发展政策的最高领导机构——联邦规划委员会,委员会主席由联邦经济部长担任,成员包括联邦财政部长、各州经济部长以及西柏林、布莱梅、汉堡等市的市政委员、银行代表等。委员会以不低于 3/4 多数票作出决议,其中联邦各州和州级单位各有一票。该委员会每四年制定一项常规计划,对区域经济发展进行决策,内容包括确定重点开发地区级的主要发展项目、规定重点开发地区应达到的劳动就业岗位及其他目标、确定实施行动计划必须采取的措施、规定资助金额、审定给予资助的管理条件、资助类型和资助项目等。

二、实施财政平衡政策辅助区域发展政策

财政平衡政策是加强对落后地区援助、促进德国区域经济平衡发展的最有力、最直接、最见效的手段。德国的财政平衡制度是依据《联邦基本法》第 107 条的规定建立起来的,包括纵向财政平衡和横向财政平衡两方面。

横向财政平衡是指各州、各地方之间实行的财政转移支付,即财力强的州拿出部分税收收入"捐给"财力弱的州。该横向分配包括两个层次,16 个州级财政单位之间的分配和地方之间的财政横向分配。这种形式的转移支付是德国特有的,充分体现了其合作性财政联邦制的"合作"性质,即通过财政手段实现州之间或地方之间人均财力的相对平衡。为确保各地区居民实现相同生活水准创造条件,正是德国财政制度的核心。

这里最主要的横向财政平衡制度是州级财政平衡,《联邦基本法》规定,要维护各地生活条件的统一性,而且由于初次分配存在缺陷、要素流动受到地域限制等经济原因,平衡联邦州财力是必要的。财力薄弱州,称为符合接受平衡支付资格的州,可通过此横向财政平衡机制获得拨款,具体做法包括:

1. 调整销售税分享比例和提供预先补足

联邦与州各自销售税分享份额比例为 56:44。预先补足是指在归属各州的分享额中,在实行横向财政平衡之前先提取 1/4 以补足贫困州。

2. 实施返还性转移支付

主要对某些规模小或拥有重要港口的州实行返还性转移支付,使之有能力偿还因每年保养和改造港口等原因欠下的债务。

3. 对某些贫困州或根据需要拨付补助金

联邦每年要从其销售税收入份额中拿出 20% 作为对相对贫困州的分

配金。

4.1990 年建立的"德国统一基金"成为广义的纵向财政平衡的一部分

直至 1995 年最终将东部五州也纳入统一的财政体系,统一基金完成历史使命。

5.根据《投资资助法》,联邦有义务帮助贫困州和有经济发展需要的州进行投资

新联邦州纳入财政平衡体系后,从 1995 年到 2000 年,联邦每年向东部地区投资 66 亿马克,用以改善东部的基础设施及经济结构。

德国的财政平衡制度通过财政资金在各级政府间,特别是在联邦政府与地方各级政府间的再分配,使地方政府财政收入能力与其支出责任不对称的矛盾有所缓解。它不仅有助于地方政府正常履行其职责,同时也是促进区域经济平衡的最有效工具。

三、使改善区域经济结构成为共同任务

改善区域经济结构不仅成为德国主要的区域政策工具,还被当成各级政府的共同任务。联邦政府的财政援助及税收减免用途中,专门设置了区域结构项目。

战后德国的区域结构政策经历了恢复经济、积极促进增长潜能和对危机地区经济援助三个阶段,目前德国积极的区域结构政策就是处在第三个阶段,主要以《改善区域经济结构共同任务法》为标志。

《联邦基本法》规定,区域经济促进原则上属于州的任务,而不是联邦任务。但是为了便于区域结构转型和减少劳动力市场问题,联邦和州拥有《改善区域经济结构共同任务法》这一区域政策工具。德国区域结构政策的最高目标,是在德国不同地区创造同等生活条件,并且充分利用地域条件和资源,在共同任务框架内,使得结构薄弱地区平衡其区位劣势,从而能够跟上一般经济发展,并减少区域发展差异。该项区域政策的附带次要目标是补充面向全局的增长,通过创造长期有竞争能力的工作岗位,以实现增长所需的结构变迁,并减轻区域劳动力市场的负担。

联邦层面上的责任主要是规划总的结构政策和对促进地区的划分、资金分配以及检验区域政策的成果。两德统一前,共同任务框架内的旧联邦

州可支持资金大致保持在每年 7 亿马克左右,1990—1995 年德国统一过程中,该笔资金的总额大致不变。在旧联邦州中,下萨克森和巴伐利亚获得共同任务资金最多,由于两州有东线边境,因此其边境地区获得高额资助。北威州在统一期间获得的共同任务资金也在上升。两德统一后,欧洲促进资金也被纳入整个东部地区的共同任务中,整个东德地区都被列为促进地区。与此相反,共同任务框架内全德可支配资金由于新联邦州的加入而大大增加。相比 2000 年的数字,对东部的配额减少为正常范围。

当前框架计划的重点考虑是通过区域政策促进一个区域内的投资活动,创造收入和就业,除了促进结构薄弱地区这一目标外,框架计划还追求通过共同任务框架内的措施为总体经济增长和就业作出贡献。原则上,不仅私人工商业投资活动可以得到资助,而且地方公共部门对经济密切相关的基础设施的投资活动也可以得到资助。

其主要促进措施有工商业投资促进与优先促进制度、对工商业领域非投资性活动促进、旅游业促进、基础设施促进、综合区域发展方案等。工商业投资以创造和保障工作岗位作为共同任务的主要目标,这也同时是德国区域政策的主要目标;对非投资性活动的促进有咨询、工作培训、人力资本形成、应用研究开发等领域;旅游业促进是指所有提供旅游服务且满足共同任务促进条件的企业都可以获得资助;基础设施促进政策包括在工商业用地开发、重新利用荒废的工商业用地、建立扩建职业教育和进修及培训设施、建立扩建工商业中心等方面;发展方案确定区域的发展目标和确定优先考虑实施的发展项目,地区制定综合区域发展方案最高可获 10 万马克支持。

第四节　倾斜性的州级区域政策及实施效果:鲁尔区转型

区域政策是针对区域问题的,即经济在空间上分布不平衡的问题。因此区域政策的对象就是特定区域,而要解决的就是特定的区域问题。

问题区域分为三类:萧条地区、落后地区和膨胀地区,各州的区域政策除了一般性区域政策工具外,重点也是对这三类问题区域的治理。对萧条地区发展政策的途径是产业结构升级,通过改善区域投资环境、鼓励经济中心和发达城市地区分散经济活动、引入跨国公司、发展新兴工业、转岗再培训等政策制度是主要的区域政策组合。落后区域的主要发展途径是工业化,包括农业现代化、吸引工业投资、支持内生工业化与经济多样化,而直接援助则集中在基础设施建设、劳动力培训及再培训、人民生活质量改善等方面。膨胀区,又称最大集聚体区域,针对性的区域政策主要是控制发展、分散规模、发展集聚体内城区等。

战后德国现代化进程中,为了追求经济效益,获得较高的经济增长速度,按投资回报率高的取向,将有限的资金和生产要素投向对国民经济有决定意义且又最有经济效益的莱茵河两岸及其他地域,必然会导致区域间经济发展的不平衡。

德国各州的经济实力有高低之分,各州内部也存在问题区域。因此,联邦层面的区域政策着重宏观调控各州间的区域平衡,而各州层面的区域政策则着重针对本州内部的三类问题区域,同时有侧重的州区域政策也会间接影响州的一般地方发展政策,两者往往相互交叉、共同作用于本州的经济发展。各州对问题区域的具体执行政策往往和联邦改善区域结构的共同任务及欧盟的区域政策密不可分,在问题区域的划分上,联邦和欧盟各有一套制定方法,但对促进地区的划分结果往往差别不大。资金则由共同任务和欧盟结构基金共同出资,而前者又是由联邦转移支付和州自己支出两部分组成。最后,区域政策的具体措施和执行在州的层面上完成。

一、倾斜性区域政策的内容

共同任务的援助区域主要侧重于人口稀少、失业率高、生活环境和福利设施差的区域,政策有非常明确的目的性,利用计划来调整由历史原因造成的、市场经济不能解决的区域发展的不平衡性,这是对经济自发力量形成后果的反向调整。通过直接干预,使竞争力弱的区域和区域内由此致贫或处在弱势地位的人口、远离经济中心没有机会发展的边缘区域、受"经济发展轴"聚集效应影响发展前景黯淡的地区都得到国家的帮助,以缩小贫富之间的过大差距。国家干预的主要方式是资金援助,通过资源净流入的办法来形成这些区域的自生能力。途径主要有五种:投资补贴,以增加劳动岗位;销售特别补助,鼓励产品外销;信贷担保,由政府担保企业投资进入政策倾斜区域;低息贷款,鼓励中小企业在此投资;对基础设施、教育、咨询服务等有外溢效用的公共品生产企业提供各类贷款、补贴等。

二、振兴鲁尔地区的政策举措

鲁尔地区位于莱茵河下游和欧洲交通的交叉点,处于从意大利北部一直延伸到英国的欧洲工业产业带的中东部地区。从德国的行政区划来看,鲁尔区并不是一个独立的行政区划,而是北威州的一部分。北威州是德国最大、人口最密集的州,莱茵河丰富的煤炭资源在历史上曾经支撑着鲁尔地区的经济快速增长。

随着第二次世界大战后石油产业的兴起和新的海外竞争者的出现,以及能源消费结构从原来的以煤炭为主转化为以石油天然气为主的多重压力下,该区域出现严重的煤炭、钢铁销售危机。此后,一些部门的生产量与就业量一直下降,鲁尔地区面临经济结构转型的客观需要。

自1968年以来,针对鲁尔地区危机的发展德国推出了一系列区域政策。全德出台共同任务初期,经济平衡为首要任务,同时也是为了保证国家能源安全,因此鲁尔地区长期由财政补贴来维持。自1970年以来,投资巨额资金,大力兴建高校。20世纪80年代,机构改革在"区域政策区域化"的口号下被提上议事日程,理论认为政策权力应从联邦下放到地方管理,更多的自治权能保证避免发生携带效应,而且结构转变的目标指向就会被社会各阶层所认可。这一主张是与"积极的区域政策"紧密相关的,这一政策支持创新和集中力量发展"软基础结构",北威州政府也提出"未来协议",它的目标是在鲁尔地区的经济结构中发展新重点。由于欧洲一体化的影响越来越大,到90年代,在系统竞争能力理论引导下,区域政策被视为所有地方官员合作的基础,这样可以提高自己地区的经济实力,形成持久独特的竞争力。这一政策对促进建立新企业很有意义。鲁尔地区形成了许多促进区域发展的新政策,并与欧盟的区域政策密切相关,与原来这一地区的区域政策相比,在内容上加入了竞争政策,其中创业者计划起着至关重要的作用,其扭转了鲁尔地区的劣势,调动了新企业建立时人的积极性。

围绕提升产业结构、创造就业机会、增强竞争活力、优化发展环境等基本任务,鲁尔地区、州、联邦政府以及欧盟委员会采取的关键振兴措施如下。

(一)发挥政府的主导作用,协调联邦、州和市三级政府共同参与对老工业基地的改造

州政府设立地区发展委员会及实行地区会议制度、市政府成立了劳动局和经济促进会等职能部门,专门负责老工业基地振兴的综合协调,以克服"鲁尔区联合会"(早年由区内4县11市联合成立)后期出现的议而不决、决而不行、行而低效的弊端;分期制定振兴规划,针对市场进行分析和研究,讨论当地的发展潜力以及有关劳动就业市场、基础设施、环保、能源、住房质量、技术发展等问题,制定发展战略和目标,确定具体措施,提出具体项目;提供资金扶持,发挥政府投资的导向作用。自1968年以来,三级政府直接用于鲁尔区经济振兴(产业投资促进、技术中心兴建、工业园区建设、劳动力培训)的投资超过200亿欧元,并由此带动了高达数倍的私人投资。

(二)改造传统产业,初步完善基础设施

1968年,北威州政府制定了第一个产业结构调整方案"鲁尔发展纲要",对矿区进行重点清理整顿,将采煤集中到赢利多和机械化水平高的大矿井,其调整企业的产品结构、提高产品技术含量等措施类似于我国的"关、停、并、转"。尽管由于成本过高使煤钢业日渐缺乏竞争力和生存能力,但德国政府出于自身能源安全、维护社会稳定、减少失业压力等方面的战略考虑,仍采取了一系列的优惠政策加以扶持并改造煤钢业。煤炭业的优惠政策有价格补贴、税收优惠、投资补贴、政府收购、矿工补贴、限制进口、环保资助、研究与发展补助等。此外,各级政府还通过投入大量资金来改善当地的交通基础设施、兴建和扩建高校和科研机构、集中整治土地等措施,为鲁尔地区下一步发展奠定了基础。

(三)吸引资金和技术,大力扶持新兴产业

1979年,联邦政府与各级地方政府及工业协会、工会等有关方面联合制定了"鲁尔行动计划"。在继续加大前一阶段改善基础设施和矿冶工业进行现代化改造的同时,有意识地通过提供经济和技术方面的资助,逐步在当地发展新兴产业,以掌握结构调整的主导权。为优化投资结构,北威州规定给生物技术等新兴产业企业在当地落户给予经济补贴。因此,与欧洲其他国家相比,虽然德国在这方面起步较晚,但2000年德国已拥有330多家生物技术企业,其中1/3落户在北威州。

优惠政策加上强有力的扶持措施,使得信息、电子信息、生物技术等"新经济"工业在鲁尔老工业区的发展速度远远领先于德国其他地区。统计显示,目前北威州从事数据处理、软件及信息服务的企业超过11万家,电信公司380多家,其中绝大多数位于鲁尔老工业区。为确保鲁尔老工业区在未来竞争中始终处于领先地位,州政府采取了大量措施促进高新技术的发展,并确立了12个优先发展领域,其中生物、医疗技术是重点。

(四)因地制宜推进产业结构多样化

为充分调动有关各方的积极性和创造性,德国政府于1989年制定了"矿冶地区未来动议",2015年又着手实施"欧盟与北威州联合计划",其目标是充分发挥鲁尔区内不同的区域优势,形成各具特色的优势行业,实现产业结构的多样化。例如:多特蒙德依托众多的高校和科研机构,大力发展软件业;杜伊斯堡发挥其港口优势,成为贸易中心,并建立了"船运博物馆";埃森市则凭借其广阔的森林和湖泊,成为当地的休闲和服务业中心,市内的鲁尔文化基金会收藏了48万张鲁尔老工业区工业发展史的图片资料,每年都吸引近500万的游客前来参观。此外,当地民众还充分发挥想象力和创造性,将废弃的矿井和炼钢厂改造成博物馆,将废弃的煤渣山改造成滑雪场,开发出了一条别具特色的工业文化旅游路线。

(五)积极创造就业

政府为解决产业结构调整过程中的失业问题,在大力发展加工业和服务业等劳动密集型产业的同时,加强人员培训,提高他们的职业技能,多方面拓展就业渠道。此外,为企业提供相当于投资额12%—23%的补贴,鼓励保持和创造就业岗位,尤其对雇佣妇女就业的企业投资补贴高达36.5%。他们规定新的创业者从国家得到投资补贴的条件是,必须创造一定数量新的就业岗位且保持时间在5年以上。目前,鲁尔老工业区80%的劳动力从事旅游、商业、服务等第三产业。

(六)改善环境质量

鲁尔老工业区在转型过程中高度重视环境保护,采取了有力措施改善一度被严重污染的环境,如限制污染气体、污水的排放、建立空气质量监测系统等。特别是针对产业撤退后土地污染严重、清理耗资巨大、私企无利可图的问题,州政府设立土地基金,购地后进行修复,土地经过消毒等处理后再出让给新企业,成为新的工业用地、绿地或者居民区。为了美化环境,提高生活质量,还在区域总体规划中制定了营造"绿色空间"的计划,全区进行了大规模的植树造林,昔日满目荒凉的废矿山披上了绿装,塌陷的矿井成了碧波荡漾的湖泊。目前,区内共有绿地面积约 75000 平方米,平均每个居民 130 平方米(1968 年鲁尔核心地区这一指标只有 18 平方米),大小公园3000 多个,整个矿区绿荫环抱,一派田园风光。仅北威州就拥有 1600 多家环保企业,成为欧洲领先的环保技术中心。

鲁尔老工业区还兴建了大量风景优美的产业园区以吸引企业落户。各园区集中大量的服务性或高科技企业,不仅吸引了大量从业人口,更加快了城市建设的步伐。现区内 5 万人口以上的城市有 24 个,其中埃森、多特蒙德和杜伊斯堡人口在 50 万以上,构成了一个多中心的莱茵—鲁尔城市集聚区,总人口超过 1000 万,是世界主要大城市集聚区之一。

三、政策的实际成效

以发展科学、教育与技术等领域来推动区域经济的改造和进一步发展成为德国区域政策的实际目标。下述两个事例表明了倾斜性政策的成功。

(一)盖尔森基兴科技园的建立促进了科技产业的发展

虽然鲁尔老工业区是德国最大的工业区,但直至 20 世纪 60 年代末,才建立第一所大学,70 年代鲁尔老工业区的大学和技术高校急剧增加,使得鲁尔老工业区现已成为欧洲大学最集中的地区。但人们很快就认识到,高校的知识不会自动转化为经济增长,因此,人们在鲁尔老工业区建立了许多技术中心与技术孵化器机构,盖尔森基兴科技园就是其中之一。

盖尔森基兴科技园是鲁尔地区的一部分,但由于高度依赖传统工业部门,盖尔森基兴科技园陷入了严重的危机之中,邻近地区处境也异常困难,自 1970 年以来,该地区损失了 30% 的人口,是德国失业率最高的地区之一。面对困难的经济形势,市政府与州政府一起制定了一个基本思路,即在重视区域发展的传统基础上将结构变革向新的、积极的方向引导,使盖尔森基兴科技园由"能源之城""千火之城"向"千日之城""太阳能城"转变。主要目标是在现代化部门创造新的企业与就业,改善整个区域形象,吸引投资与技术劳动力。

1995 年,盖尔森基兴科技园区在市中心的一个已经倒闭的钢铁厂原址上建立,这是实施新的区域发展战略的起点。北威州、盖尔森基兴市和欧盟联合资助在园区内兴建光电厂,新的科技园区的核心业务是太阳能技术研究、开发与营销。

北威州有一个坚定的目标,即保持与扩展其作为欧洲主要能源区域的地位。1999—2001 年,州政府支出 1.22 亿马克资助了 600 多个大学或大学合作的相关研究项目。1987—2000 年,通过"能源效率与可再生能源资源规划"框架中的拨款与低息贷款,政府支持了总金额达 8.73 亿马克的 4.2 万个技术开发、示范与应用项目,为相关项目投资 1.6 亿马克,引发总投资量达 40 亿马克。盖尔森基兴科技园就是此项目的受益地区。

(二)多特蒙德推广微型技术联合会

一些私人企业最早认识到微型技术的发展潜力,认为这种来自不同领域的综合技术是对知识信息传统传播的挑战,而这种新技术需得到信贷机构和风险资本机构的支持。推广微型技术联合会得到北威州政府 54% 资金的支持,不过该联合会仍保持纯私营的性质。推广微型技术联合会是一个世界范围内相关企业的组织,并与其他国家有关组织建立联系。这一组织的努力使多特蒙德地区的新工业得到迅猛发展,吸引了许多外国企业到这个工业区来创业。同时,推广微型技术联合会还推动发展了新型职业教育。推广微型技术联合会把多特蒙德市的发展规划纳入自己的发展规划,把多特蒙德建成一个信息与微型技术的中心,该地区所增加的就业机会直接或间接地得益于微型技术的推广,其与大学和私企之间建立的合作模式也成为一种成功的典范。

第五节　一般性区域政策的内容及其运用

德国区域政策不仅表现在对落后区域的扶持上,对推动发达地区进一步发展的特色也值得称道。根据各发达州自身特点,对不同的发达地区采取不同的区域政策:有的区域采取吸引外资以加快调整产业结构,从传统产业向服务业及高科技产业转移;有的地区从完善基础设施建设着手,着重扶持中小企业发展,增加第三产业比重等。

一、一般性区域政策的内容

综述德国各州的经济发展政策,归结普遍适用范围为:吸引投资政策,企业政策,产业结构政策,公共品、公用事业、制度建设,以及具有德国特色的中小企业政策。

(一)吸引投资政策

设立东源股份有限公司,与中国合作(莱法州);新投资者可以享受投资补助(萨尔州);区域政府加大投资环境的宣传和咨询力度,为投资者提供全方位服务(巴伐利亚州);区域提供投资补贴、税收优惠、优惠贷款(勃兰登堡州)等。

(二)企业政策

为创建公司、停产或面临破产、企业创建或迁移的投资提供补贴(布莱梅州);提高就业的扩建项目,可获得岗位工资补贴(布莱梅州);区域政府设立州投资结构银行,进行地区性资助、经济担保/保证、风险基金(莱法州);促进企业联合措施,提供补贴(萨克森州);促进参展、产品展示和研讨会,提高州内企业知名度,为其开拓销售市场,提供活动经费贷款(萨克森州);提供外经贸企业咨询,支持本州企业参与国际竞争,开拓海外市场,补贴咨询费(萨克森州)等。

(三)产业结构政策

鼓励科研技术转让和应用,重点是生物、转基因及信息通信技术和新材料的研发(萨尔州);制定高科技产业发展规划,引导对高科技产业投资(巴伐利亚州);成立巴伐利亚参股有限公司,鼓励创立新企业及技术革新(巴伐利亚州);提供资助(勃兰登堡州)等。

(四)公共品、公用事业、制度建设

例如,促进建立现代基础设施及鼓励促进企业投资(萨尔州);设立州投资的银行(莱法州);加大基础设施建设力度,创造良好的投资环境(巴伐利亚州);提高促进经济发展的统一管理和政策透明度(勃兰登堡州);提供教育补贴、人工成本补贴(勃兰登堡州)等。

（五）发展中小企业政策

设立中小企业资助项目、中小企业参股基金、市场开发项目（莱法州）；为中小企业创造、保证就业、提高竞争力，以及对出口市场的开拓、培训和技术应用等方面提供资金支持（萨尔州）；促进中小企业融资，解决企业发展的资金瓶颈，成立巴伐利亚建设融资促进银行，为企业申请商业贷款提供政府担保（巴伐利亚州）；成立巴伐利亚风险资本投资公司，为中小企业融资（巴伐利亚州）等。

二、北威州的区域政策特点——投资促进

北威州位于德国西部，西与比利时、荷兰接壤。其面积为 3.4 万平方公里，相当于比利时和卢森堡的总和，人口 1800 万，是德国人口最多的州，也是欧洲人口最稠密的地区，约有 50% 人口居住在 10 万人以上的城市里。该州于第二次世界大战后组建，首府是杜塞尔多夫，下设 5 个行政专区、23 个市、31 个县。重要城市包括科隆、波恩、埃森、多特蒙德、杜伊斯堡、波鸿等。

北威州是德国的经济大州，近三十年来，该州成功地进行了产业结构调整，打破了以矿冶为主的单一经济结构，许多新的工作岗位由增长迅速的媒体和文化产业提供。今天全州约 66% 的就业者是在服务型部门工作，北威州的销售额有 2/3 来自服务业。在决定未来的行业如新媒体、生物技术、基因技术、医疗技术、物流和未来能源等领域，北威州已经发展成为欧洲的经济核心。北威州的环保技术在欧洲也处于领先地位。北威州的国内生产总值约占全德国的 1/5，进出口额约占德国的 1/4。其一般区域政策特色之一是投资促进。

（一）对新兴产业、新投资项目的支持

北威州以改善所在地环境条件为突破口，在强化基础设施、集中整治土地加以开发利用的基础上，广泛开展招商引资，大力扶持生物技术、网络媒介和服务性行业的新创业者。该州规定，凡是在当地落户的新兴产业，给予大型企业投资者 28%、小型企业投资者 18% 的经济补贴。

（二）吸引外资

北威州是德国外资最为集中的地区，德国境内外国直接投资的 46.2% 汇聚在该州，目前拥有外资公司 8000 余家，从业人员 47 万。享受投资促进

补贴的前提是,拥有 2.5 万欧元的投资额和必须至少提供一个就业岗位。按照北威州投资促进的有关规定,外商在北威州投资设厂、成立研发机构以及在指定范围内建立国际配送中心,最高可以得到占投资总额 23% 的补贴,但投资消费品零售、运输和仓储的公司不包括在内。此项规定只适用于拥有低于 249 名员工的企业,超过 249 名员工的公司最高可获得占总投资额 18% 的补贴。北威州政府给予的投资补贴是与新建公司所创造的工作岗位数联系在一起的,投资最高补贴限制在每个男性工作岗位 10 万欧元,女性工作岗位 12.5 万欧元。固定资产投资,如购买机器、厂房及购买土地的费用,补贴额不超过投资总额的 10%。流动资产,如库存和劳动力成本的支出不在补贴范围之内。

（三）其他投资促进举措

北威州政府将技术创新视为经济增长的源泉和经济振兴的动力。通过组织高校和科研机构的联合攻关,提供资金补贴和举办高新技术大会来推动研发机构与企业合作,推动中小企业为大企业配套,推动企业技术设备出口。兴建技术园区,鼓励企业创业、研发创新、创造工作岗位。

北威州的经济促进机构,如北威州经济促进局还会为外国投资商提供如下服务:义务介绍欧盟、德国联邦政府以及北威州有关投资促进的项目、措施等;与州政府、相关机构的专业人士合作,对投资项目获得扶持的力度进行可行性分析;为投资商提供免费的就地咨询服务、物色员工及协助投资商获得居留许可、营业许可等。

三、巴符州的区域政策特点——基础设施建设

巴登—符腾堡州,简称巴符州,位于德国西南部,面积 3.58 平方公里,人口 1062 万,面积和人口都是德国 16 个联邦州中的第三大州。巴符州北邻黑森州和莱法州,东倚巴伐利亚州,西邻法国,南接瑞士,东南通过博登湖与奥地利隔水相望,堪称欧洲中心。巴符州是德国经济实力最强的州之一,也是欧洲经济最为发达的地区之一。多年来,其 GDP 一直居北威州和巴伐利亚州之后,在德国列第三位,德国 500 强企业中有 71 家位于巴符州。

巴符州的一般区域政策中,特色之一就是基础设施建设。广义的基础设施包括交通设施、文化教育、健康设施、通信网络建设等,由于基础设施有

公共品性质,效用外溢,因此私人投资往往不足,而基础设施又是经济长期发展的保证。

（一）交通网络建设

作为最发达州同时也是区域最平衡的州之一,巴符州的区域政策无须过度倾向于该州内的问题区域,因此,其区域政策对象较为平衡,注重提供经济发展和保障居民生活水平的公共品建设,包括轨道、高速公路、机场、通信设施等基础设施硬件建设以及知识教育等有公共品性质的基础设施建设,对于巴符州这样的发达州,直接的区域援助已无必要。基础设施建设等间接促进因素作为中长期经济增长的要素,是其区域政策的重点。经济起飞,"交通"先行,巴符州完善的基础设施是这一区域经济飞速发展的重要前提。巴符州地处欧洲中心,是其他州和欧洲邻国交通必经之地,货物可以从这里通过陆路、水路或空中快捷高效地运达目的地。州政府每年投入修建州级公路的资金大约 1.5 亿欧元。巴符州铁路交通也十分发达,曼海姆、斯图加特都是德国及欧洲的重要交通枢纽。巴符州主要机场有斯图加特机场、佐林根机场和弗雷德里希港机场。

（二）通信、服务网络建设

最先进的通信网络和高速数据传输系统及完善的能源供应系统也是巴符州经济和社会发展必不可少的条件。随着因特网的普及,该州近50%的人口(14岁以上)使用因特网。

此外,巴符州拥有完善密集的展览网络,除了斯图加特和弗雷德里希港等大型国际性展览中心外,还有许多区域性展览场所。如在州政府主持下,曾规划投资 8.03 亿欧元修建斯图加特新展览中心,州政府和斯图加特市各投资 2.43 亿欧元,余款由新展览中心筹措。新展览中心展厅面积 10 万平方米,2003 年年初通过设计方案,2006 年州立展览中心正式启用。

（三）教育投资

大力发展教育和科研事业一直是巴符州各项政策的核心。巴符州各类学校在校教师和学生人数都居德国各州之首,是德国及欧洲高等学校最多的州,共有 9 所综合性大学、27 所应用技术大学、6 所高等教育学院、9 所高等艺术学院、9 所职业学院、7 所私立高等科技学院及 30 所国家承认的高等应用技术学院,专业设置及数量均在德国处于领先地位,优于巴伐利亚州、黑森州和北威州。众多优秀高校为该州经济的成功作出了巨大贡献。斯图加特、海德堡、巴登—巴登、弗莱堡、卡尔斯鲁厄、曼海姆、乌尔姆、康斯坦茨、图宾根等既是巴符州的经济中心,也是德国著名的大学城。

巴符州对教育、科技、文化的支出要占州预算的41%以上,居德国首位,其中仅教育支出就要占州财政预算的38%左右。州政府每年划拨给高校的经费支出约占州财政预算的10%,居各州之首。该州为基础教育、高等教育乃至进修培训提供了良好的条件,保证每个居民都能按自己的喜好和能力受到相应的教育。除了帮助学生完成普通教育,州政府对于特别优秀的学生还提供专门资助。这里的高校形式中还有高等教育学院和职业学院,而大部分州则没有。该州的教育和研究领域所取得的成就遥遥领先其他各州。

作为知识投入的结果,巴符州的发明专利一直居德国首位,有完备的研发网络,从基础研究到应用研究都在德国处于领先地位,技术转让、成果转化和创业也因此欣欣向荣。全州约80万人或者说1/5的就业人口从事研发集约型产品的生产。全州2.5%的就业人员专门从事研发工作,远远超过德国1.6%的平均水平。

现在巴符州从事的研究涉及所有重要的未来产业和领域,并形成了各具特点的区域研究体系,如斯图加特和卡尔斯鲁厄高科技区、乌尔姆的技术革新区,莱茵—内卡、斯图加特、图宾根和弗莱堡(上莱茵生物谷)的四大生物技术园区。近几年,高科技企业如雨后春笋般快速发展,仅2000年巴符州就新成立了近2200家高科技企业。1999年巴符州高科技产业就业人数达95.6万人,占全州就业人口的18.5%,是德国平均水平的1.7倍、欧洲平均水平的2.4倍。巴符州已成为欧洲最大的高科技区。

第六节　德国区域政策的特征和借鉴

应该说,德国的区域平衡发展政策是比较成功的,其主要经验可以归结为三个方面。

一、为区域政策立法,保证区域平衡与发展

区域协调发展事关国家稳定和社会和谐,也有利于保持经济发展本身

的后劲和可持续性。因此,为了确保政府在区域协调发展中所起的应有作用,必须制定相应的完善的法规体系。德国从《联邦基本法》开始,先后有多部体现德国区域政策基本原则及主要内容的法律出台,如《联邦基本法》(1949年)、《促进经济稳定和增长法》(1967年)、《改善区域结构共同任务法》《联邦空间布局法》以及《联邦财政平衡法》(1970年)等。

二、以区域财政平衡制度作为补充

德国区域政策经验表明,横向财政平衡作为区域结构政策的补充,是问题地区发展和振兴的重要保障。不过值得关注的是,该项制度并不总是有效率的,因为各州政府都是以本州福利最大化为目标,而不是以联邦福利最大化为目标。在德国,几十年来付出州和接受州也围绕平衡支付额的高低争论不休。事实上,2005年已出台新的财政平衡制度,主要旨在减轻付出州负担。因此,合理的制度应既帮助落后州获得其他州的财政支付,又不打击先进州的积极性和发展动力。

三、重视和鼓励中小企业发展

细化到各州的区域政策,甚至更低层级的地方区域政策,其具体措施内容中,都将发展中小企业作为重要政策手段,通过鼓励投资的优惠补贴等各种政策、提供融资帮助,以及为中小企业提供公共产品服务,如咨询、培训等。德国经济的中坚力量其实并非作为工业巨头的诸多大企业,而是众多的中小企业。

第七章　法国的区域经济规划与政策

　　法国本土面积为 54.7 万平方公里,总人口 6690 万。本土划为 22 个大行政区,下属 96 个省。法国原是一个传统农业国家,自第一次工业革命起的一个半世纪以来,领土空间利用范围不断扩大,土地利用率持续提高,工业活动版图大大扩展,农业耕作区则相对缩小。区域经济布局发生了巨大变动,逐渐形成了多极中心的区域经济格局,加剧了区域之间经济发展不平衡状况。正是在这种背景下,战后历届政府制定了一系列国土整治和区域发展政策,以促进区域经济协调发展,逐步缩小地区发展差距。

第一节　法国地区之间差距的历史状况

　　法国的地区差距由来已久,第二次世界大战前后进一步加剧。战后,通过历届政府的"整治",状况有所缓解,但目前差距仍然严重。

一、东西部之间存在巨大经济差异

　　按法国经济学家划分,法国以北起勒阿弗尔南至马赛连成一线,分为东西两个部分,东部内陆地区为发达工业区,被称为"富裕的工业法国"。西部属欠发达的农业区,被称为"贫穷的农业法国",另有科西嘉岛和 5 个海外省,经济发展差距也较大。法国东部包括 10 个大区(除科西嘉外),约占国土面积的 45%,人口约占全国的 2/3。东部地区有巴黎、马赛、里昂、里尔等全国最大的城市,沿海分布许多重要港口和城市。20 世纪 80 年代初,在全国最大的 500 家企业和集团中,除 24 家在西部工业区外,其余均在东部。巴黎是经济文化最发达的地区,大学毕业生占全国的 45%、工程师占 50%、技术人员占 44%,居民平均收入比全国平均水平高 1/3。西部地区资源比较贫乏,工业、交通运输的发展均远远落后于东部。西部家庭平均收入比东部低 20%—30%,67% 的农民收入低于全国平均水平,西南和中部山区农民的收入相当于全国平均水平的 50%—75%。

二、城乡人口分布严重不均

20 世纪 80 年代初,法国城镇人口约占全国人口总数的 3/4,村镇人口占 1/4。战后,农村人口加速向城市流动是法国突出的社会现象。据统计,1949 年法国农业人口约占全国人口总数的 25%,到 70 年代末减少至8.5%,30 年间减少了 2/3。仅 1960—1978 年间,约有一半农业劳动力离开了农场,致使城市人口急剧膨胀,而西南和中央高原人口严重不足,东北老工业区人口先是增加,而后减少。由于城市人口大量增加,造成地价上涨,工业成本提高,交通拥堵,城市管理费用增加以及失业、环境污染等问题,同时也导致农村和欠发达地区劳动力不足,人口日趋老龄化。

三、东北传统的老工业区产业萎缩,失业率居高不下

东北工业区的困难在 20 世纪 50 年代末首先从纺织部门开始,以后蔓延到煤炭、冶金等基础工业部门。失去殖民地和东欧国家市场使产品外销日益困难,以及政府集中力量发展基础工业而对纺织部门的忽视,导致纺织生产开始停滞并逐步趋向衰落,影响到其他经济部门。煤炭生产在 1958 年达到 6000 多万吨的历史最高水平后,也开始衰落,到 1973 年降至 2911 万吨,减产一半以上,矿工人数由第二次世界大战后初期的 30 多万减至 1973 年的 5 万多。洛林冶金区从 60 年代开始出现困难,企业亏损严重,仅1975—1978 年间,亏损累计额达 140 亿法郎,从 1977 年起,债务额超过营业额。在 1974—1979 年间,共裁减冶金工人两万多人。

第二节　缩小地区发展差异的"国土整治"和区域发展政策

长久以来,法国为克服区域经济发展不平衡,合理开发国土资源,发展

地区经济优势,制定和推行了一整套适合于不同历史时期特点的国土整治和区域经济发展政策,在全国逐步形成一个比较合理的区域经济布局,并且取得了较好的成效,在西欧国家中受人瞩目。

所谓国土整治,是指在公共权力的推动下对国土进行平衡治理,以缩小地区间的发展差异。这是第二次世界大战后法国政府干预经济、调控经济发展的重要手段之一,在法国经济发展中起到了重要作用。

国土整治和区域发展行动始于 20 世纪 50 年代。1950 年,时任建设部部长克洛·珀蒂提交了一份"为了国土整治的国家计划",提出"国土整治就是要依据自然资源和经济活动来寻求人员在全法兰西地理范围内的最佳分配",从而在 1955 年法国政府颁布了有关国土整治的重要法律文件,并据此制定了地区行动计划。根据国土整治的需要,法国政府于 1955 年将本土分为 22 个行政大区,即经济区,以加强中央政府统一领导,推动区域发展。同时,设立地区发展公司。这一时期,法国政府重点在两个方面采取了措施:一是北方、中央高原等区域,采取一系列政策措施发展经济,着重解决这些地区的就业问题。二是限制巴黎的发展,特别是对巴黎的新建企业实行严格的审批制度,鼓励巴黎企业外迁,以缓解巴黎人口和政治活动过度集中的状况。

进入 20 世纪 60 年代后,随着国民经济的全面恢复和发展,区域经济发展不平衡日益突出。为实现区域经济协调发展,法国政府加大了国土整治力度,整治全国领土,调整经济活动布局,重点改变欠发达地区的落后面貌。1963 年 2 月 14 日法国政府颁布法令,宣布成立国土整治和区域行动评议会,标志国土整治进入了新的阶段。这一时期,政府有计划、有步骤地制定了一系列国土整治"指导方案"和区域经济发展"远景规划",并在全国范围内实施。法国政府重点整治的区域包括西部、西南部、中央高原、东北老工业区等区域。国土整治"指导方案"主要有:整治全国主要交通干线和通信网络、保护和整治包括滨海地区在内的 5 个方案;整治中央高原和山区的 6 个方案;整治城市的 11 个方案等。区域经济发展"远景规划"主要有:布列塔尼亚公路网建设规划,这一规划于 1969 年开始执行;中央高原开发计划,于 1975 年开始执行;南方滨海地区旅游开发和生态保护计划,于 1979 年开始执行;科西嘉地区整治与开发计划,东北部诺尔—加莱和洛林老工业区结构改革计划,这两个计划于 1978 年开始执行;1984 年又制定实施了"工业结构改革方案"。

到了 20 世纪 80 年代,法国国土整治计划的内容有了较大扩展,由过去缩小地区差距为主要目标,扩展到教育、就业、培训、环境保护、生活质量等诸多方面。1982 年的地方分权活动和此后的计划改革,增强了地方政府尤其是大区域政府的权力,国土整治和区域发展政策的制定和实施更多地成为地方政府的活动。

四十多年来法国国土整治和区域发展政策的实施,对缩小地区之间差异、加快落后地区发展起到了积极作用。最发达的巴黎地区的发展速度有所减缓,西部地区的经济发展速度明显加快,某些发展中的农村地区和外省大城市的经济活力明显增强。据统计,1954 年,巴黎地区建厂用地占全国新建厂房用地总面积的 34%,到 20 世纪 70 年代初,只占 8%。在此期间,外省新建工业厂房面积却增加了 10 倍。1955—1964 年间,巴黎迁至外省的企业达 2800 家。1962—1975 年间,巴黎地区就业人口减少了 8%。

第三节　国土整治和区域发展政策的主要内容

法国政府始于 20 世纪 50 年代的国土整治和区域经济发展政策,历经四十多年的实施和完善,逐步形成了一套比较完整的城市发展政策、农村改革政策、山区开发政策、滨海资源开发与保护政策以及老工业区结构改革政策。这些政策对法国区域经济的协调发展,乃至对整个国民经济的发展都起到了积极的作用。

一、城市发展政策

其主要方针是控制大城市扩展,建立多极中心城市,发展地方中小城市。

(一)严格限制特大城市的扩展

具体措施主要有三项:一是在巴黎、里昂等大城市限制创办新企业。1955 年,政府专门通过了一项强制性法令,规定在巴黎创办企业必须经政府批准,取得许可证,对城市占地征收租金。二是政府积极鼓励巴黎等大城市工业企业、政府或公共办事机构、商业以及金融机构向中小城市或欠发达地区疏散。对于外迁企业和单位,由经济和社会发展基金提供奖金和其他优厚资助,对于迁到欠发达地区的企业或机构,享有低息贷款、免税、削减地价以及"地区发展奖金"等优厚待遇。三是兴建卫星城。从1955年起,在首都巴黎周围建立5座新型卫星城。1975年,政府又决定除了5座卫星城外,还将建立9个副中心,从而使市中心距外沿伸展至35公里。

(二)建立同巴黎相对应的平衡大城市

政府在采取措施限制巴黎盲目扩展的同时,加速发展地区中心城市,建立同巴黎抗衡的大城市,即平衡大城市,以调整全国城市空间结构,改变旧有城市体系。1965年政府决定建立的8座平衡大城市是里昂、马赛、里尔、南锡、梅兹、南特、图卢兹和波尔多。地区中心城市的发展,一方面减轻了巴黎的发展压力,另一方面促进了人口和经济活动向地区中心城市的流动,使这些城市逐步成为地区经济中心,发挥了地区首府的作用。

(三)加速发展地方中小城市和卫星城

从20世纪70年代初开始,法国政府的城市发展政策重点由地区中心城市转向中小城市和建立中心城市的卫星城。政府采取同地方单独签订合同的方式制定了1970—1975年的城市发展规划,以推动地方中小城市的发展,并决定在里昂、里尔、马赛和卢旺等中心城市周围建立卫星城。为此,还专门设立了"城市整治基金""城郊整治常设部际机构"等。发展中小城市和中心城市,促进了农村地区经济的繁荣和人口的稳定,对促进地区经济的平衡发展,改变欠发达地区的落后面貌起到了重要作用,但也造成农业用地迅速减少、中心城市缩小等新的矛盾。

二、农村改革政策

对农村实行结构改革,重点开发西部、西南部和中央高原欠发达农业区。

(一)加强农村基础设施建设,发展交通和通信网络

法国西部、西南部和中央高原等广大地区交通相对落后,缺少通信手段。为迅速改变欠发达农业地区面貌,自1958—1961年法国实施第三计划以来,政府制定了一系列发展交通和通信的计划,进行了大量投资。20世纪 70 年代初期,政府又专门制定了有关改善农村基础设施装备的特别条例,设立了农村改革基金,专门制定了中部山区和西南地区 1976—1978 年农村公路修筑计划,还通过同地方签署合同的方式共同实施有关基础设施的常年大型项目。到 1980 年,西南部和中央高原电话通信线达 75 万条,比 1975 年增加了一倍多,交通也得到较快发展,东西部之间交通网络分布不均的历史状况正逐步消失。

(二)加速欠发达地区农业现代化开发

进入 20 世纪 70 年代后,法国政府把欠发达农业地区的农业现代化作为改变地区落后面貌、促进农业区域平衡发展的一个重要问题来抓。1974 年 2 月,政府通过一项法令,决定推行农场现代化开发计划,由国家通过与农场主单独签署合同的方式加以实施。签署合同的农场,可优先享受国家提供的低息贷款,但只能用于农场购置农机设备、新建或改建畜舍等现代化投资。据统计,截至 1981 年,共签署了 25000 份合同,主要集中于畜牧业生产区,约有 85% 的畜牧业农场制订了开发计划。国家为开发计划提供优惠利率补贴和其他奖金赠予,其数额平均占农场现代化投资总额的 27%,其中最高的山区占 35.9%,其他欠发达农业区占 28.4%,平原地区最低。政府还通过农业信贷银行发放现代化特别贷款,提供开发计划的资金,其数量约占农场现代化投资额的 3/4 以上。再加上地方提供的财政补贴,在农业现代化投资中,农场自筹资金大约占 1/5。"开发计划"的实施,有力促进了欠发达地区农牧业生产的发展,对稳定这些地区的青年劳动力发挥了很大作用。

(三)鼓励发展农村工业和第三产业

20 世纪 60 年代以来,法国政府在促进农牧业现代化的过程中,还十分重视扶持适合各地区特点的工业、手工业和第三产业经营活动,尤其在西部、西南部和中央高原等重点改革区实行了一系列财政刺激和扶助政策,包括建立奖金和补贴制度、低息贷款和税收优惠等。

(四)稳定农村人口,特别是青年人口

20 世纪 70 年代以来,欠发达地区农村人口不足和农业劳动力老龄化问题日益突出,为此,法国政府把稳定农村人口作为执行区域发展政策的重要目标。其主要措施有:一是农村安家奖励。1973 年政府实行的奖励制度

规定,凡落户农村务农的青年,每人可获得 25000 法郎安家费,1981 年政府通过的新法令又增加奖额,凡在山区落户的青年可获安家费 81000 法郎,其他欠发达农业区为 50400 法郎、平原地区为 32500 法郎。二是低息贷款。如安置贷款,最高贷款额为 25 万—30 万法郎,为期 25 年,利率 9%。三是土地优先分配。政府制定法令,强制老农退休,老农让出的土地或农场优先分配给新安家的青年农民。为稳定地价,确保青年优先获得土地,专门成立了农村土地整治与安置公司和农业结构调整社会行动基金,负责收买没有生命力的中小农场的土地,再由基金提供补贴,转卖给青年农民或大农场。截至 1980 年,约有 60 万老农离开农场,交出土地 1000 多万公顷,有 52%分配给新安家的青年农民。

(五)发展农村文化教育事业

自 20 世纪 60 年代起,政府不断增加农业教育和职业培训的贷款和补贴,到 80 年代中期,这方面的支出约占国家用于农业拨款总额的 3%。为普及落后地区的视听和影像教育,政府特为电视转播站提供 50%—75%的投资补贴,其余部分由地方承担。政府还同地方签署"文化教育合同",以促进农村地方教育的发展。

三、山区开发政策

法国山区主要包括南北阿尔卑斯山、比利牛斯山、汝拉山和罗日山等,总面积约 1000 多万公顷,占国土面积的 1/5。第二次世界大战以来,山区旅游业得到迅速发展,促进了山区经济的繁荣,但也使山区生态平衡和自然风景受到威胁。自 1961 年起,法国政府在国土整治过程中,根据山区的不同特点,制定了不同的整治方案,在保护山区自然资源的同时,大力发展旅游业和其他经济活动,繁荣山区经济。1973 年开始实行山区特别补贴制度,主要用于资助农场畜牧业生产所需机械设备和其他生产性装备。1976 年开始执行"山区农村手工业发展计划",规定企业投资在 5 万法郎以上,建立有 3 名以上就业人员的手工业,即可获得 2 万—2.5 万法郎的补贴。1983 年,社会党政府又通过了法令,提出保护和开发山区的四条方针:因地制宜,发展适合本地区特点的经济活动,尤其是扶持山区工业和手工业的发展;大力发展旅游业,增设旅馆,增加文化娱乐项目,以不断适应旅游者的新需要;保护资源,重点改善人烟稀少、偏僻山区的交通和通信等基础设施;发展服务业,加强文化教育和职业培训,重建常住居民住宅,改善山区生活条件等。为此,政府提供了巨额补贴和低息贷款。

四、滨海开发和保护政策

法国海岸线约 3115 公里,滨海区拥有丰富的海洋资源。随着滨海区都市化和旅游业的迅速发展,滨海地区人口日趋密集,海洋受到陆地严重污染,旅游业的发展损害了海洋的开发等矛盾也日益突出。为此,自 20 世纪 70 年代起,法国政府在国土整治中,对滨海地区采取保护与开发相结合的方针,进行综合治理。1974 年制定了滨海带整治方案,对地中海、大西洋和芒什海沿岸六个滨海区进行重点治理,并分别制定了不同的整治方针,严格控制滨海地区都市的扩展,规定滨海带新建筑必须取得许可证,同时大力开发海洋资源,促进海洋业与旅游业协调发展。1975 年建立了滨海管理机构,扩大滨海管区。80 年代社会党执政后,政府将滨海整治权下放,调动了地方的积极性,但同国家的发展计划和目标也发生了一些矛盾。

第四节 重振老工业区的"再工业化"计划

法国东北部洛林和诺尔-加莱地区是法国的老工业区,是法国最大的基础工业基地。自 20 世纪 60 年代后,随着法国国民经济的全面高涨,新兴工业部门特别是制造业的迅速发展,作为东北老工业区三大经济支柱的冶金、煤炭、纺织业逐渐走下坡路,老工业区的经济发展开始出现困难。1973—1974 年的经济危机使老工业区的结构性危机空前加剧,经济趋向衰落。在此情况下,自 1979 年以来,法国政府对老工业区实行改革和重振方针,采取了一系列结构调整措施,以实现东北老工业区的再工业化。

对于东北老工业区的治理,20 世纪 60—70 年代可作为第一阶段。政府于 1966 年首次提出整顿洛林冶金区,实现工业多样化,并实施了第一个钢铁工业改组计划,关闭一些生产效率低的铁矿,裁减部分职工,同时,增加了对洛林冶金区的投资,实行合理化生产,但成效不大。进入 70 年代后,发生世界钢铁生产过剩危机,洛林冶金区日陷困境,企业难以运转。为此,政府采取了三方面的措施：一是增加投资，扶助生产，推动企业现代化；二是关闭一些效益差的企业，裁减过剩职工；三是鼓励有竞争能力并能创造新就业机会的企业主在老工业区投资，建立新的工业部门。为贯彻这些措施，1977年9月实施了拯救钢铁工业计划，1978年9月由政府接管冶金部门，1979年又专门为东北地区建立了工业自应性特别奖金。但是，这一阶段的各种计划和措施的效果都不明显，洛林和诺尔-加莱地区依然保持着传统的经济结构，衰退仍在继续。

20世纪80年代初，对东北老工业区的治理进入第二阶段。社会党政府对东北老工业区治理的方针政策经历了较大的反复过程。初期，社会党政府停止执行前任政府对东北老工业区的调整政策，制定了扩大煤钢生产的振兴计划，大规模增加投资并招募新工人，以扩大生产。结果加剧了原有的结构性危机，煤钢产量下降，政府背上了沉重的财政包袱。在经济严重不景气的情况下，法国社会党政府在修改经济总政策、转向实行"紧缩"政策的同时，对国土整治和区域经济发展政策也作出调整，对东北老工业区的政策由振兴计划转向加速结构调整。政府决定通过结构调整实现老工业区的再工业化，并从1984年开始，采取了一系列政策措施。一是收缩煤钢生产规模，削减生产能力。在停建一切新厂房的同时，通过关、停、并、转，使生产向最有竞争力的少数企业集中，即整个部门的生产逐步向犹齐诺和隆希洛两个最大的冶金集团集中。二是大规模更新机器设备，采用新技术，使生产由低效数量型逐步向高效质量型转化。为此，政府大幅度增加科研发展经费和现代化投资。1984—1987年间，为东北冶金区提供大约300万法郎的现代化投资，用于犹齐诺和隆希洛两个最大冶金集团的技术改造和科研。三是大批裁员，以提高劳动生产率。四是建立新兴产业部门，改变东北老工业区的传统经济格局，尤其是鼓励建立投资少、见效快的中小企业和手工业，发展第三产业。

第五节　国土整治与区域发展政策的特征和借鉴

自20世纪50年代以来，法国政府为缩小地区发展差距，促进区域经济协调发展而实施的国土整治和区域发展政策，采取了一系列财政、行政手段,对保证这些政策的落实,起到了很好的作用。

一、建立健全相应的组织,制定合理的发展计划

法国国土整治和区域发展政策之所以取得较大成效,一个重要原因,是将缩小地区发展差距问题纳入国家计划,并落实这些计划的组织和制度保证。从 1962 年国家实施第四个计划开始,缩小地区发展差距问题便被自觉地纳入了国家发展计划,为此建立了一系列相应的机构。1963 年建立了国土整治与区域行动评议会,其主要任务是协调地区整治行动。1964 年决定在国家计划总署下设立国土整治全国委员会,主要任务是研究区域发展差异以及为此应采取的手段,向政府提出远景规划意见。同时,在国家计划总署下设的还有地区和城市部、国土整治生活环境委员会,其主要任务都是研究解决资源的合理配置,促进全国经济的协调发展问题。1981 年社会党执政后,对计划体制作了改革,主要是下放权力,改革计划实施方式,决定由地区自行制定自己的经济、社会和文化发展计划,政府通过签署国家—地区经济发展合同的方式协调国家目标同地区行动的目标一致,并取得中央对地区的干预。为此,各地区都成立了地区计划委员会,负责制定本地区的发展计划。国家同地区签署的合同,国家承担合同中优先项目的常年义务,并取得资金分配的优先权。所用资金列入政府通过的年度财政预算法案,由中央向地区派出的国家专员负责实施,国土整治部际委员会负责监督和检查。这种合同方式从 1983 年开始实施。在治理东北老工业区的过程中,1984 年政府就分别同洛林以及诺尔-加莱地区签署了计划合同,根据合同规定的项目,1984—1988 年间,投资额达 40 亿法郎,其中国家承担 3/4。

二、实施有利于缩小地区发展差异的财政税收制度

实施国土整治和区域发展政策,必须有资金保证。为此,法国政府实施了一系列奖金、基金、税收优惠等制度,其中最主要的是以下几方面。

(一)经济和社会发展基金

这是政府于 1954 年设立的最早的补贴制度。其任务是为巴黎和其他大城市外迁企业和机构发放补贴。

（二）地区开发奖金

1964 年设立,先在西部和西南部实行,以后逐渐扩大到矿区、中央高原、诺尔-加莱、洛林、科西嘉以及其他边远落后地区。奖金发放对象是在上述地区建立工业企业或第三产业经营活动的企业主。奖金额按投资性质和地区不同而异,并根据新创造的就业人数来计算。领取的奖金额一般占企业投资额的 12%。此外,还有为鼓励农村的工业而设立的手工业企业装备奖金,为发展旅游业而设立的旅馆装备奖金,为鼓励欠发达地区和工业改革区建立新的经济活动、创造新的就业机会而设立的工业企业下放奖金、第三产业地方奖金、科研活动奖金等。

（三）工业自应性特别基金

1978 年设立,在结构调整的老工业区实施,目的是鼓励有竞争能力并建立新就业机会的企业在老工业区投资,国家为此提供巨额基金低息贷款。

（四）农村开发与国土整治部际基金

1979 年设立实施的地区包括西部布列塔尼和布瓦多-夏郎特、中央高原、西南部比利牛斯山区、东部汝拉山和孚士山区以及科西嘉等农业改革区,后来又扩展到香槟和布尔高温非农业改革区。基金是通过国家与地区签署"开发合同"的方式加以分配。

（五）工业现代化基金

20 世纪 80 年代初,工业现代化基金为推动企业技术改造和实现老工业区现代化开发计划而设立。贷款发放方式有两种:一种是直接发放给企业,利率为 9.75%（通常利率为 16.18%）;另一种是间接提供,即先按9.75% 的利率发放给有关信贷公司,再由信贷公司贷给有关企业,利率为13%—14%。基金除部分由政府拨款外,大部分来自银行汇集的民间资金。银行筹集这笔资金,还设立了工业开发储蓄卡,其利率为 7.5%,存款有最高限额,对存款人免征所得税和利息税。此外,还有企业储蓄卡等。

20 世纪 80 年代初,社会党执政后,对上述名目繁多的补贴和奖金制度,一律改称国土整治奖金,并对资助手段作出了重大改革。

（六）税收优惠

按照政府规定,对参与同区域发展相关的所有经济活动,包括创办工业和第三产业活动,按照地区不同和企业建立后就业人员的多少,分情况享受全部或部分税收优惠,包括行业税、劳工税、不动产转让税等。由于实施税收优惠,新建企业或公司减少了大约80%的税收。此外,为加速资金流转,将新建筑的折旧率由原来的5%提高到25%。1984年,为改造老工业区,政府决定对从1983年开始在老工业区新建的公司和企业,免征地方税、公司税和所得税3年,期满后,仍可享有54%的减税优待。还在洛林、诺尔-加莱重点改革区设立无税特区,即在这两个区投资设厂或创办企业的,3年内除免征上述税收外,还免征劳工税以及其他各种社会杂税和分摊。

三、改革行政机构,实行权力下放

第二次世界大战后,为加强中央对地方的统一领导,实施国土整治和区域发展政策,1955年,法国将全国划分为22个大区,加强了中央政府的权力。但是,中央权力的加强和过度集中,又限制了地方积极性,造成了区域之间相互分割,不利于区域经济的协调发展。于是,从20世纪60年代起,政府又决定把中央行使的部分权力下放到地区和省,并于1964年建立了地区经济发展委员会,它拥有广泛的行政权力和独立的财政手段,其任务是在地区行政官的领导下,会同省长协调地区行动,确定本地区经济发展的重大方针。委员会下设地区行政会议,由地区行政官、省长、地区总会计师以及技术部门的负责人组成。

20世纪80年代初,社会党执政后,进一步下放权力,扩大地方自立权,为此,采取了一系列改革措施。1982年3月,政府颁布"关于村镇、省和地区权力和自由"的法令,使地区在立法、技术和行政方面有了独立决策权,可以按本地区的特点和需要独立制定经济和社会发展计划。1983年1月,又颁布了关于权力再分配法令,规定国家负责国防、对外关系、司法和安全,实施全国经济和社会政策以及进行总的宏观协调,地区负责制定和实施本地区经济、社会、文化发展计划。同时,下放了包括财政补贴、奖金、贷款、税收等一系列经济权力,实行了被称为自治的管理体制。因而,不仅地方的积极性得到调动,而且地方的财政收入也大幅度增长。这样,从60年代后期起,特别是80年代以来,国土整治和区域经济发展政策便更多地成为地方政府的行为。

第八章　俄罗斯的区域经济规划与政策

俄罗斯位于欧亚大陆北部,地跨欧亚两大洲,国土面积1707.54万平方公里,人口1.443亿。俄罗斯是一个地域辽阔、资源丰富的国家,但各地区在自然条件、资源条件和经济基础上存在较大差异,使地区生产力布局和居民分布也受到很大影响。随着俄罗斯经济改革的进一步发展,这种差异还有加大的趋势,这导致俄罗斯地区经济发展的不平衡,引起区域间就业与收入差距过大,也使包括落后问题、萧条问题和膨胀问题等在内的局部经济问题凸显。这些现象可能会引发地区间的对立,影响俄罗斯的国家安全和社会稳定,因此,缩小地区经济社会发展差距已成为俄罗斯经济发展战略的重要内容。

俄罗斯向新型政治和经济体制转型也要求实现国家对地区发展调节作用的全面改革。国家调节的主要方向是取消对市场管理的行政命令,合理改革所有制结构和收入分配结构,实现向联邦制国家的转型以及扩大地区的经济权力。其目的是消除地区间经济社会发展水平的不平衡、解决复杂的地区问题、为全俄罗斯各地区的平衡发展创造条件。

综上所述,通过国家调节作用实现地区间经济社会发展的均衡已成为俄罗斯制定国家政策时优先考虑的问题,而国家的调节作用主要是通过实施区域经济政策来实现的。因此,区域经济政策问题已经成为俄罗斯制定国家政策时面临的主要问题,由于与许多经济和政治问题紧密联系在一起,它在国民经济发展中的特殊意义也愈发彰显。有鉴于此,我们有必要对俄罗斯区域经济政策的理论基础、基本内容、主要特点及未来的发展方向等进行系统的解析。

第一节　俄罗斯区域经济政策理论基础的确立

新凯恩斯主义是 20 世纪 80 年代出现的一个新的主张政府干预的学派,政府在区域经济活动中的作用在新凯恩斯主义出现后才被理论所承认。这一理论认为,政府干预应以公共福利最大化为原则,或一般假设政府有良好的意愿,政府的政策和规划制定在理论上围绕如何使福利最大化,从而坚持认为政府干预应在市场失败和市场扭曲的领域发挥作用,其作用领域包括:维护竞争、限制垄断;直接经营经济事务,提供纯公共产品;运用货币政策、财政政策调控有关宏观经济变量(如货币供应量、汇率、政府支出、税收等),实现宏观经济环境稳定、调节收入再分配,消除贫穷和不平等;界定和维护产权,促使经济的外部性内部化。

新凯恩斯主义的政府干预思想对俄罗斯政府区域经济政策的制定也有影响。1996 年 6 月发布的《俄罗斯联邦区域政策基本内容总统令》,是俄罗斯第一个以综合解决地区发展问题为目标的政府文件,文件对"区域政策"做了如下解释:俄罗斯联邦把区域政策理解为国家权力机关管理地区政治、经济和社会发展的目标、任务以及实施这一目标任务的综合体系。区域经济政策则是区域政策的一个专门部分,同时也是国家调节地区经济发展的核心。而俄罗斯区域经济政策的理论基础也是经过苏联和俄罗斯联邦两个时期才形成并得到初步确立的。

一、苏联时期关于区域经济政策的探讨

苏联关于区域政策和区域经济政策的最早论述出现在 20 世纪 70 年代中期。在此之前出现的"生产力布局"这一概念被认为是区域经济政策的最初萌芽,生产力布局在很长一个时期都与地区经济管理紧密地联系在一起。直到 20 世纪 70 年代中期,地区经济的综合发展问题才出现在正式的政府文件中。

H.H.涅克拉索夫院士在前人研究成果的基础上,提出了"区域经济政策"这一命题,并对苏联时期的区域经济政策进行了基本论述,主要涉及三方面的内容。

（一）区域经济政策的实质是通过限制或促进手段进行区域调节

Н.Н.涅克拉索夫认为，每个地区都具备对生产布局和经济综合体建立有影响的特殊自然条件和经济条件，为了提高国民经济的整体效益，国家可对生产进行调整，这种调整包括限制或促进某些地区的某些工业部门的发展。

（二）区域经济政策在解决具体社会问题时具有特殊性

这种特殊性主要表现在均衡全国各地区居民的生活水平、保护居民的民族特点、建立全国范围内的人口分布体系、贯彻资源保护和环境保护措施等。

（三）区域经济政策的制定主体是国家

国家的区域经济政策体现在国家经济计划、法令和决议中。他认为，社会主义区域经济学是"经济学的一个分支，它是以社会主义的经济规律为基础，以每个地区经济社会发展进程中出现的全部经济和社会现象为对象的"。

Н.Н.涅克拉索夫关于区域经济政策的观点是针对苏联时期的经济现实提出的，同时也对当今俄罗斯区域经济政策的制定有一定的借鉴作用，如经济区划与经济开发结构、区域经济组织、区域经济规划等问题的理论研究和政策制定等。

二、经济转型后的区域经济政策研究

经济转型之后，俄罗斯区域经济问题的研究工作可分为两个阶段：第一阶段（1995 年前）的特点是，尝试把计划经济时期的研究成果与曾被批判的市场经济现实进行共容。第二阶段（20 世纪 90 年代中期以后），俄罗斯主流观点认为：开始出现特有的研究方法和研究方式，研究工作出现了跨学科性，很多学者加入地区战略和地区纲要的制定中。其中的主要代表是俄罗斯科学院院士、区域经济学家戈兰别尔格，他在区域经济问题研究上提出了这样的观点：在区域问题研究上，应该保留地区和地区间预测体系，重视问题地区发展纲要的制定；在方法论上，应继续经济、社会和生态平衡体系的研究，采取系统分析和社会监督的做法；在区域经济政策的制定和实施工具问题上,国家经济政策应首先确定国家经济和地区经济结构改造的主攻方向和步骤,而区域经济政策应把上述方向、步骤与地区经济社会的发展统筹起来。

当前,俄罗斯政界和学术界关于区域经济政策达成了以下共识,区域经济政策是国家经济政策的一部分,应在考虑国家利益的基础上确定中央和地方两级优先发展的方向;区域经济政策本身是国家经济政策的一个独立分支,在制定和实施时可以有自己的特点;区域经济政策首先考虑的是实施主体的利益和面临的现实,同时以不违背国家大的发展方向为原则;区域经济政策以完成局部任务为主要方向。

第二节　俄罗斯区域经济政策主要特点分析

一、俄罗斯区域经济政策的基本属性

俄罗斯区域经济政策可分为国家级区域经济政策和地区级区域经济政策两类。

国家级区域经济政策的对象是地区(或地区间)国民经济问题、中央和联邦主体间的关系问题、影响地区经济社会状况的因素等问题。同时,对一些有联邦意义的"小地区"(某一联邦主体的一部分)也会采取国家直接调节,主要任务是消除这些地区的危机状况、开发有战略意义的资源产地、实现国防工业向民用工业的转化。

地区级区域经济政策的对象是地区内部的空间组织问题(如改善地区的交通运输状况、保证居民的食物和能源供应、改变小城市的萧条状况等)以及调节国家政策和地方自治政权间的关系等。

这两类区域经济政策的差异不仅表现在任务的大小上,而且表现在实施工具上,如实施的法律基础、参与实施的权力机构、财政来源、经济调节手段等。

同时,俄罗斯区域经济政策与国家区域发展战略、经济社会发展政策有着密切联系。同前者的关系表现在,区域经济政策的目标、任务和实施手段是区域发展战略的具体体现。同后者的关系是,区域经济政策与经济社会

政策项下的含有区域特点的宏观经济政策、产业结构政策、工业政策等的关系具有双重性,一方面,区域经济政策是这些政策在特定地区的综合体现;另一方面,各地区也通过这些政策反映自己对国民经济和社会政策发展方向的要求。

在具备以上属性的基础上,俄罗斯区域经济政策还有以下两个特点:第一,明显的区域倾斜,即对选定的地域单元给予帮助。原因在于,只有当各区域受到不同水平的政府支持或权力让与时,区域经济政策才能存在。当所有区域或地区被一视同仁,即受到政府同等支持或获得相同的权力时,区域经济政策是不存在的。并且,同等权力对较发达地区而言比对落后地区更有效,因为发展水平较高的地区拥有更多获取资源的方式。第二,高度集中化,这是指区域经济政策的制定、实施、监督与评估是由联邦中央领导进行的,是一个自上而下的政策。当然,在实际运作中,地区往往可充分利用各种机会来加强自身的利益,因为在任何一个制度框架内,总是存在着各地区之间对投资、权力或特权地位等的竞争。

二、俄罗斯区域经济政策的目标和任务

区域经济政策的制定和实施是一个复杂而艰难的过程,不同国家因面对的问题不同,具体内容上可能存在偏差,就其基本框架来说,大致包括发展目标、预期结果、所需资金、实施的措施和机制等。同时,区域经济政策的主要目标也是一致的,如:保证地区完整和国家稳定;在所有地区建立多种形式的经济,发展全国和地区商品市场、劳动力市场和资本市场;缩小地区经济社会发展水平的差距;发展地区间的运输设施、通信设施和其他方面的设施;完善国家的经济区划等。

同时,不同国家的区域经济政策都应该反映现实存在的地区经济差异以及每个地区在加入统一经济空间时所具有的特点。在地区经济社会条件不平衡的国家,中央政府区域经济政策的基本作用是缩小生活在不同地区的居民在生活水平上的差异,在总体上减小地区差异程度,为促进地区间经济平衡创造条件。国家通过区域经济政策本身所具有的保证社会平等的功能,实现地区间的平衡。

俄罗斯区域经济政策的目标和任务反映在国家对地区经济社会发展调

节的优先方向上,这些优先方向是通过对地区问题的分析,根据地区发展战略的要求以及根据地区政策和社会经济走势制定出来的。从俄罗斯区域经济政策的最终目标和任务看,它表现为对最大经济效益的追求和对地区间经济社会发展趋同这两个彼此制约的发展方向的妥协。这也是世界通用的做法。对俄罗斯来说,区域经济政策的目标和任务通常与缩小各地区经济社会发展差距联系在一起。此外,俄罗斯区域经济政策的一个更重要原则是加强经济、国家和社会的完整性。

从 1992 年起,区域经济政策开始出现在俄罗斯联邦政府的经济文件中,但所涉及的内容并不多,如 1995—1997 年的俄罗斯联邦政府报告中对区域经济政策的目标做了三点规定:在联邦制、地方自治管理和全俄罗斯统一市场的基础上加强国家经济的一体化;提高居民的生活水平和质量,保证全俄罗斯各个地区拥有平等的经济社会发展条件;全面利用地区的各类优势条件和因素,促进本地区的经济社会发展。同时,还明确了地区内部某些专门领域的发展目标。其中,主要经济目标是合理利用本地区内部各类经济潜力以实现地区经济的增长。主要社会目标是为所有居民创造平等的生存条件,使其不受出生地和生活地区的限制,同时向公民提供自由选择生活地和劳动地的权利。

2002 年的俄罗斯区域经济政策对上述三个基本目标做了更具体的规定:保证俄罗斯作为联邦制国家的经济、社会、法制和组织基础,建立统一的经济空间;建立统一的最低生活水平标准和平等的社会保障体系,保证公民享有的宪法权利不受地区经济状况影响;平衡各地区经济社会发展条件;预防环境污染,消除污染后果,实行地区综合生态保障措施;优先发展有重要战略意义的地区;最大限度地利用各地区的自然气候特点;保证地方自治权力等。

与区域经济政策的目标相比,俄罗斯有关法律文件对区域经济政策任务的规定相对缺少稳定性。俄罗斯区域经济政策的任务受到了转型期经济和地缘政治变化不确定的影响,如边境地区的重新构成、地区私有化纲要的实施、建立自由经济区等。

2006 年的俄罗斯联邦政府文件对区域经济政策的任务分社会领域、经济领域、生态领域、国家和民族关系领域等进行阐述。主要有五个任务:建立保证国家稳定和领土完整的经济基础;促进经济改革的发展和进一步深化,力争在所有地区都建立起多种经济体制,建立地区和全俄罗斯商品、劳动力和资本市场,在各地区发展投资基础设施和市场基础设施;缩小各地区经济社会发展水平的差距,创造条件分阶段地强化地区经济基础,提高居民的生活水平;实现地区经济结构的合理调整,提高地区经济在市场条件下的活力;发展跨地区基础设施体系(如运输、通信、信息等)建设等。

三、俄罗斯区域经济政策的法律基础

俄罗斯现行区域经济政策最重要的法律基础是《俄罗斯联邦宪法》。宪法确定了俄罗斯国家结构的基本原则、联邦经济关系的基础、联邦主体和地方自治机构的基础、经济政策实施的法律基石。更重要的是,这部宪法对如何保证俄罗斯统一经济空间问题提出了要求,即:在与联邦权力机关的关系上,所有联邦主体应奉行平等原则;保证统一的经济空间,在法律允许范围内实现商品、服务和资金的自由交换以及自由的经济活动,引入竞争机制;不允许建立国家内部的关税壁垒以及其他影响商品、服务和资金自由流动的障碍;统一币制。

俄罗斯区域经济政策的法律基础涵盖了联邦法、总统令、政府令,其他的联邦法规、各联邦主体与联邦中央间的条约和协议以及各联邦主体内部制定的法律法规。总体上说,作为俄罗斯区域经济政策法律基础的各类法律法规可分为以下四类:第一类法律法规确定了区域经济政策的框架体系,其中最主要的是《俄罗斯联邦国家预测和经济社会发展纲要联邦法》,它要求在地区级别上对地区经济社会指标和国民经济综合体发展指标建立预测机制。第二类法律法规确定了地区经济和社会政策的基本方向,这类法律很多,如《俄罗斯联邦税法典》《俄罗斯联邦预算法典》《俄罗斯联邦地下资源法》《俄罗斯联邦自然资源法》《俄罗斯联邦移民纲要》等。这些法律涉及了社会、投资、价格制定、对外经济活动等方面的区域经济政策制定。第三类法律法规主要用于调节特殊地区的经济社会发展,如《国家调节北部地区经济社会发展法》《加里宁格勒州经济特区法》等。第四类法律法规规定了地区经济社会发展的最基本标准,以保障自然气候条件恶劣、交通不便的边远地区居民拥有相对平等的生活条件,如《最低生活标准联邦法》。

四、区域经济政策与预算体系的关系

预算体系是俄罗斯实施区域经济政策的主要经济机制之一。和世界大多数国家一样,俄罗斯的预算体系建立在预算联邦制的基础上,并分为联邦、地区(亚联邦)和地方三级。俄罗斯的预算体系还包括国家预算外基金。俄罗斯原则上每年都要确定下一年度的预算构成和预算间关系。俄罗斯预算的法律基础包括《俄罗斯联邦预算法典》《俄罗斯联邦税法典》、每一年度的关于联邦预算的法律以及各联邦主体和地方自治机关的相关法律条文等。

俄罗斯联邦预算拨款通常通过以下五个阶段完成:第一阶段,确定在地区资金需求中,地区自身的财政潜力和份额;第二阶段,确定能提供给一个地区的资金数额;第三阶段,对用于地区支出和其他支出的所有拨款进行评估;第四阶段,对用于满足地区社会领域需求的拨款进行评估;第五阶段,对地区投资款项进行评估。

在市场导向的经济中,政府的基本作用在于克服市场缺陷,促进资源的有效配置,以确保财政资源被优先用于国家战略目标和政策优先方向的实现,为经济发展和公众提供市场无法实现的公共服务。由于认识的局限和转轨进程阶段性目标的限制,预算制度的改革在很长一段时期并未受到俄罗斯的重视,只是在政府职能作用得到强化后才逐渐演变成政府改革的重心,并逐渐成为政府宏观调控的重要手段和国家经济政策实现的重要工具。

目前,俄罗斯对地区预算提供财政帮助的分配方法建立在国际通用原则的基础上,但由于俄罗斯的基本国情不同,也表现出独有的特点和问题,这主要表现在以下几方面。

(一)动态调整、因地而异

苏联解体后,对地方税收在联邦和地区预算间分配比例问题定期进行讨论,不同地区的税收结构都是不同的。

(二)执行与预算存在差距

虽然对地区预算下发的大部分联邦财政补贴是根据联邦预算法确定的,但实际上真正到达地方预算的资金远低于批准的资金数额。同时,不同地区获得的财政补贴金额也不相同。

（三）多种分配模式并存

到目前为止还存在着一些特殊的财政补贴,其分配方式并不为大众所知,很大程度上具有不透明性。如用于保证地区预算平衡的补贴、一些封闭式行政单位的补贴和补助以及其他形式的财政补贴等。

第三节　俄罗斯区域经济政策的未来走向分析

为了解决当前区域经济政策中已经存在和可能出现的问题,保证区域经济政策的有效实施,俄罗斯政府将加强以下三个方面的工作。

一、完善中央与地方的关系

众所周知,对于俄罗斯这样一个面积广阔且地区众多的国家来说,在各级政权间实现权利和义务、职权和责任的合理划分是经济社会发展取得成功的前提。最近几年,俄罗斯开始大规模地调整中央与地方的关系,目前已经基本完成了这一改革的法律制定工作,未来还要从以下几方面发力。

（一）厘清联邦和地方的权力边界

目前在联邦和地区间就职权划分问题还没有达成一致,在向地区转交权力的时候存在着一些争议,联邦主体在社会领域的权力加强了,但在地区经济发展上所拥有的权力却减少了。

（二）进一步完善职权划分

新制定的职权划分法中存在着一些漏洞,需要对其进行修订或制定补充法律法规。

（三）建立有效的议事协调机制

在通过关于地区发展的决议时没有一个能协调联邦和地方关系的行之有效的机制,在一些问题的决策上联邦中央没有参考地方代表提出的意见,结果导致不同地区在解决类似问题时过于模式化,改革的多样化问题没有被完全预见到。

（四）加强行政改革的法律保障

新推出的关于权力划分的法律暂时不能对相应的行政改革起巩固加强

作用,根据地方人士的观点,地区权力机关没有足够的人力和财力资源来行使自己的权力。

(五)优化机构设置,提高行政效率

联邦和地方权力机关间的关系没有形成最佳效益,此外,联邦驻地方机关的数量过多,但功能却不明确,行政协同效应有待提高。

二、建立有效的预算关系体系

最近十几年来,俄罗斯的预算关系体系一直处于不断变革的过程中,这一思想也体现在俄罗斯政府的各类文件中。预算关系体系改革有其成功的地方,例如,在新修订的《俄罗斯联邦税法典》中对各级预算中税收的划分比例进行了强化,并且这一比例在每年的联邦预算制定中都要重新进行审议。另一个成功的例子是,在划拨财政援助时,基本上采取了公开透明的方法,中央和地方在此问题上不能再讨价还价了。

当然,在向地方预算提供财政援助时还存在着一些不足。最主要的不足是,这种政策在某种意义上说没有真正刺激地方政权制定更有效的经济政策,反而助长了它们依靠中央补贴和赡养的心理。为什么这么说呢?主要是由于俄罗斯联邦现行的拨款机制中还存在着一些不完善的地方。具体表现为以下两点:第一,财政援助机制存在不足。目前在俄罗斯实施的财政援助机制,并没有使获得帮助的地区逐步发展起来并开始逐步减少对这一援助的需求,而获得财政帮助少的地区对国家预算的贡献却没有减少。换言之,现行的财政援助体系可能会使贫困地区变富,使富裕地区变穷。第二,俄罗斯税收体系和地方预算平衡体系建立的基础也存在不足。联邦中央在联邦与地方税收收入分配上的原则是,地方支出由本身的收入决定,收入多的地区自己保证本地的支出,收入不能保证地方支出的地区,差额部分由预算拨款。而在预算贴补的发放上则存在这样一个问题,地区预算中税收和非税收收入的增加就会导致补贴数量的下降,这无形中影响了地方政府实施有效的地区经济政策的积极性,产生了依赖心理。

为了解决这些问题,经济学家建议俄罗斯政府应该重新修订预算关系体系。他们认为,德国所实行的预算关系模式就与俄罗斯有很大不同。在德国的模式中,采取的是反拨款体系,即收入在各联邦主体间进行平等分

配。这样可以解决财政帮助分配不平等的问题,同时还兼顾了各地区的实施情况,保证对地区收入的激励作用。

当然,这种改变是否合理本身也是一个有争议的问题。对现行预算关系体系表示支持的人认为,虽然俄罗斯在财政帮助问题上存在着不足,但大家都已经习惯了这一模式,为了保持这种稳定就不应该对其进行大的变动。按照这一观点,预算关系体系发挥作用的最重要标准是保证社会的政治稳定,预算关系体系不能满足所有地区愿望的事实在其他国家也存在,富裕地区不愿成为贫困地区的供血者,而贫困地区对财政援助的数量也不满意。换言之,目前俄罗斯在财政帮助分配问题上并不存在尖锐的冲突,因此现行的预算关系体系是较为完善的,不应该对其进行无关痛痒的改动。

另一种观点认为,在保证预算关系现有原则的基础上,可以对其进行部分的改动,以部分解决存在的问题。这些小的改动包括:其一,在发放平衡地区预算补贴时,应该改变其发放基础,从假设方式转为更透明的方式。如世界上通用的方法是,根据地区税收的基础资料来确定该地区的税收潜力,在此基础上考虑各地区税收潜力的差异。这里所说的是税收的基础资料,而不是实际征收的税额。这一方案可以解决利用几年前旧资料的问题。其二,简化财政帮助的程序,避免在财政帮助问题上的一些重复工作,如对各类社会问题的财政拨款应该以同一种财政帮助的形式下发。其三,制定一个明确的标准,以便在每个财政年度开始后对联邦预算提供给各地区的财政帮助数额进行重新审议。

三、加强地区发展纲要的制定与实施

今后,俄罗斯对地区发展的支持将以制定地区发展纲要以及建立经济特区为主,在地区投资上以多种方式联合投入为主,资金来源是吸引国家、地方以及个人三方面的资金。俄罗斯地区经济社会发展纲要的制定是各级立法部门和执法部门最重要的工作之一。当然,纲要本身是一个复杂的多级程序体系,内部应彼此协调,不能相互矛盾,同时还要保证所提出的措施能够发挥最大的效益。

在纲要制定过程中,联邦中央的主要工作是确定地区发展模式的标准、联邦参与地区发展进程的水平以及联邦调节和监督地区发展的方式。地区

一级要进行的工作是,在联邦中央调节的基础上确定每个联邦主体经济社会发展的基本方向。同时,在确定地区经济社会发展主要方向时,地区纲要中还应该考虑到地区资源的基本指标,其中包括社会资源(如居民)、具体经济部门(工业和农业)、地区财政状况(各级预算的收入和支出)、基础设施资源(交通设施、通信设施等)等。在对反映地区发展潜力和确定优先发展方向的关键指数、某一联邦主体的经济增长点等进行分析后,还必须指出这一地区不适合发展的领域。对地区经济领域特点和社会领域特点的分析结果也反映在地区经济社会发展纲要中,纲要具有联邦主体法的地位。纲要在内容上通常都包括中期发展前景,也就是5年发展前景。5年期结束后,对地区发展的结果和趋势进行分析,以便制定能反映地区现实和发展方向的新文件。

第四节　俄罗斯区域经济政策的特征和借鉴

苏联解体后,向市场经济过渡,要求俄罗斯重新考虑以前实行的区域经济政策。市场经济条件下,地区自我发展是区域经济政策的优先方向,其目的是为地区在国家和世界经济体系中有效地发挥作用奠定基础,通过合理地利用自身的潜力保证居民生活水平达到一定的高度。地区自我发展意味着最大限度地利用资源、生产、科学和劳动力潜力,提高地区经济的效益和竞争力,积极加入地区和国际劳动分工中,以实现本地区在国家经济空间和地区经济空间的根本改变。

目前,俄罗斯区域经济政策的基础是发展资源型经济,这一点不仅在苏联时期,而且在其他国家也起着重要作用。问题地区是俄罗斯实施区域政策的特殊对象。这类地区的特点是,如果没有国家的直接或间接调节,单纯依靠传统的经营方式是无法解决其基本的社会经济问题的。原因在于,区域政策是一种区域利益再分配的机制与规则,不仅对于缩小区域差距十分必要,而且也是克服不同区域的微观利益主体之间矛盾与冲突所必不可少的工具。

总之,区域经济政策是社会文明与进步的象征之一,制定完善的区域经济政策是国家经济发展的必然要求,也是一项复杂而艰巨的任务。

第九章　泰国的区域经济规划与政策

第一节　泰国区域发展格局概述

泰国有良好的区域发展基础。地形和气候适合农业发展,使得农业成为泰国的支柱产业之一;虽然民族多元但是信仰统一,90%的人信奉佛教,具有良好的社会氛围;泰国实行自由经济政策,属于外向型经济,经济基础较好,曾经长期保持高速经济发展。但是后期经济过于依赖外国投资,以极化发展为基础的经济增长模式造成了区域发展的不均衡,经济发展长期集中在以曼谷为中心的几个府,泰国的北部、东北部和南部的大部分地区发展缓慢,许多边远地区成为经济发展中的边缘地带,并与中心地区的发展差距日益拉大,成为泰国经济社会发展的障碍,也是现在泰国区域政策急需解决的首要问题。

一、自然地理基础

泰国位于亚洲中南半岛中南部,与柬埔寨、老挝、缅甸、马来西亚接壤,东南临泰国湾(太平洋),西南濒安达曼海(印度洋),西和西北与缅甸接壤,东北与老挝交界,东南与柬埔寨为邻,疆域沿克拉地峡向南延伸至马来半岛,与马来西亚相接,其狭窄部分居印度洋与太平洋之间。

从地形上可划分为四个自然区域:北部山区的丛林、中部平原的广阔稻田、东北部高原的半干旱农田以及南部半岛的热带岛屿和较长的海岸线。国境大部分为低缓的山地和高原。地形多变,可分为西、中、东、南四个部分。

泰国属于标准的热带季风气候,常年温度不低于18℃,年平均气温在

23℃以上,年平均降水量约 1000 毫米。11 月至次年 4 月受东北季风(从亚洲大陆吹来的大陆风)影响,降水很少,比较干燥,为一年的旱季。4 月至 11 月受西南季风影响,降水丰富,是泰国全年最主要的降雨期,是雨季。其中,3 月到 5 月气温最高,可达 40℃—42℃,水果出口是泰国的一大经济支柱,主要盛产榴樱、山竹、桂圆、椰子,泰国标准的热带季风气候对以上作物的生长起着非常重要的作用。

二、社会经济基础

泰国人口 6450 万(2016 年)。全国共有 30 多个民族,泰族为主要民族,占人口总数的 40%,其余为老挝族、华族、马来族、高棉族,以及苗、瑶、桂、汶、克伦、掸、塞芒、沙盖等山地民族。泰语为国语。90% 以上的民众信仰佛教,马来族信奉伊斯兰教,还有少数民众信仰基督教、天主教、印度教和锡克教。

泰国政体为君主立宪制。第二次世界大战后军人集团长期把持政权,政府更迭频仍。20 世纪 90 年代开始,军人逐渐淡出政坛。国家立法议会负责制定法律,行使国会和上、下两院职权。

泰国实行自由经济政策,属于外向型经济,依赖美、日、中等外部市场。20 世纪 70 年代以后,泰国的经济开始高速增长。80 年代,电子工业等制造业发展迅速,产业结构变化明显,经济持续高速增长,人民生活水平相应提高,工人最低工资和公务员薪金多次上调,居民教育、卫生、社会福利状况不断改善。1996 年被列为中等收入国家。1997 年以前泰国的经济增长轨迹较为平稳,GDP 年增长率集中于 5%—10% 的区域,实际上,泰国经济在 1961 年之后经济增长速度几乎一直在 5% 以上,一直处于高速的经济增长时期(见图 9-1)。1997 年亚洲金融危机后陷入衰退。1999 年经济开始复苏。2003 年 7 月提前两年还清金融危机期间国际货币基金组织提供的 172 亿美元贷款。2015 年人均 GDP 约 5742 美元。1963 年起实施国家经济和社会发展五年计划。2012 年开始第十一个五年计划。

泰国经济在东南亚国家中属于中上水平。其发展的特点在于充分开拓国际市场,通过吸引外资、发挥本国资源优势,发展出口创汇产业,发展旅游业等达到经济的综合发展。一二三产业比例为 11.6∶42∶46.4。

（单位：%）

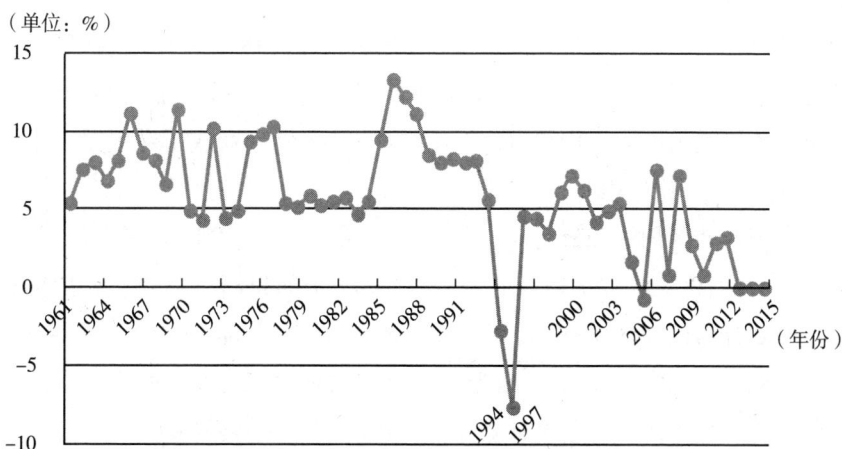

图 9-1　1961—2015 年泰国 GDP 年增长率

（一）农业

农业是泰国的重点产业，农产品是外汇收入的主要来源之一，是世界天然橡胶最大出口国。主要农产品包括水稻、橡胶、木薯、玉米、甘蔗、热带水果等。2014 年，泰国农业产值 429 亿美元，占 GDP 的 11.6%。

（二）工业

2014 年，泰国制造业产值 1550 亿美元，占 GDP 的 42.0%。2014 年泰国汽车产量达 200 万辆，跻身全球十大汽车生产国。泰国经济高度依赖出口，制造业在其国民经济中是比重最大的产业，是主要出口产业之一。泰国工业化进程的一大特征是充分利用其丰富的农产品资源发展食品加工及其相关的制造业，主要工业门类有：采矿、纺织、电子、塑料、食品加工、玩具、汽车装配、建材、石油化工等。

（三）旅游业

旅游资源丰富，有 500 多个景点，主要旅游点有：曼谷、普吉、帕塔亚、清迈、华欣、苏梅岛等。据泰国旅游局统计，2014 年泰国到访外国游客 2478 万人次，同比增长 -6.7%。其中，中国入泰游客 462 万人次，同比增长 -0.29%。据世界旅游组织统计，旅游及其带动的相关产业占泰国 GDP 的近五分之一。

三、城乡发展基础

泰国自 1238 年建立统一的国家，距今已有将近 800 年的历史，先后经历了素可泰王朝、大城王朝、吞武里王朝、曼谷王朝的统治。16 世纪开始，葡萄牙、荷兰、英国、法国等殖民主义者先后入侵。1896 年英法签订条约，规定暹罗为英属缅甸和法属印度支那间的缓冲国。暹罗成为东南亚唯一没有沦为殖民地的国家。1932 年，泰国从君主专制国家变成了君主立宪制国家，开始了民主化进程。

泰国行政区划级别分为府、郡或次郡、区、村四级，全国共有 77 个府级行政区(76 个府与 1 个直辖市首都曼谷)，877 个郡和 81 个次郡。一般把泰国各府划分为四大区域：中部 26 府、北部 17 府、东北部 19 府、南部 14 府，泰国区域政策通常按此划分，各府以其首府名称为该府命名。中部地区在各种经济社会统计中又通常被划分为曼谷、东部、西部、中部(不包括曼谷)四个区域。

泰国城市按照规模大小和人口数量自上而下分为直辖市、都市级自治市、城镇级城市、区级城市、自治镇。泰国有清迈、清莱和红统市等 3 个都市级城市，都市级城市人口必须在 5 万以上。泰国有 80 多个城镇级城市，其中包括除曼谷、清迈、清莱和红统市以外的其他 72 府的首府城市，城镇级城市人口数量要在 1 万以上。区级城市人口要在 5000 人左右，规模远大于同郡的其他区。自治镇是泰国的一种基层自治组织，是在一些边远地区的小郡或者次郡郡治，达不到设立市的标准，但为了方便管理，又有设立自治组织的必要。

四、区域发展面临的问题与挑战

(一)极化发展导致地区差异明显

虽然泰国的经济发展速度很快，但一直以极化发展为主，经济发展长期集中在以曼谷为中心的几个府，泰国北部、东北部和南部的大部分地区发展缓慢，许多边远地区成为经济发展中的边缘地带，并与中心地区的发展差距日益拉大，成为泰国经济可持续发展的一大障碍。

泰国内陆地区很少有工业企业分布，1960—1986 年，所有投资项目的 2/3 集中在曼谷都市区，16% 分布在中部地区，东北部只有 2.5%。由于经济活动的极化发展，曼谷 GDP 是全国平均水平的 4 倍，比北部地区要高出 10 倍之多。而且近年来这种差距还在不断扩大。20 世纪 60 年代初曼谷

GDP 是落后地区的 5 倍,70 年代为 6 倍,80 年代中期上升到 7 倍,到 1987 年则上升到 10 倍。泰国除东南及南部少数地区 GDP 略有增长外,其余大部分地区 GDP 实际水平都有所下降,全国唯有曼谷以年均增长 20% 的速度迅猛发展。

与其他东盟国家和许多第三世界国家一样,泰国经济发展也带动了城市人口的发展,社会经济区域不平衡性日益明显。尽管近年来泰国全国各地区的家庭收入都有所提高,但基于不同的区域基础条件,收入水平从曼谷大都市区、中部区和东北落后区次序梯度降低,地区经济差距扩大的现象日趋恶化。

(二)大都市区发展现状及问题:人口极为密集但发展质量不高

曼谷具有明显的"三合一"特征,既是首都城市,又是世界城市,同时还是特大城市。大部分经济活动和社会活动都以首都城市为中心,人、财、物等都集中在首都周围,首都圈极化格局明显。

人口首位度①奇高。曼谷城市首位度之高,不仅在东南亚,在发展中国家乃至世界上都是绝无仅有的。根据 1996 年亚洲发展银行的年度报告,曼谷生产了全国 GDP 的 37%,曼谷城市的人均 GDP 与国家人均 GDP 之比是 3.5∶1。据统计,曼谷的人口占泰国城市总人口的比重,1960 年为 65%,1980 年则上升到 69%,1990 年仍达 57%,1970 年曼谷人口比第二大城市清迈多 33 倍,1980 年更增至 50 倍。在 1950—1990 年间,泰国曼谷的人口猛增 4.3 倍,达到 716 万人,而该国居第二至第五位的 4 个城市的人口合计尚不及曼谷的 1/10。根据 2010 年人口普查,曼谷城市注册人口已达到 980 万人。

以首都为中心的大都市区空间以摊大饼模式不断扩展。大都市区通常以首都城市为核心,周围有一个与核心城市密切联系的都市区,再外围则是沿着交通线向外辐射、联结周边地区的扩展都市区。泰国首都应该是曼谷大都市行政区,然而在曼谷近三十年的发展中,曼谷的城市面积实际早已突

---

① 首位度:一般用一个地区最大城市与第二大城市人口规模之比来表示这个城市的首位度,通常用来反映该国或地区的城市规模和人口集中程度。

破了这个行政区划范围,包纳了附近的 6 个省份,从而组成了曼谷大都市区域。

大都市区成为国内外投资中心。在"出口导向工业化"的战略指导下,东南亚国家大都市区大多以参与全球经济分工、成为世界城市为追求目标。某种程度上,大都市区人口和空间的快速扩展与其参与经济全球化的进程密不可分。在这些大都市区中,不仅集中着大量国内投资,更集中着大量外资,在 20 世纪 80 年代末和 90 年代,大约 3/4 的外资投在曼谷大都市区,投资的增长反过来也促使大都市区人口和空间大幅增长。

经济结构的低质性和脆弱性。在曼谷大都市区,一方面可以看到由于快速融入全球经济系统而出现的现代经济,另一方面处处可见传统经济,特别是随着中心城市空间的不断扩展,各种经济活动形式在大都市区的不同区域交叉汇合,出现了全球化大生产的现代经济与传统经济双重产业结构共存的局面,表现出大都市区经济的低质性。大都市区经济的外向性特征导致了城市经济的脆弱性,即城市经济发展深受世界经济形势的影响。

城市社区两极分化明显。由于大都市区的"正式"和"非正式"的双重经济结构,人口就业出现了分化,就业分化导致城市社区空间的分化。在大都市区,大多数高收入的中产阶级职业位于昂贵的城市核心地带,城市富人居住在有门禁和保安的社区,与其他人隔离开来。底层劳工多选择远离城市中心的城乡接合部定居,很多人用当地廉价的材料在公共或私人土地上非法搭建非正式的建筑物居住。由于建筑物不受法律保护,他们一方面随时都面临着被国家和私人土地所有者驱逐的境地,另一方面还很难获得城市公共服务,如水电、卫生和垃圾清除服务等。

城市环境宜居性下降。一是城市基础设施方面。为了促进经济增长和吸引外资,东南亚国家大都市区的基础设施计划大多致力于增加资本积累,而非为日益扩张的城市人口提供基本服务。在泰国,交通和通信设施开支也不断增加,从 1982 年的 43.5%增长到 1992—1996 年的 57.8%,而同期有关水供应、废水垃圾处理方面的公共事业支出却从 9.6%下降到 7.7%。政府的这种安排有助于大都市地区资金向基础设施集中,但却使城市的承载力变得十分脆弱。曼谷市有超过 20%的市民居住在又脏又臭的贫民窟里。二是水体污染和固体废物处理方面。在过去的五十多年中,国家工业化与城市化的重合使得大城市遭受着前所未有的工业污染。未经处理的工业和生活废水被直接排入水道中,贯穿曼谷的湄南河部分河段溶解氧含量水平为零,水中有毒物质的含量大大超过河水洁净标准。固体废物或垃圾处理同样也成为大都市区最为紧迫的环境问题之一。三是交通拥堵和空气污染方面。随着城市人口的爆炸性增长,再加上基础设施的不足,曼谷的交通拥堵现象也十分严重,堵车和空气污染是东南亚国家中最为严重的城市问题之一。曼谷拥有 200 万辆汽车,约占全国总量的 50%,在上班高峰期,汽车时速只能达到 1—2 公里,一氧化碳的排放量是世界卫生组织标准的 50 倍。汽车和工业排放的废气和各种有害气体严重污染了空气,影响了居民的身体健康,曼谷的儿童血铅含量居世界首位。曼谷每年由于空气污染而付出的成本是 1.3 亿—3.1 亿美元。

第二节　泰国区域政策发展历程

泰国经历过 11 个经济社会发展五年计划,可以分为国家政策引导发展、进口替代经济、出口导向型经济、依赖外部投资的高速发展、在受挫和恢复中震荡上升等 5 个阶段。在经济起飞初期,政府的灵活干预和区域政策的及时调整最大限度地为经济发展提供了一个良好的政策和社会环境,形成了长期的高速发展。但是到后期,极化发展的弊端逐渐显现,成为现阶段区域政策首先要解决的问题。现在的区域政策通过大都市、经济中心、工业区、农村发展几个方面的政策努力达到均衡发展和可持续发展的目标。

一、经济增长与"五年计划"历程

(一)国家政策引导前的早期阶段:1926—1960 年

泰国 1926 年赢得财政独立后,政府主要通过征收关税来干预发展。1932 年后,政府直接投资大量的工业项目。第二次世界大战时,从欧洲的进口中断,大量外资企业关闭,大部分当地企业趁势抓住了投资机会,例如服装进口公司、食品公司、金属废料公司、银行和保险公司、精糖加工企业等纷纷建立起来。这些大的家族企业形成了当地私人投资的基础。

到 1954 年,关税成为提高收入的主要工具。这一年大量国有企业建立,资本和原材料进口关税保持在低水平,鼓励了进口品的增长,这些进口品主要用于满足工业和资本密集型产业。同时非必需品的进口关税则有了实质性的升高,这实际上也鼓励了进口替代经济的发展。1957年,政策开始转换到进口替代经济,通过对企业的原有关税免除,以达到保护本国企业以最终产品与外国企业竞争。以关税提高收入的引导工业化的政策已经不再适用了。1958年,政府承诺不采取鼓励、没收或者将私人企业国有化等形式参与工业活动的竞争。1959年,投资委员会成立,旨在通过各种刺激性措施,鼓励私人企业在各种特殊部门投资。

此阶段区域规划与政策措施即为通过征收关税来干预发展,1957年政策开始转换到进口替代经济。

(二)内向型经济:1961—1971年

从1961年起,泰国的发展政策以发展计划的形式表现出来。

第一个六年计划(1961—1966年)。目标是追求经济高速增长,重点发展基础设施建设和推进农业多种经营,发展进口生活消费品的替代性工业生产。在第一个计划末期,主要发展了稻米研磨和一些国有的农业加工产业等小工业。外国直接投资极少,且主要集中于初级产业,这说明泰国的当地优势对吸引外资并不具有足够的吸引力。

第二个五年计划(1967—1971年)。随着对社会发展重要性的认识,将经济建设计划改为经济社会发展计划。1969年,出口停滞,服务于国内产业的原材料进口增加,美国军工消费下降,这些原因导致泰国贸易状况恶化,结果政府试图通过进口替代政策来增加外汇储蓄的目标无法实现。这段时期,国内市场的扩大和人们实际收入的提高带来了工业增长。泰国的投资在20世纪60年代侧重于农产品加工产业,60年代后期转向中间品和资本品产业,这一时期的制造业开始进入增长期。大部分的投资都是由当地企业承担,并形成了规模巨大的企业。但是,外国直接投资的流入仍然极小。

为了缩减国内对进口品的需求,政府取消了对非必需消费品的优惠措施,并且提高了原材料进口的关税,用关税作为增加政府收入的一种工具或者用它来保护国内产业。强调利用国内原材料,发展资源密集型产业和劳动密集型产业,目的是弥补贸易逆差,解决不断增长的失业问题。

由于国内市场的饱和以及卷入越南战争而使得泰国国内需求下降。结果,规模经济没有形成,额外的生产增加了成本,比较优势也失去了,同时被保护的产业也失去了提高生产率的动力。实际上,重工业开始面临严重的问题,例如资本短缺、熟练技工和管理技能的缺乏,这些都导致了制造业部门增长率的降低。

(三)出口导致的增长:1972—1986 年

第三个五年计划(1972—1976 年)。大部分工业仍然受到保护,所有的工业,包括外国企业(日本)和当地合资企业都在关税壁垒的背后为国内市场生产。外国直接投资的流入逐年增加,从 1972 年的出口导向增长战略开始以来,来自日本的投资迅速增加,日本投资的扩张主要对应进口替代企业。1974 年美国投资仍然居外国直接投资的主导地位。中国香港、新加坡、欧盟也开始不断增加投资。制造业开始成为外国直接投资流入的主要部门。

1972 年修订投资条例,规定给予面向出口的工业多种优惠待遇。这标志着泰国工业化向面向出口的工业发展。泰国国王普密蓬·阿杜德 1974 年提出“适度经济”原则作为治国理念,其核心是经济发展不追求高速、高收入,而要适当、合理,力求经济、社会、环境的长期稳定和可持续发展。该理念为指导泰国经济发展发挥了重要作用。

第三个五年计划设定的目标包括解决紧迫的经济问题使之与资源协调一致、促进财政收支平衡、扩大私人在经济中的作用、繁荣地方经济、提高地方人民收入和生活水平、发展公共服务、降低人口增长、提倡教育与人员培训、增加就业机会等。

第四个五年计划(1977—1981 年)。奠定了泰国 1985 年后连续经济增长的基础。这个时期正值军人政权垮台,强调要实现社会公正,纠正社会不公平,要求把收入分配到各地方去。1979 年石油危机,商品价格的影响使得西方国家进入衰退,泰国经济也陡然下降。

鼓励大规模的出口贸易。东部沿海发展计划开始实施,首先建立了一个出口加工区,通过泰铢贬值来减少对当地工业的保护。在农村,把地区开发列为重要内容,以开发利用自然资源。在农业方面,改变过去扩大开垦耕地的做法,提出要更有效地利用耕地,强调保护环境;加速暹罗湾天然气的开发。

外国直接投资流入额在提高,制造业的比重在继续提高,其附加值超过了农业,对纺织业的投资尤其得到重视,电子设备和化工产业也在增长。同时建筑业和贸易部门的投资在增加,服务业也开始受到关注。外国直接投资开始流出,资本流出主要集中在金融机构。其他依次为贸易、服务业、采矿和采石、建筑材料和纺织业。

第五个五年计划(1982—1986 年)。泰国拟在这个期间推动国内经济迅速发展,以便使泰国进入准工业化国家行列,但由于 20 世纪 80 年代初,资本主义世界经济进入滞胀时期,农产品出口价格连年下跌;70 年代末 80 年代初,资本主义世界的高利率,使泰国也跟着提高利率,造成国内信贷紧缩,影响了投资和建设。对此,泰国不得不于第五个五年计划的第二年即 1983 年修订了原计划指标。80 年代起,开始积极调整工业结构,引进技术密集型和附加值高的中轻型工业,寻求适合泰国的工业发展模式,取得良好效果。同时推迟东部工业区的建设,并严格控制对外借款。泰国 1984 年 9 月修订鼓励投资地区顺序以鼓励工业向内地分散。如曼谷京都地区优惠最少,中部地区给予一般优惠,内地其他各府给予最高优惠。1982 年开始,泰国十分关注解决农村的贫困问题,开展较大规模的农村建设,从过去着重于生活上的救济捐赠改为强调改进农村的生产条件和生产技术,以提高农民自我改善的能力。第五个五年计划期间,经济年增长率为 5.3%,是历次发展计划中增长率最低的,但这主要是受世界经济形势的影响。

(四)外国直接投资政策的自由化、制造业多样化生产的出口导向政策带来的经济高速增长

第六个五年计划(1987—1991 年)。1984—1985 年的经济不景气造成了许多问题。政府完全放弃了进口替代政策,而代之以制造业自由化和多样化生产的出口导向政策。一些具体措施体现在:对符合保护条件的产业标准的降低、税收水平降低、国有企业规模缩减,以及对于外国资产净值所有权限制原则的放宽。在鼓励外资方面,外国企业与当地企业没有什么不同,只是要向投资委员会申请,就会予以考虑。

第六个五年计划期间,国内外投资迅速增加,投资激增、工业品出口大幅度增加,旅游收入急剧上升,在这三大因素的促进下,经济年增长率猛升。第六个五年计划期间,国民生产总值增长一倍。经济合作与开发组织 1991 年年底把泰国和马来西亚也称为"亚洲的小龙",即把泰国列为新兴工业化国家。

第七个五年计划(1992—1996年)。延续第六个五年计划,继续促进出口,额外的措施有出口市场的多样化、产业当地化和更大程度地降低关税。同时,政府也期待依赖跨国公司能在当地生产中发挥更大的作用,于是,开始鼓励当地联合大企业和中小型企业发展,加强工业技术基础,促进高技术和高附加值产业发展。政府将注意力更多地放在控制环境恶化、帮助低收入者解决贫困和缩小收入差距问题上。

泰国自1995—1996年进入了低速增长期,1996年出口增长率出现负数,进口增长率也只有0.8%。传统产业比如像以纺织业为核心的高附加值产业发展缓慢,原因在于出口量的骤减以及西方国家提高了保护程度。而且,曼谷以外的地区由于基础设施缺乏、健康和教育水平低而阻碍了经济发展。泰国的经常账户赤字占GDP的比重一直在上升。经济发展对进口的依赖上升,经济进入以制造业为基础的时期。这时,严重的交通问题和生活费用的提高,破坏了泰国作为旅游国家的吸引力,急剧减缓了泰国旅游业的发展速度,房地产业早期的繁荣导致了过度建设。

实际上,泰国已经走到了出口替代的尽头,并失去了其比较优势。泰国曾经受益于"雁形"发展模式,它经不能有效地升级以适合自己的排序。简单地说,政府政策在其产业升级中的作用受限了,泰国已经处于两类竞争者的夹缝中,一方面基础设施不如马来西亚,另一方面劳动力工资高于中国、印度。加上泰铢币值的高估,比起相邻的欠发达国家缺乏竞争力。结果是,资本流入骤减、出口下降、贸易赤字增加、收支平衡风险严峻到最大化,经济增长迅速下降。

(五)经济危机及其以后的经济恢复时期

第八个五年计划(1997—2001年)。泰国对外国资本的依赖性变得极强。金融部门对自由政策的要求也变得最为强烈,使得国内借贷滑向了有风险的投机资本区域。而且,政府在金融危机的开始阶段无所作为,以及后来浪费外汇,错误地保护高估的币值,使得局面变得难以控制。政府放弃了保持泰铢币值的努力后,1997年5—9月,泰铢币值剧烈下降。投资者失去了信心,开始撤回投资,1997年泰国经济出现了负的增长率。

第八个五年计划强调克服以前伴随着经济高速增长的经济发展计划带

来的一些问题。强调人力资源的训练与发展,通过教育改革来增强对环境恶化的认识和解决,缩小收入差距。许多企业调整了发展战略。由于信用等级降低、筹资困难,泰国向国外的投资能力减弱,在国外的有些企业破产了,国内的生产却因为成本相对较低反而显得利润更高。而且,国内需求的下降,也损害了泰国投资和再投资的能力。

危机后的泰国在经济缓慢的恢复过程中,外国投资者对泰国的信心也在上升。泰国的外国直接投资开始了强劲的恢复。到 2000 年,根据泰国投资委员会的资料,泰国外国直接投资的项目投资增加了 72%,对于每一产业投资至少上升了 30%。日本是最大的投资国,其次是欧洲、中国的台湾地区和新加坡。

第九个五年计划(2002—2006 年)。泰国政府将恢复和振兴经济作为首要任务,采取积极的财政政策和货币政策,扩大内需,刺激出口,并全面实施"三年缓偿债务""农村发展基金""一乡一产品"及"30 铢治百病"等扶助农民计划,经济持续好转。2003 年 7 月,提前两年还清金融危机期间向国际货币基金组织借贷的 172 亿美元贷款。

第十个五年计划(2006—2011 年)。制定了发展"绿色与幸福社会"的目标,以泰国国王普密蓬·阿杜德倡导的"适度经济"为指导原则,在全国创建和谐及持续增长的环境,提高泰国抵御风险的能力。2008 年全球金融危机对外向型的泰国经济影响颇深,加之国内政局动荡,使泰国经济出现几年来最大幅度衰退,2009 年泰国 GDP 下降 2.3%。2010 年,泰国经济全面复苏,尽管经历了政局问题和自然灾害等负面因素影响,但仍实现了 7.8% 的高增长。2011 年前三季度泰国经济仍然保持了 3.1% 的增长,第四季度受特大洪灾影响,工业、农业、旅游业均受冲击,当季 GDP 负增长 9%,拖累全年经济增速减至 0.1%。

第十一个五年计划(2012—2016 年)。继续贯彻泰国国王倡导的"适度经济"原则,力求经济、社会、环境的和谐及可持续发展,提高泰国民众及经济对内外部因素变化所造成风险的抵抗能力。

二、政府的政策及作用

到 2001 年为止,泰国的八个经济发展计划都根据经济发展形势的不同及时调整发展内容(见表9-1),为泰国的经济发展把握方向。这种灵活的干预,体现在经济发展的不同阶段,就是各时期的经济政策,尤其是进口替代向出口导向的时机转换的把握上,泰国依靠其高速的经济增长趋势,能够成为外国直接投资的最大国,最大的功劳应该还是在政府的政策调整上。应当说,在经济起飞的阶段,泰国政府对这种干预手段的运用,还最大限度地为经济提供了一个良好的政策和社会环境。

表9-1　国家经济和社会发展计划目标

发展计划	时间	国家经济和社会发展计划的目标
第一个计划	1961—1966 年	投资于运输、灌溉和电力等基础设施建设
第二个计划	1967—1971 年	继续投资基础设施 向国有企业和当地行政部门扩展投资 农村发展
第三个计划	1972—1976 年	实行进口替代政策 增加社会政策,特别是人口数量计划 收入分配差距变小 提高政治稳定和经济发展的基础
第四个计划	1977—1981 年	恢复经济潜力 提高经济稳定 管理自然资源和开发国内能源资源
第五个计划	1982—1986 年	空间发展,集中在东部海岸、曼谷和大的城市 坚持经济稳定 出口替代发展政策 特定地区农村贫困人口的降低
第六个计划	1987—1991 年	经济结构充足 谨慎的财政政策 动员国内储蓄支持经济设施投资 提高劳动密集型企业的效率
第七个计划	1992—1996 年	维持增长和稳定 收入分配差距有所改善 发展人力资源、提高生活质量、改善环境和保护自然资源
第八个计划	1997—2001 年	危机前: 为创造好的生活水准和可持续发展需要更加平衡的经济、社会和环境政策 人力资源发展 好的政府管理 危机后: 立即解决经济危机和使社会的负面影响控制到最小 加强经济竞争的结构调整

三、政府和市场的关系

纵观已实行的经济发展计划,政府对于市场的调控都对国家的经济发展产生了巨大影响。在第三个发展计划以前,由于单纯追求经济的迅速发展,保护国内生产,忽视国际市场需求,导致第一、第二个发展计划对国家经济发展作用收效甚微。自第三个发展计划开始,政府正确认识到本国的资源和劳动力优势,持续出台一系列出口工业优惠政策,并大力吸引外资,使国家经济迈向稳步发展的道路。第五个发展计划针对市场需求,及时调整工业结构,使国家经济增长持续推进。直至第七个发展计划时期,此时泰国在国际市场中在基础设施和劳动力成本上已不具备竞争优势,但由于政府延续第五、第六个发展计划的发展策略而逐渐丧失了原有强劲的发展动力,加之国际金融危机的背景,国家经济发展一度陷入低迷。而后泰国政府顺应当今市场对高端人力资源的需求,在金融危机之后一段时间,大力发展和培训强调人力资源,通过教育改革来改变与周边国家劳动力同质化劣势,重新增强了其他国家对泰国投资的信心,为国家经济发展提供了新的引擎。作为一个强政府经济干预国家,泰国政府对市场需求的把控和认识始终为国家经济掌握航向,也正是对市场发展的准确认识和硬性调控,既弥补了市场失灵,又迎合了市场需求,使泰国经济发展整体向好。

第三节　泰国区域政策现状

一、国家层面区域发展政策现状

自 1961—1966 年制定第一个社会经济发展计划起,泰国政府就一直面临极化发展与均衡发展的选择问题。近年来,区域发展的宏观调控成了发展规划的中心问题:一方面仍然依赖增长极的经济增长,要保证发挥大都市区的功能,另一方面又要通过分散化发展政策缩小区域间的根本性差距,为此,政府制定了四项区域经济发展战略①。

---

① 方晓:《泰国的工业化及其区域政策》,《世界地理研究》1998 年第 2 期,第 72—76 页。

（一）大都市区多中心发展战略：保证大都市区的合理发展

鉴于曼谷在全国的重要地位，要实施出口导向工业发展战略，必须要把投资集中到条件相对有利的区位。毫无疑问，必须把曼谷放在今后发展的首要位置。国家规划的根本目标就是提高曼谷的效率及功能，辅以改善城市管理的各种措施，建立和扩建曼谷都市区的副中心，加大城市基础设施的投资力度，克服现存的各种发展瓶颈问题。

（二）全国范围内增长中心发展战略

实施增长中心发展战略是在全国范围内建立若干增长中心城市，分散工业项目布局，以此推动区域经济的均衡发展。国家首先将全国划分成三大板块：曼谷大都市区、中部地区、北部广大地区。不同的地区在鼓励投资的优惠政策方面区别对待。其中北部地区政策最优惠，其次是中部地区，进而促使大型生产企业在增长中心独立建设，加强地方资源型工业与一些专为农业生产服务的小型企业之间的生产联合，促进增长中心城市发展，从而带动本地区的经济发展，使增长中心成为区域的发展中心。

（三）城市工业开发区发展战略

工业是拉动泰国国民经济快速增长的核心动力，也正是由于绝大部分的工业生产主要集中在曼谷及其附近地区，从而导致泰国的北部、东北部和南部等边远地区工业发展至今仍比较迟缓，由此而引发中心地带与边远地区间经济发展差距的日趋扩大，成为抑制整个国民经济发展的一个瓶颈，所以泰国政府在改善其地区间的不平衡发展时，使中部地区过于集中的工业进行分散布置和对边远地区的工业开发就成为政府首要任务。

泰国的工业地区分散政策经历了长期的发展过程。早在制定1972—1976年的第三个经济社会发展五年计划时，泰国政府就开始重视工业的地区分布政策，但成效不大，也没有形成较大的影响。到第四个五年计划（1977—1981年）时，泰国政府明确提出了分散工业区的计划。在1982—1986年实施的第五个五年计划中，开始在东海岸地区建设两个大型工业基地。虽然建设因资金不足而终止，但东海岸工业开发计划的提出却标志着泰国工业区域发展战略走出了实质性的一步。

经过泰国政府的不懈努力，地区工业分散政策也取得了一定的成果，特别是在开发区的建设上，至今泰国已形成以曼谷为中心的中部工业区、沿海工业区及北部和东北部工业区三个各具特色的工业区。第一，曼谷及其周围工业区。以首都曼谷为中心的中部地区由于交通便利、物产丰富、人口稠密等先天优势，20 世纪 60 年代以来，泰国的工业化主要在曼谷地区进行，曼谷地区成为泰国制造业的中心地区，但曼谷地区仅占全国总面积的 2.7%，制造业产值却占全国的一半。第二，沿海地区工业区。泰国有泰国湾和安达曼海两个海域，沿海的工业区有曼谷南郊的北榄、龙仔厝，中部地区的夜功、佛王以及泰国南部地区和东部地区的一些工业区。沿海地区工业区沿湾而建，与内陆工业区通过铁路公路联串起来，形成沿海地区一串经济增长亮点。第三，北部和东北部工业区。泰国北部和东北部多山，交通不便，经济、社会、文化设施也相对落后，在这两个地区开发工业和吸收内、外投资均较困难，但这两个地区的工业区主要都设在公路和铁路交通线上，并以边境贸易口岸为主，成为与印支半岛邻邦边境贸易的窗口。

尽管泰国政府从工业化起步的早期就已经开始注意工业的地区分散政策，但由于泰国政府一直把经济增长视为发展的第一要务，政府大量的精力主要集中在如何使国民经济持续而快速的增长上，而对已经注意到的地区之间的发展差距无暇真正顾及，所以尽管面对这个问题也采取了一定的应对措施，但始终没有收到很好的效果。直到 1992 年第七个五年计划的制定，泰国政府才第一次放下经济增长第一，实行经济社会发展并重的政策。至此，地区的不平衡发展才真正受到重视，但作为其以工业化为主导的经济发展模式的弊端之一，这未能从根本上改变地区间差距扩大的趋势。

2017 年，泰国政府为促进长期经济发展而推出"东部经济走廊"计划，2018 年就可以启动投资。泰国当局希望这个发展计划将能够与中国推出的"一带一路"倡议对接。

泰国"东部经济走廊"，是指在东部沿海的北柳、春武里（芭堤雅所在地）和罗勇（乌塔堡机场所在地）三府设立经济特区，大力发展基础设施、构建现代化交通网、优化产业布局、推行一系列投资优惠政策以吸引新产业。其致力于将泰国东部打造为一个集海陆空三维交通系统为一体的国际交通要塞，以便国际货物运输和国际游客通关。未来，泰国"东部经济走廊"将发展成为世界级经济中心、贸易和投资中心、交通和物流中心、世界级旅游胜地及东南亚大门。

泰国政府为了吸引投资,曾于 1973 年公布了第一批鼓励投资区,其范围涵盖了 21 个府、72 个县,政府给予划定投资区内的企业税收方面的优惠。鼓励投资的政策在促进泰国经济增长方面取得了不小的成绩,但得到投资的工厂主要集中在以曼谷为主的中部地区,北部、东北部和南部等地及边远地区获得投资工厂的数量不多,在上述期间获得投资鼓励的工厂合在一起仅占全国份额的 4%,而曼谷及其附近地区却占 73.6%。为了把投资吸引到中部以外的地区,改变投资过于集中的状况,投资委员会屡次对发展外府地区工业的税收措施进行调整,但从措施的执行效果来看,1988—1990 年间,获得投资鼓励的项目中仍有 51.9% 集中在曼谷一带,34.1% 集中在中部地区,北部、东北部和南部地区共占 14%。

纵观泰国对落后地区投资政策的发展,可以发现其在很长一段时间内是失效的。尽管泰国政府在全国都划出了鼓励投资区,但在 1989 年以前的鼓励投资政策却没有因各投资区自然条件及发展起点的不同而作出相应的调整,而是各地区一视同仁,这样就导致基础条件较好的投资区把大量的国内外投资吸引走,相对比较落后地区的投资区由于投资的成本高而很难获得投资。直到 1989 年以后,这种状况才发生了根本改变,政府对投资优惠政策进行了调整,逐渐把投资的优惠条件向曼谷以外的地区倾斜,利用政府这只"看得见的手"把更多的国内外投资指挥着向落后地区流去。至此,随着投资政策的调整,泰国的工业化才开始正式向整个国家铺开。

(四)农村经济发展战略

泰国农业腹地广,农业人口多。20 世纪 80 年代末,80% 的人口生活在农村,近 60% 的雇佣劳动与农业生产相关。极化发展下的城乡差距越来越大,农村的贫困人口问题迫在眉睫。

在第一、第二个经济社会发展计划期间,政府对农村的发展计划主要集中在解决与农村人口生存有关的一些最基本的公共基础服务设施问题上。在第五个发展计划时,政府对农村的开发政策取得突破性进展,当时的政府首次提出了将经济发展成果分散到农村地区的思路,并公布了"农村十年发展规划",同时制定了贫困地区的脱贫扶持政策。第五个五年计划不再片面强调经济的高速增长,而是强调经济和社会的均衡发展。

二、地区层面发展政策现状:曼谷大都市区规划

(一)总体规划

泰国在 1961 年通过实施第一次全国经济发展规划开始现代经济规划,曼谷得以快速发展。到 1950 年后期,泰国得到美国援外使团的帮助,邀请纽约的利奇菲尔德—韦定—鲍恩联合事务所来制定曼谷的第一个总体规划,即大曼谷规划 B.E. 2533。这是一个完全美国式的城市规划,强调机动车主导的基础设施以及分区划的土地使用模式,泰国接纳了其中的很多规划建议。1975 年城市规划法规制定,之后国家级的规划机构设立,即现今的公共工程和城乡规划部。大曼谷规划 B.E. 2533 也成为曼谷乃至泰国的总体规划和区划法规的基础。①

(二)大众捷运系统总体规划

前任与现任政府制定了增强泰国未来经济竞争力的政策,而经济竞争力也取决于城市的通达性,因此发展大众捷运系统是当前发展的首要任务之一。交通、政策和规划部计划至 2029 年,在曼谷大都市区内的轨道交通线路长度将再延长 330 公里,新增 246 个站点,将总运营线路增长到 500 公里以上。轨道线路的建设和投资极大地影响了城市的发展和土地使用模式,造成了曼谷城市空间的巨大转变。城市的结构和肌理从汽车主导转向捷运主导,在轨道交通站点附近不断增加的公寓、办公楼和商场呈现出逆郊区化的趋势。随着更多高层公寓在轨道交通站点附近建设,城市中心区域的人口密度也正随之重新上升。地产开发商也将投资重点从原先城郊的土地细分增值转向轨交沿线的公寓项目。2009 年开始,公寓建设量已经超过独栋别墅(见图9-2),而且更多公寓选址也更进一步靠近轨道交通站点(见图9-3)。在城市发展向以公共交通为导向的开发转型过程中,许多阻碍和挑战也变得更明显和突出,如捷运系统的包容性和可负担性以及目前交通法规和规划里对非正规交通运营服务非常有限的整合度,这些问题都需要正确的城市政策和规划的引导。②

---

① Apiwat、Ratanawaraha、纪雁等:《曼谷:迈向可持续和包容性发展面临的挑战》,《上海城市规划》2015 年第 3 期,第 61—67 页。
② Apiwat、Ratanawaraha、纪雁等:《曼谷:迈向可持续和包容性发展面临的挑战》,《上海城市规划》2015 年第 3 期,第 61—67 页。

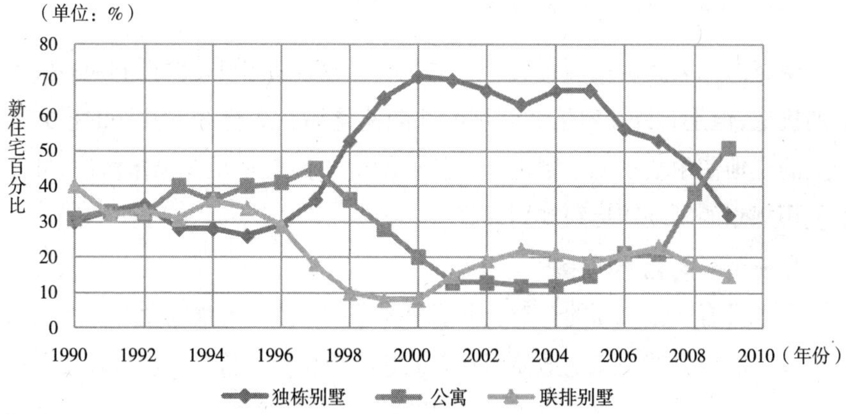

（单位：%）

图 9-2　BMR 内住宅类型比例

资料来源：Chalermpong, S., Rail Transit and Residential Land Use in Developing Countries: Hedonic Study of Residential Property Prices in Bangkok, Thailand。

（单位：间）

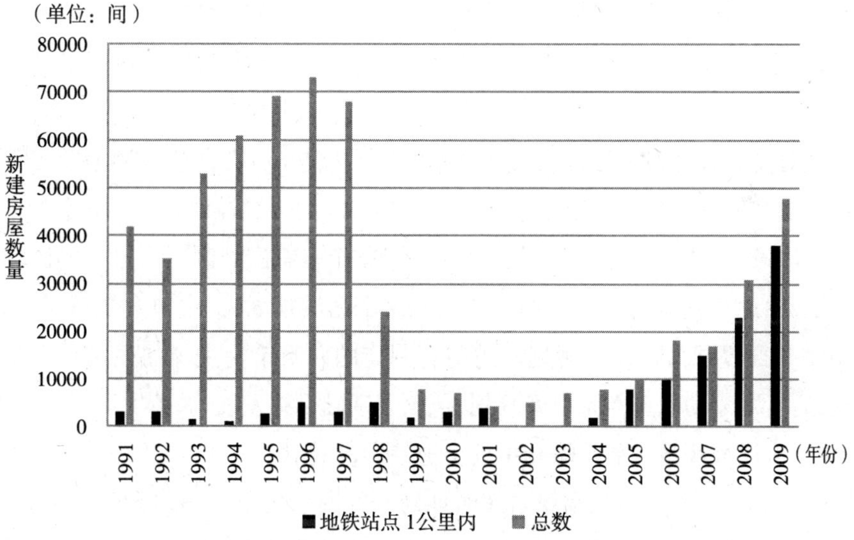

图 9-3　距离轨道交通站点 1 公里内的新公寓数量与整体公寓数量比较

资料来源：Chalermpong, S. Rail Transit and Residential Land Use in Developing Countries: Hedonic Study of Residential Property Prices in Bangkok, Thailand。

三、区域规划政策的障碍和挑战

曼谷的决策者和规划者已经意识到城市所面临的可持续性和包容性发展的挑战,但是有许多政策和管理的缺陷使得那些适合城市发展的模式所必须的土地使用政策无法制定和实施。两个关键要素至今仍未解决,即土地使用规划的制度结构和规划程序。①

(一)制度结构问题

泰国没有国家层面的针对空间发展的政策框架,同时也没有一个具有法律和行政权力的国家土地使用规划。过去由国家经济和社会发展委员会办公室制定的国家经济和社会发展五年计划常常包含了一些空间发展策略,可为相关部门引用作为自己的制度条例。许多基建和发展项目的审批也很大程度上取决于是否和国家发展计划相符。自 2002 年基建投资的决策权转移到其他部门后,国家发展计划下的空间发展政策的重要性和相关性已经大幅度削弱。随后的国家计划尽管包含总体空间发展策略政策框架,但很少有机构遵循,许多基建发展项目更偏向于服从领导而不是国家计划。

对曼谷大都市区而言,国家经济和社会发展委员会办公室和公共工程与城乡规划部又各自制定了针对曼谷大都市区的区域规划。从第五个五年计划(1982—1986 年)之后,前一个机构对整个首都区域制定了自己的区域政策,而后者则制定了一个国家规划和多个区域规划,其中包含 2006 年和 2013 年的曼谷大都市区规划。与前者制定的以政策为主导的国家计划有别,后者规划的关键点是空间规划,包含了基础设施发展、城镇发展,与各个区域、次区域经济发展策略相关的土地使用模式等。

尽管公共工程与城乡规划部的规划有好的出发点,但有其部门的局限性。首先,该机构的行政和法律权力并不足以涵盖城市周边地区,而这些区域也正是城市管理的最薄弱点。其次,因为该机构的国家和区域规划并不具有法律和行政权力,它们必须依靠其他行政机关和自身的协调能力来得

---

① Apiwat、Ratanawaraha、纪雁等:《曼谷:迈向可持续和包容性发展面临的挑战》,《上海城市规划》2015 年第 3 期,第 61—67 页。

到推行。原则上来说,该总体规划包含了城市层面的土地使用规划,可以作为城市和城市周边区域规划的主要工具,然而现实中,这个规划常被忽略,土地使用模式和强度往往由城市层面自行决定。这些原因导致公共工程与城乡规划部的国家、地区和次区域规划无法实施。

像曼谷这样的超级都市,其社会经济活动和相关的城市问题都已超越其行政边界,因此亟须一个包含整个地区的区域规划,以及一个能全面和综合地来处理地区问题的区域级机构。针对这一典型的问题,学者和建议者提出若干提案,最后都不了了之。

(二)各部门机构职能的重叠和脱节

目前泰国有多达21个与土地管理职能相关的政府机构,也存在职能机构之间相互竞争资金预算和公众认可度。譬如,公共工程与城乡规划部可以制定总体规划和区划法规来引导与水和洪水管理相结合的土地利用方向,而农村公路部可能无视这些规划,而按照自己的计划和战略重点来实施。

(三)对土地使用密度的有限控制

总体规划下的区划条例虽包含对土地功能的控制,但并不包含建筑密度和体积这些基本体量控制要素。因此,包含了这些体量控制要素(容积率、空地率)的曼谷2006年总体规划被视作泰国城市规划的一个里程碑。

泰国目前的土地细分条例遵循2000年的《土地开发法》,类似于许多其他城市的细分控制法规,这些条例涉及项目所占用的最小土地面积、规模和地块内的公用设施和基础设施等。然而在曼谷总体规划对土地使用区划的规定中并不包含这一土地细分控制条例,这使得它无法控制土地细分项目的开发,以及控制在不合适土地细分地区,如农村和曼谷大都市区远郊地区的建筑密度。

第四节　泰国区域政策的特征和借鉴

政府对经济发展阶段的准确判断和有效干预是经济持续高速发展的保障。在经济起飞阶段,泰国政府抓准时机从进口替代转为出口导向,使泰国一跃成为中等收入国家。但是对于极化发展的弊端认识迟缓导致了现在的诸多经济和社会问题。因此强政府的灵活干预可以推动经济发展，但是经济增长不能重"量"轻"质"。对于大都市区的区域政策，应该把经济政策与空间发展对应融合，才能更好地指导建设和发展。此外，抓住以公共交通为导向的发展新机遇可以改变城市结构，带动大都市区的发展。

一、国家层面区域政策的特征和借鉴

（一）强政府的经济干预政策能够有力推动经济发展，但是调整不及时会带来严重后果

所谓"强政府"，就是政府在现代化进程中起主导作用，不仅对经济增长过程进行计划，而且直接进行组织和动员，把主要的经济活动纳入政府指导和领导之下。强势政府对经济的强有力干预弥补了发展时期普遍存在的市场失灵缺陷，促进了产业繁荣。因此，离开了政府的干预，泰国高速经济增长的目标就难以实现。

泰国的政府政策使得投资与增长的行为紧密相关，政府除了制定鼓励外国直接投资的政策，最初还采取了保护当地工业发展的政策，刺激中小企业发展成为具有竞争性的企业。因此其经济增长速度得以远远高于世界的增长率，频频出现两位数的超高速增长率，且高速增长期存在了相当长的一段时间（1987—1995 年）。但是，金融危机期间出现负增长率，泰国经济的下降幅度在东亚国家中最大，1998 年更是大幅下滑，而后的复苏步伐也是相对最慢的。原因就是政府在新的形势下，没有及时调整政策，没有及时促进出口升级，也没有及时降低贸易赤字和保持收支平衡。

（二）经济增长极能快速带动地区发展，但处理不当也会造成严重的区域不平衡

经济发展是一个系统，不仅需要部门间的协调，也需要社会地区之间的平衡发展。泰国经济的高速增长若仅仅把它视为一个经济问题，应当列入"优等生"之列，但正如前所述，经济也仅仅是整个现代化系统中的一个部分，它的整个成绩不应当仅仅以国民收入、国民生产总值等一系列经济指标的增长来衡量，即发展经济学家所提出的"增长"不等于"发展"，发展应当是数量的增长与质量的提高之间的和谐统一。

泰国在经济高速增长过程中所出现的地区之间的不平衡发展既是经济

问题,也是严重的社会问题。经济的增长更多地依靠市场这只"看不见的手"推动,而社会问题则更多地要依靠政府这只"看得见的手"来进行。"看得见的手"指挥着社会资源向条件优越的地方和领域集中,而"看不见的手"则必须统筹兼顾,保障经济的协调和可持续发展。

尽管泰国政府从工业化起步的早期就已经开始注意工业的地区分散政策,但由于泰国政府一直把经济增长视为发展的第一要务,政府大量的精力主要集中在如何使国民经济持续而快速的增长上,而对已经注意到的地区之间的发展差距无暇真正顾及,所以尽管面对这个问题也采取了一定的应对措施,但始终没有收到很好的效果。直到1992年第七个五年计划的制定,泰国政府才第一次放下经济增长第一,实行经济社会发展并重的政策。至此,地区的不平衡发展才真正受到重视,但作为其以工业化为主导的经济发展模式的弊端之一,这未能从根本上改变地区间差距扩大的趋势。

二、大都市区层面政策特征和借鉴

(一)空间发展策略能够控制和指引建设

2002年以前,泰国国家经济和社会发展委员会办公室制定的国家经济和社会发展五年计划常常包含了一些空间发展策略,可为相关部门借鉴作自己的制度条例。许多基建和发展项目的审批也很大程度上取决于是否和国家发展计划相符。但是,自2002年基建投资的决策权从国家经济和社会发展委员会办公室转移到公共工程与城乡规划部后,国家发展计划下的空间发展政策的重要性和相关性已经大幅度削弱。随后的国家计划尽管包含总体空间发展策略政策框架,但很少有机构遵循,许多基建发展项目更偏向于服从领导而不是国家计划。空间发展政策已经很少被遵循。

(二)通过轨道交通改变城市空间发展模式

在大都市区,轨道交通的建设可以改变城市的结构和肌理,逆转城市的郊区化,但前提是以公共交通为导向的开发模式被有效实施,对轨道交通站点实施综合开发使其成为新的地区增长极,这个过程重在站点的综合开发而不是线路长度。曼谷花了比我们长的时间修建了不到我们1/3长度的轨道交通线,但这有限的快速公交系统却有效地体现交通引导开发的城市发展理念。而我国令世界震惊的快速轨道交通建设除了为中心城区的市民提供快速便捷的公共交通工具外,却对推动我们城市规划的空间战略实施几乎没起什么作用,甚至还起到一些反作用,比如在空间规划战略中非人口导入区由于轨道交通的经过而导致大量人口的导入并刺激了巨量房地产的开发,结果不仅没能起到向新城疏解人口的作用,反而成了中心城区不断"摊大饼"现象的主要推手,以公共交通为导向的开发实际上成了以开发为导向的公共交通。

第十章 印度尼西亚的区域经济规划与政策

第一节 印度尼西亚区域发展概述

印度尼西亚有良好的区域发展基础。一方面,印度尼西亚作为海岛国家,地理位置优越,海洋资源和其他自然资源丰富,为区域经济发展提供了条件;另一方面,印度尼西亚是东盟最大的经济体,经济结构也由单一转向三产并重,经济发展基础较好。但同时印度尼西亚的区域发展也面临一些挑战,狭长的国土使区域发展格局多局限为线性走廊式发展,基础设施建设落后对经济发展产生制约,多党执政的政治制度也成为区域政策多变的主要原因。

在此发展基础和制约之上,印度尼西亚建立起以雅加达首都特区为经济中心、六大经济走廊分工发展、十大经济特区吸引带动的区域发展格局。

一、区域发展基础

(一)地理环境

印度尼西亚共和国位于亚洲东南部,地跨赤道,东部与巴布亚新几内亚、北部与马来西亚接壤,南部与东帝汶毗邻,与泰国、新加坡、菲律宾、澳大利亚等国隔海相望。陆地面积约190.4万平方公里,海洋面积约316.6万平方公里(不包括专属经济区)。

印度尼西亚别称"千岛之国",由约17508个岛屿组成,是马来群岛的一部分,整体陆地轮廓狭长,疆域横跨亚洲及大洋洲,海岸线总长54716千米。面积较大的岛屿有加里曼丹岛、苏门答腊岛、伊里安岛、苏拉威西岛和爪哇岛。

（二）自然资源

印度尼西亚富含石油、天然气以及煤、锡、铝矾土、镍、铜、金、银等矿产资源。矿业在印度尼西亚经济中占有重要地位，产值占 GDP 的 10% 左右。

此外，印度尼西亚是世界上生物资源最丰富的国家之一。印度尼西亚约有 40000 多种植物，全国的森林面积为 1.2 亿公顷，盛产各种热带名贵树种。渔业资源极为丰富，苏门答腊岛东岸的巴干西亚比亚是世界著名的大渔场。

狭长的国土使得印度尼西亚的区域政策实施时常常以走廊的形式发展，而作为世界上最大的岛屿国家，印度尼西亚拥有曲折的海岸线。近年来，印度尼西亚政府也积极利用海洋国家独有的资源和渔业资源丰富的优势，积极开展"海洋经济"。

（三）经济状况

印度尼西亚是东盟最大的经济体，农业、工业、服务业均在国民经济中发挥重要作用。印度尼西亚三次产业结构中第一产业占 15.04%；第二产业占 46.04%，其中工业占 35.86%，建筑业占 10.18%；第三产业占 38.92%。印度尼西亚是东南亚国家中较早推行工业化的国家，20 世纪 80 年代中期由进口替代向面向出口战略成功转型后，其工业化进程加速推进，后因东南亚金融危机而受阻。2005 年后随着经济恢复而重回正轨，但近年来制造业发展缓慢导致印度尼西亚出现了去工业化现象并面临"中等收入陷阱"问题。印度尼西亚制造业和矿业在工业中占绝对主导地位，是工业内部结构演变的主线。电力、燃气、水的生产和供应业及建筑业发展滞后，制造业内部出现了高级化趋势，但传统制造业占主导、新兴制造业发展缓慢的格局短期内仍难以改变。①

目前，印度尼西亚经济发展总体较好，产业结构已由原本单一的种植业为主转变为工矿业、农商业和服务业并重的结构，内需成为经济增长的主要支柱，也是经济发展的一大特色；但基础设施建设落后，制约经济转型，且经

---

① 赵磊、王市均：《"一带一路"沿线主要国家之印尼篇》，《世界金属导报》2016 年 5 月 24 日。

济增长拉力较弱,持续发展后劲不足。在经济体制上,印度尼西亚实行自由经济政策,属于外向型。[①]

(四)政府状况

1.政府职能

1998年后,印度尼西亚从权威政治向民主制度转型,实行总统制。总统为国家元首、政府首脑和武装部队最高统帅;人民协商会议为最高权力机构。政府的主要职能包括制定、修改和颁布宪法;国会有制定国家大政方针之外的一般立法权。

2.多党政治

印度尼西亚是多党制国家,主要大党包括:民主党、专业集团党、民主斗争党、繁荣公正党、国家使命党、建设团结党、民族觉醒党、大印尼运动党和民心党,印度尼西亚的历任领导人也出自不同的政党,这也是印度尼西亚区域政策多变的重要原因。

二、区域发展概况

(一)国家经济中心:雅加达首都特区

印度尼西亚共和国分为3个特区和30个省,共计33个一级地方行政区,分布在加里曼丹岛、苏门答腊岛、伊里安岛、苏拉威西岛、爪哇岛等主要岛屿上。其中爪哇岛是印度尼西亚的发源地,13世纪末14世纪初便在爪哇岛形成了强大的麻喏巴歇封建帝国,后来也一直是印度尼西亚最发达的地方,印度尼西亚全国一半以上的人口集中在爪哇岛。雅加达首都特区位于爪哇岛西北部,由印度尼西亚政府直接管辖,是印度尼西亚的经济中心。大雅加达特区面积为650.4平方公里,分为五个市,即东、南、西、北、中雅加达市,人口约838.5万人。

雅加达经济占印度尼西亚国内生产总值的28.7%,以金融业为主导,拥有国内最大的金融和主要工商业机构。雅加达早在15世纪已是重要商港,殖民时代曾是荷属东印度公司总部所在,贸易遍及亚、欧、非三大陆。如

---

① 于朝晖:《中国企业海外经营战略传播环境研究:以周边国家为例》,社会科学文献出版社2016年版,第125—129页。

今雅加达仍有多处大型综合市场和专业商场,每年在此举办雅加达交易会。此外,在中长期发展规划中,印度尼西亚将雅加达和周边卫星城经济圈规划为战略综合区域,重点建设机场、港口、客运铁路、饮用水、能源和公共设施等,作为全国经济中心带动印度尼西亚经济的复苏和发展。

(二)六大经济走廊的分工协作

印度尼西亚在经济建设中长期发展规划中,根据海岛国家陆地狭长的特点,设立了六大经济走廊,即苏门答腊经济走廊(国家农产品生产加工中心和能源基地)、爪哇经济走廊(国家工业和服务业引擎)、加里曼丹经济走廊(国家矿产生产和提炼中心、国家能源基地)、苏拉威西—北马鲁古经济走廊(国家农业、种植业、渔业生产和加工中心)、巴厘—努沙登加拉经济走廊(国家旅游门户和副食品基地)、巴布亚—马鲁古经济走廊(丰富的自然资源加工业基地和人力资源培训基地)。

发展规划中确定了这六大经济走廊主抓八大行业的 18 类项目,各有不同的分工,以此带动区域经济发展。其主攻方向为:工业(钢铁业、食品和饮料工业、纺织业、机械和交通工具业、造船业)、矿产(镍矿加工、铜矿加工、铝矾土加工)、农业(棕榈种植、橡胶种植、粮食加工业)、海洋业(海洋渔业发展)、旅游业、电信业、能源业(煤炭发展、石油天然气的发展)、区域中心(以雅加达为中心的大都会圈、巽达海峡大桥经济圈)。

从以上定位和主攻方向可以看出,印度尼西亚长期发展规划中的六大经济走廊各有不同的分工,通过分工合作的方式带动区域经济发展。①

(三)十大经济特区的吸引带动作用

受全球经济不确定性影响,印度尼西亚的经济也面临着许多挑战,而且不仅是其内在的挑战,也包括来自外部的因素,特别是受全球经济增长放缓的制约。为了应对这些内、外因素的挑战,印度尼西亚采取结构性政策来改善投资环境,其中之一就是经济特区制度。②

经济特区里的工业可以享受减税、原材料进口免增值税、物业所有权和提供居住证等优惠政策,且有比较明确的分工,有利于吸引外资。目前印度

---

① 蔡金城:《印尼经济发展总体规划解读》,《战略决策研究》2011 年第 5 期,第 89—96 页。
② 王晓波:《印度尼西亚:规划特区经济发展》,《中国投资》2017 年第 2 期,第 68—71 页。

尼西亚已经有了 10 个经济特区,各个特区根据自身的地理位置、资源禀赋和经济基础确立了不同的重点产业,包括加工制造、商贸物流、旅游业、林业、渔业、矿产开发等。印度尼西亚《2015—2019 年国家中期发展计划》强调,要最大限度地发挥经济特区的作用,推动经济增长、吸引外国投资、创造就业机会。印度尼西亚政府计划到 2019 年共设立 25 个经济特区,新增的经济特区以旅游业、矿产开发、渔业和制造业等为发展重点。[1]

(四)区域发展存在不均衡现象

印度尼西亚被誉为"千岛之国",然而各岛之间经济发展很不均衡,近 60% 的国内生产总值来自爪哇岛[2],首都雅加达人口超过 1200 万人,是世界上人口密度最大的城市之一,20 世纪 90 年代,雅加达吸引的外国投资就已经占到全国总投资的 20%,印度尼西亚近 1/3 的出口产品和超过一半的进口产品都要通过雅加达的丹戎不碌港交易。

为缓解大都市的压力,印度尼西亚政府一方面不断放宽投资限制,对投资战略产业的外国公司给予税收优惠,吸引外国企业在印度尼西亚投资建厂;另一方面注重小微企业在吸收劳工方面的作用,为小微企业融资助力。上文提到的发展经济走廊、建设经济特区也是印度尼西亚政府为缓解区域发展不均衡现象所采取的主要措施。

第二节　印度尼西亚区域政策发展历程

印度尼西亚的区域政策制定起源于 17—18 世纪的殖民统治时期,其后经历了苏加诺(Bung Sukarno)政府经济独立发展政策时期、苏哈托(Haji Mohammad Suharto)政府"开放型"经济政策时期、瓦希德(Abdurrahman Wahid)政府和梅加瓦蒂(Megawati Soekarno Putri)政府经济复苏政策时期、苏西洛(General Susilo Bambang Yudhoyono)政府挑战"经济全球化"政策时期。直至如今佐科(Joko Widodo)政府的"海洋强国"政策时期,印度尼西亚

---

[1]　杨超:《印尼经济特区:中企投资的机遇和风险》,《国际经济合作》2016 年第 12 期,第 43—47 页。

[2]　银昕:《印尼经济与发展计划部部长:希望借"一带一路"解决印尼发展失衡问题》,《中国经济周刊》2017 年第 22 期,第 38—39 页。

的区域政策发生了很大变化。一方面,印度尼西亚在国际组织中的立场正在悄然变化,由东盟向亚太经合组织的转变正体现了印度尼西亚国际层面区域政策的转变;另一方面,经历两任政府的政策调整后,印度尼西亚逐渐从亚洲金融危机中走出来,佐科政府也力求寻找新的区域发展突破口,除继续发展经济特区外,进行经济走廊基础设施的建设、加大对海洋资源的利用是印度尼西亚区域发展的新战略。

一、1945 年之前:殖民统治时期的印度尼西亚经济政策

公元 7 世纪开始有封建国家建立,自 16 世纪初起,葡、荷、法、英、日等国家相继入侵,印度尼西亚进入了长达四百多年的殖民统治时期,原有自给自足的封建经济在保留其生产关系的基础上,成为以生产国际市场需要的农矿产品为主的殖民地经济。

1619 年,荷兰东印度公司占领雅加达,其后迅速将其殖民统治实力扩张到全国。在东印度公司统治期间,印度尼西亚原有的封建经济生产关系被保留下来,并被利用作为统治和剥削的方式。由于保留了原有的封建经济生产关系,因此并没有促进商品货币经济的发展,甚至还起到了阻碍作用。

1811 年,英国东印度公司对印度尼西亚进行直接统治,英国驻印度尼西亚总督莱佛士对经济进行了改革。改革政策一方面促进了印度尼西亚商品经济的发展,但另一方面,由于改革仍保留了原有的土地所有制,所以印度尼西亚的商品经济发展是有限的。

1816 年 8 月,荷兰重新开始了对印度尼西亚的殖民统治,臭名昭著的"强迫种植制度"(1830—1870 年)就是在这一时期实施的。"强迫种植制度"实施期间,印度尼西亚人民受到了极大迫害,印度尼西亚经济也受到了极大影响。

1870 年,荷兰殖民当局颁布"新土地法"和"糖业法",推行所谓"自由主义"的经济政策。这一期间,印度尼西亚的种植园经济得到了迅速发展,经济作物产量剧增,在一定程度上促进了印度尼西亚农村资本主义商品经济的发展,但不仅没有摧毁印度尼西亚的封建土地关系,反而使其与外国资本结合得更加紧密。[1]

---

① 邓瑞林:《殖民统治时期的印尼经济》,《东南亚研究》1985 年第 4 期,第 57—70 页。

二、1945—1966 年：苏加诺政府的民族经济独立发展政策

1945 年 8 月 17 日，印度尼西亚宣布独立，1950 年建立印度尼西亚共和国，开始进行经济和政权的建设，第一任领导人为苏加诺。在苏加诺统治时期，印度尼西亚政府在经济领域主要致力于改变旧的生产关系，使印度尼西亚的民族经济在国民经济中占据主导地位，走民族经济独立发展的道路。对内排斥和压制外商资本，对外严格限制外国资本的进入。苏加诺政府所推行的经济措施总体特征即为抵制性，特点主要包含以下几点。

（一）外资企业国有化

印度尼西亚共和国 1945 年《宪法》中规定的"有关国家命脉和多数人民生计的生产部门一律归国家经营"，对外资企业实行国有化。

（二）依靠政府投资实行工业化

由于苏加诺时期印度尼西亚对外来资金的管控制度严格，因此这一时期主要是依靠政府投资实行工业化来进行经济建设。在"八年全面建设计划"投资预算总额中，50% 为外资，50% 由政府出资，政府投资的资金来源 96.2% 依靠政府储蓄，3.8% 依靠外国贷款。[1] 由此可以看出这一时期对外资的谨慎程度。

（三）积极扶持民族资本，削弱外资影响

1954 年，政府颁布法令作出系列规定，扶持民族资本。[2] 此外，政府还通过限制外汇、限制外资企业的经营项目、对外资企业接管或管制等措施，进一步削弱外资企业的影响力。

苏加诺时期的民族经济独立发展政策对印度尼西亚经济发展起到了一定的积极作用，带领印度尼西亚走出长期被帝国主义压制的命运，确定了国家资本的主导作用，也通过经济抵制巩固了印度尼西亚的民族独立，促进了印度尼西亚民族经济的发展。[3]

---

[1]　吴志生：《东南亚国家经济发展战略研究》，北京大学出版社 1987 年版，第 167 页。

[2]　世界知识出版社编辑部：《亚非国家走上独立发展经济的道路》，世界知识出版社 1958 年版，第 134 页。

[3]　陈永贵：《苏加诺时期印尼经济政策的特点及历史原因分析》，《三门峡职业技术学院学报》2009 年第 3 期，第 77—79 页。

三、1967—1998 年:苏哈托政府的"开放型"经济政策

(一)开放型经济政策

印度尼西亚第二任总统苏哈托在 1967 年至 1998 年间执政,从这一时期的经济发展模式来看,相对于苏加诺领导下的民族经济独立发展政策来说,应属于开放型的经济政策。开放型经济政策有其一定的产生背景,它产生于印度尼西亚内部亟须经济改革和外部多个国家开放型经济取得成功的双重作用下。这种政策具有以下几个主要特点。

第一,利用外资力量与发展民族经济相结合。利用外资推动经济发展成为苏哈托政府发展经济的一项基本国策,通过将国有化的外资企业归还原主、积极争取国外资本、政策鼓励外资在印度尼西亚进行投资等方法,印度尼西亚吸引了大量外资用于发展本国经济,例如 1967 年年初,政府颁布《外国投资法》,鼓励外资企业与国内企业联合经营,规定凡投资250 万美元以上的企业,可免交所得税两年,不限制投资者将利润汇寄国外。此外,为保护尚不稳定的民族资本,推动民族经济发展,苏哈托政府同时采取了一系列措施对外资投资领域进行约束。通过限制性地利用外资和有意识地保护民族资本,使这两种经济力量有机结合,充分发挥它们的积极作用。

第二,对华人经济力量以利用为主、限制为辅。苏哈托政府执政后,认识到了利用华人资本及其经营管理经验发展印度尼西亚经济的重要性,对华人经济采取了利用为主、限制为辅的政策。1967 年 6 月 7 日苏哈托总统签署了《解决华人问题的基本政策》的第 37 号法令,法令中指出"与 1967年第 1 号法令所规定的'外资'不同,在印度尼西亚本土累积起来的财富被列为'国内外侨资金'。此资金实际上是在外侨手中的印度尼西亚民族财富,因此有必要加以动员,并且利用在发展与建设方面"。

苏哈托执政期间是印度尼西亚经济飞速发展的时期,印度尼西亚与泰国、马来西亚、菲律宾、越南并称"亚洲五小虎"。开放型经济政策的实施使印度尼西亚基本摆脱了落后和混乱的局面,开拓了国外市场,产业结构发生了重大变化,经济快速增长,但同时也产生了诸如外债负担严重、经济过分

依赖资本主义发达国家等不利影响。[①] 由于形成了依赖外国投资和出口导向的经济增长模式,1997年7月,东南亚国家爆发金融危机,印度尼西亚经济遭到毁灭性打击,经济危机引发了政治危机,苏哈托30年的辉煌毁于一旦。

(二)计划经济的实行

苏哈托政府在恢复治理苏加诺政府时期被破坏的经济后,自1969年起实施计划经济。印度尼西亚的计划经济以5年为一个周期,每5年实行一个经济发展计划,每5个五年计划为一个长远发展规划。1969—1994年,印度尼西亚制定实施了第一个长远发展规划,并取得显著成就。直至现在,印度尼西亚依然以5年为周期制定经济发展计划,并取得了较好成效。

四、1999—2004年:瓦希德政府和梅加瓦蒂政府的经济复苏政策

1997年亚洲金融危机爆发,作为重灾区的印度尼西亚金融市场持续震荡,货币大幅度贬值,失业人数增至1350万人,加之旱灾造成粮食减产,食品供应困难,物价飞涨,人民生活水平急剧下降,贫富悬殊问题日益突出。1998年苏哈托被迫辞职。1999—2004年是印度尼西亚政局动荡的时期,领导人更换快。瓦希德政府(1999—2001年)和梅加瓦蒂政府(2001—2004年)都将经济复苏作为首要任务。总体来看,两任政府在5年中主要通过以下政策来复苏印度尼西亚经济:一是对领导班子进行整治和更替,以新面孔面对经济挑战,且杜绝高级官员的贪腐。二是要求国际货币基金组织迅速恢复已争取到的430亿元贷款,促进印度尼西亚融入全球经济。三是发展市场经济,把增加农民收入放在首位,鼓励私营企业的发展。四是进行金融改革减少私人外债,进行国际信贷者所要求的改革,防止资金短缺和国际投资减少对经济复苏产生制约。

瓦希德政府和梅加瓦蒂政府采取的一系列经济复苏措施在一定程度上确实挽救了亚洲金融危机以来低迷的印度尼西亚经济,但由于这一时期的

---

① 陈永贵:《略论苏哈托时期印尼的开放型经济政策》,《信阳师范学院学报(哲学社会科学版)》2009年第4期,第138—140页。

政局动荡不安,政党竞争激烈,并未取得预期的成效。①

五、2004—2015 年:苏西洛政府的应对"经济全球化"政策

2004 年苏西洛上台执政后,印度尼西亚经济仍面临着巨大挑战。从国内层面来看,亚洲金融危机的阴霾还没有完全退去,进行经济改革、实现经济复苏的任务仍然艰巨。从国际层面来看,这一时期国际经济发展的最大特点就是经济全球化的加速发展,如何利用经济全球化带来的发展机遇并有效应对其带来的负面作用,也是苏西洛政府面临的重要挑战。为实现经济复苏,应对经济全球化,苏西洛政府主要制定了以下政策。②

(一)继承梅加瓦蒂经济政策的可取之处,维持宏观经济稳定

瓦希德、梅加瓦蒂两届政府执政四年多,奠定了比较稳定的宏观经济基础,经济基本保持了温和的增长,苏西洛政府的新经济政策中也延续了许多梅加瓦蒂经济政策中的可取之处,其中包括:继续支持中小企业发展,发挥其恢复经济活力和解决失业问题的重要作用;继续改善投资环境,吸引外资重返印度尼西亚;继续整顿银行金融体系,尽力挽救受亚洲金融危机打击的银行业。③

(二)制定经济发展计划

苏西洛执政后,印度尼西亚政府先后制定了几个经济发展计划,来规划引领印度尼西亚经济的发展。2004 年年初制定《团结内阁五年计划》,其中与经济发展相关的政策主要包括创造就业岗位、保障劳动者权益、加强宏观调控、消除贫困、改善投资和经营环境、加快基础设施建设。2004 年年底出台《2005—2025 年长期发展规划》,以此作为印度尼西亚未来经济发展的总纲。2007 年,印度尼西亚政府进一步立法将《2005—2025 年长期发展规划》确立为印度尼西亚国家长期经济发展的战略。2011 年 6 月颁布

---

① 洪耀星:《瓦希德上台后的印尼内外政策趋向》,《东南亚研究》2000 年第 2 期,第 35—40 页。

② 袁野:《苏西洛时期印尼国家发展战略论析》,东北师范大学 2014 年硕士学位论文,第 21 页。

③ 吴崇伯:《苏西洛政府的经济政策及制约因素》,《当代亚太》2006 年第 12 期,第 29—37 页。

《2011—2025年中期建设计划》,是针对印度尼西亚经济发展的现实状况和国际经济发展大趋势对印度尼西亚未来经济发展所进行的全新规划,也是目前印度尼西亚推进国内经济建设和经济改革的主要纲领性文件。

(三)拓展新思路,应对经济全球化

苏西洛政府执政时期,经济全球化已经成为国际发展的大趋势,但在经济全球化进程中,经济相对不发达的国家可能会承担更多的负面影响。因此需要制定一系列相关经济政策,保证印度尼西亚在融入经济全球化的同时,尽量降低负面因素的影响。苏西洛政府的主要政策包括:注重基础设施建设,并以此作为经济复苏条件;注重农业发展和农村振兴,支持农渔牧业优先发展;致力改善"西富东穷"状况,积极消除东西部发展不平衡的状态;推动制造业走出低谷,并推行新能源政策;大力吸引外资,降低税收比率等。

六、2015年后:佐科政府的"全球海上支点"战略

印度尼西亚作为"群岛之国",海域宽广,自然资源丰富,地理位置关键,在国际航道上占有重要战略地位。近年来,印度尼西亚海洋经济迅速发展,麦肯锡全球研究报告指出,印度尼西亚的海洋资源等将推动印度尼西亚在2030年成为世界第七大经济体。2014年,佐科·维多多成为印度尼西亚新一任总统,他在国内和国际上的不同场合中曾多次表示,印度尼西亚具备发展海洋经济的巨大潜力,将印度尼西亚打造成海洋强国已成为印度尼西亚新的国家战略。并提出"全球海上支点"战略将优先考虑建成五个支点,即复兴海洋文化、保护和经营海洋资源、发展海上交通基础设施、进行海上外交、提升海上防御能力。以期改革经济发展模式,消除长期以来制约印度尼西亚经济发展的产业结构层次偏低、基础设施建设滞后等瓶颈,试图将印度尼西亚发展成为影响力遍及太平洋和印度洋的世界性海洋强国。

第三节　印度尼西亚区域政策发展现状

一、国际层面的区域政策发展现状

综合上述分析,印度尼西亚的区域发展政策对我国的借鉴意义主要体

现在两个方面:在规划制定方式上,印度尼西亚对区域的产业基础和发展可能性有充分的考虑,并对区域内部的产业有明确分工和发展重点倾向;在资源利用方式上,坚持立足于可持续发展的基础进行有利于经济发展的资源开发。

(一)东盟:昔日的领导地位

东南亚国家联盟,简称东盟。成员国有马来西亚、印度尼西亚、泰国、菲律宾、新加坡、文莱、越南、老挝、缅甸和柬埔寨,其前身是东南亚联盟。1967年8月,《曼谷宣言》正式宣告东南亚国家联盟成立。东盟成为东南亚地区以经济合作为基础的政治、经济、安全一体化合作组织,并建立起一系列合作机制。

印度尼西亚在东盟中的领导地位是在冷战时期确立的。印度尼西亚在东盟的发展过程中发挥了重要作用,它促进了东盟的成立,首先提出建立东盟的设想,还为东盟的建立进行了一系列的外交斡旋行动;在解决地区冲突问题,支持和推进地区中立化的正确主张,作为主导国家在东盟各成员国出现危机的时候总能伸手相救,及时地制止危机的进一步恶化等方面作出巨大贡献;积极支持文莱、缅甸、老挝、柬埔寨等加入东盟,并积极改善与越南的关系,推动东盟发展。

冷战后,世界格局发生了重大变化,支配国际关系的杠杆已经不再是政治和意识形态,而是经济发展、经济合作和经济竞争,这种变化在东南亚地区表现得尤其明显,近几年东盟各个层次的各种会议也更多谈论如何开展区域经济合作的问题。20世纪90年代后期,印度尼西亚饱受金融危机的影响,国内政局动荡不安,印度尼西亚本身的经济发展相对落后于其他东盟国家,又缺乏对区域经济合作的热情,印度尼西亚在东盟内部的主导地位受到了空前挑战。[①]

(二)亚太经合组织:寻求经济发展的新突破口

1. 亚太经合组织

亚洲太平洋经济合作组织,简称亚太经合组织,英文缩写 APEC,被认

---

① 曹云华:《亚太区域经济合作:印尼的立场和政策》,《亚非纵横》1996 年第 4 期,第12—14 页。

为是亚太地区最具影响力的经济合作官方论坛,印度尼西亚是亚太经合组织成立时的成员国之一。截至 2014 年 9 月,亚太经合组织共有 21 个正式成员和 3 个观察员。

2.印度尼西亚在亚太经合组织中的立场

印度尼西亚认为,它很难在东盟今后的区域经济合作中发挥领导作用,且主要贸易伙伴和外国投资者都是东南亚之外的国家。在这一背景下,能够在东盟以外的亚太经合组织发挥更大作用,对印度尼西亚的发展非常有利。近年来,印度尼西亚在亚太经合组织中的态度和立场发生了很大改变,由最初的消极怀疑到如今支持自由贸易和投资更加开放,其转变原因可能有以下两个:

第一,印度尼西亚的主要贸易伙伴和投资国是北美、日本和欧盟,加速亚太经合组织贸易投资的开放,可以大幅度增加流入印度尼西亚的美日资本,加速印度尼西亚经济发展。

第二,与中国不同,印度尼西亚很少有民族工业存在,如果实行自由贸易与投资,印度尼西亚几乎没有什么需要保护的东西。在这一情况下,自由贸易和投资开放对印度尼西亚来说利益巨大,且几乎没有什么弊端。

二、国内层面的区域政策发展现状

(一)宏观指引:印度尼西亚的中长期发展规划

印度尼西亚自 2005 年起开始实施《2005—2025 年长期发展规划》。这一长期发展规划分四个阶段执行,每阶段持续五年,目前印度尼西亚已经进入第三阶段(2015—2019 年)。

1.公私合伙基建(PPP)计划书:重点建设六大经济走廊

根据海岛国家的特点,印度尼西亚设立实施公私合伙基建计划书,建设六大经济走廊,主抓八大行业 18 类项目,旨在带动区域经济的快速扩张,实现国家跨越式的发展。

(1)苏门答腊经济走廊。定位为国家农产品生产加工中心和能源基地,由棉兰、北干巴鲁、占碑、巨港、楠榜、西冷、雅加达七个中心组成,主要有棕榈油、橡胶、煤炭等重点产业。

(2)爪哇经济走廊。定位为国家工业和服务业的引擎,由雅加达、万隆、三宝垄、泗水四个中心组成,主要有制造业、纺织业、运输工具工业三个重点产业,重点建设港口、铁路、公路、发电站等基础设施。

(3)加里曼丹经济走廊。定位为国家矿产生产和提炼中心、国家能源基地。由坤甸、帕朗卡拉亚、巴厘巴板、三马林达四个中心组成,主要有石油、天然气、棕榈油、煤炭等重点产业,未来可能会重点进行内河港口码头、铁路、高速公路等基础设施建设,发展渔业、木材等。

(4)苏拉威西—北马鲁古经济走廊。定位为国家农业、种植业、渔业生产和加工中心,由万雅老、哥伦打洛、肯达里、马穆祖、望加锡五个中心组成,主要有粮食作物、种植园、养殖业等重点产业,重点建设港口、水利设施、电力供应等基础设施。

(5)巴厘—努沙登加拉经济走廊。定位为国家旅游门户和副食品基地,由登巴萨、马塔兰、泗水三个中心组成,主要有旅游业、农畜牧业两个重点产业,重点建设港口、机场、公路、能源等基础设施。

(6)巴布亚—马鲁古经济走廊。定位为丰富的自然资源加工业基地和人力资源培训基地,由索龙、马诺瓦里、瓦梅纳、查亚普拉、马老奇五个中心组成,矿产业为其重点产业,重点建设港口、公路、能源等基础设施。

毫无疑问,爪哇经济走廊是印度尼西亚国家经济走廊建设的重中之重。爪哇岛是历届政府发展的重心,其基础设施的完善是印度尼西亚其他岛屿所无法比拟的,印度尼西亚的大部分工业都集中在爪哇岛上。首都雅加达是全国政治、文化、商业、金融、工业和航运中心;泗水市是东爪哇省的省会城市,印度尼西亚第二大城市,是印度尼西亚工业和商贸中心,工商业化程度最高,也是第二大航运中心;万隆是西爪哇省的省会城市,是印度尼西亚甚至东南亚的纺织品工业中心。爪哇经济走廊的建设也拥有良好的先天条件。

2.印度尼西亚政府实施总体规划的策略和措施

为加速印度尼西亚经济发展总体规划的实施,印度尼西亚政府同时制定了一系列匹配的策略和措施:谋求政府与实业界的携手合作;放手私营企业投资,创造就业机会;政府提供掌控、推动、配套措施(公共服务设施,人力资源和均衡发展);将已经制定的行动计划和国家中长期计划、政府工作会议、国民收支预算计划糅合在一块,形成预算计划文件;向各方面精心推介此发展规划;采取特别的掌控和评估措施。

(二)面向海洋:沿海大型港口城市建设与"海洋经济"战略

2014年10月,佐科在国会发表就职演说时强调,印度尼西亚民族的未来在海洋,建设海洋强国势在必行,希望把印度尼西亚打造成海上交通枢纽,加大基础设施建设,重新吸引外国投资者。佐科表示"我们必须兢兢业业,重塑印度尼西亚作为海洋大国的辉煌。大洋大海、海峡海湾是印度尼西亚文明的未来。现在,到了我们恢复印度尼西亚'海上强国'称号,像祖辈那样雄心壮志,'称雄四海'的时候了"。

1.**"海上高速"政策为多领域带来机会**

"海上高速公路"计划重点发展海上互联互通,带动海陆空和通信等基础设施建设,兴建各岛屿港口和陆上铁路、公路等设施,通过船只运输形成海上交通网络,推动经济平衡发展,使印度尼西亚成为全球海上交通运输一大枢纽。具体实施计划涵盖9个方面:

(1)至2019年,在经济发达或策略地区建设和振兴24个海港,其中优先振兴勿拉湾、丹戎不碌、丹绒北腊、锡江和梭隆这五大港口;

(2)中等发达地区建设一批短程运输码头并配置穿梭船只;

(3)商业港口建立散装货运设施;

(4)在各岛屿建设1481个非商业港口;

(5)在一些岛屿建设83个中型商业港口;

(6)在主要港口之间或沿海地区建设公路和铁路;

(7)更新现有船坞和造船厂,新建12个船坞和造船厂;

(8)建购83艘万吨货轮、26艘中型货轮和500艘客轮;

(9)配备若干水警船和巡逻艇。

2.**充分利用海洋资源,振兴国内经济**

印度尼西亚的海洋资源丰富,目前仍有较大的开发空间,政府计划投入更多资源发展渔业。印度尼西亚海洋渔业部对渔业措施进行重大改革:修订有关渔业捕捞政策规定,对船舶在海上装卸货物、渔业捕捞许可证收费、渔民燃油补贴分配政策等进行调整;将复核已发放的捕捞许可证,并在2014年年底前暂停向30吨以上的大型渔船发放新的捕捞许可证;提高向大型渔船的收费标准,每年渔业非税收入要增加到1.04亿美元;对国内小型渔户提供税收减免,促进中小型渔业公司发展。此外,印度尼西亚政府还宣布严打在印度尼西亚领海非法捕鱼的外国渔船。

3.制定优惠政策,鼓励渔业、造船、海洋旅游等海洋产业发展

发展造船业是建设"海上高速公路"的重要支撑,印度尼西亚政府将设立专项资金为船舶采购提供融资,修改造船业及相关领域的进口关税、增值税和收入税,为造船业提供更加灵活的银行担保,把新建船舶的当地制造成分提高至40%等。同时,国内的工业原料和配件等辅助工业,以及造船行业的人力资源技能也将得到提升。

印度尼西亚新政府为推动旅游业发展,推出包括给予多国免签证等新举措,并改善国内旅游配套设施,以增加外国游客在印度尼西亚的消费。[1]

(三)经济特区:立法保障投资和产业发展

2009年,印度尼西亚颁布第39号《关于特别经济区法》,在全国范围内建立经济特区;2010年,印度尼西亚成立国家经济特区委员会。目前已有的十大经济特区分工如下:

塞芒吉经济特区:位于北苏门答腊省,以棕榈油加工、橡胶加工、农药化肥生产、物流和旅游业为重点发展产业;

丹绒勒松经济特区:位于万丹省,以旅游业为重点发展产业;

丹绒阿比经济特区:位于南苏门答腊省,以橡胶加工、石油加工和化工工业为重点发展产业;

曼达利卡经济特区:位于西努省,以旅游业为重点发展产业;

马雷经济特区:位于东加里曼丹省,以棕榈油加工和物流业为重点发展产业;

巴鲁经济特区:位于苏拉威西省,以制造业、矿产开发(特别是镍、铁、金的开发)、物流和农业加工(可可、海藻、藤)为重点发展产业;

比通经济特区:位于北苏拉威西省,以渔业加工、椰子加工、制造业和物流业为重点发展产业;

---

① 吴崇伯:《印尼新总统佐科的海洋强国梦及其海洋经济发展战略试析》,《南洋问题研究》2015年第4期,第11—19页。

摩罗泰经济特区:位于北马鲁古省,以旅游业、渔业加工和商贸物流为重点发展产业;

丹绒克拉扬经济特区:位于邦加勿里洞省,以旅游业为重点发展产业;

索龙经济特区:位于西巴布亚省,以船舶制造、物流、农产品加工、渔业、林业和矿产开发为重点发展产业。

为吸引境内外企业投资,印度尼西亚政府采取了大量举措,设立了一系列经济特区专属优惠政策。例如,围绕经济特区,加强公路、铁路、港口、机场等基础设施的建设力度;采取措施缩短企业审批时间;对经济特区内的企业实行一系列税收减免政策等。印度尼西亚政府现阶段也在继续讨论对经济特区实行的优惠政策,例如提出将允许外国投资者经营国内的经济特区,即外国公民可以在经济特区内拥有住宅物业,并有资格获得20%—100%的所得税优惠等,以期更好地吸引投资,发挥经济特区的辐射带动作用。①

(四)设施先行:公私合营下的基础设施建设模式

印度尼西亚的基础设施建设落后一直是其经济发展的重要阻力,在最新的中长期发展规划中,印度尼西亚将基础设施建设作为很重要的政策实施。

《2015—2019年中期发展规划》主要是关注12个领域的大型基础设施项目建设,建设2650公里长的公路和1000公里长的高速公路,维修全长46770公里的现有公路;兴建15个机场;新建24个大型港口;在爪哇、苏门答腊、苏拉威西和加里曼丹岛建设全长3258公里的铁路网;新建60个轮渡码头;在20个城市建设快速公交线路;新建49个大型水坝(水库),建设33座水电站,为大约100万公顷的农田建设灌溉系统;为市县区建设完善的宽带网络;在227个市县区建设污水处理系统,并为430个市县区提供污水处理服务;建设5257座廉价公寓,惠及51.57万户家庭;在城镇建设净水供应系统,惠及2140万户家庭;建设2个每日处理能力为30万桶的大型炼油厂,建设5个浮式天然气接收终端,为100万户普通家庭供应天然气,建设

---

① 杨超:《印尼经济特区:中企投资的机遇和风险》,《国际经济合作》2016年第12期,第43—47页。

78 个天然气供应站,为 60 万户渔民家庭供应天然气,增加 3500 万千瓦电力供应。

由于财政收入有限,印度尼西亚每年可用于基础设施建设的政府预算仅约 175 亿美元,印度尼西亚政府将努力增加税收,降低燃油补贴支出,将节省的财政资金用于生产性部门,并通过公私合伙基建(PPP)计划书等模式吸引国内外投资,以筹措发展海洋基础设施所需资金。亚投行投入方向与印度尼西亚新政府加强海上等基础设施建设、促进互联互通的发展战略十分契合,也将促进整个亚洲地区的基础设施建设和经济发展。

(五)经贸政策:特朗普当选后印度尼西亚经贸政策的调整

1. 特朗普新政对印度尼西亚经济的影响

2016 年 11 月,特朗普当选新一任美国总统,特朗普的经济政策具有明显的"里根经济学"色彩,很可能对印度尼西亚经济走势产生多层面的影响。"特朗普式"的贸易保护主义可能会冲击印度尼西亚出口市场;其"增支减税"计划或将加速全球价值链重构,对印度尼西亚企业造成负面影响;美国未来货币政策存在较大变数,印度尼西亚将面临长期流动性风险。

2. 印度尼西亚经济政策的调整

为应对美国经贸政策大转向,特别是抵御贸易保护主义、制造业回流美国与美元进入加息通道的冲击,印度尼西亚政府正在积极调整对内、对外经贸政策:

(1)对美贸易政策从多边框架调整到双边谈判

从美国宣布退出 TPP 到重新考虑 NAFTA,印度尼西亚对美国贸易政策也不得不作出相应调整,重新开启对美谈判。

(2)拓展国际经贸合作空间

为缓解来自美国的压力,印度尼西亚更加注重与其他国家和地区建立良好的经贸合作关系,政策包括加强东盟区域内部的经贸联系、加快与域外国家签署投资和贸易自由化协议、经济上向中国靠拢等。

(3)改善国内投资营商环境

近年来,佐科政府一直致力于推动经济改革,鼓励外商投资。政府陆续出台 14 期经济配套措施,包括建立仓储物流中心、缩短投资许可的申请时间、设立提供税收优惠的工业特区、加快土地使用审批流程、落实海关通关统一窗口制度、促进供水与供电设施工程等。[①]

第四节 印度尼西亚区域政策的特征和借鉴

综合上述分析,印度尼西亚的区域发展政策对我国的借鉴意义主要体现在以下几个方面:在规划制定方式上,印度尼西亚对区域发展不平衡采取了部分措施,对区域的产业基础和发展可能性有充分的考虑,并对区域内部的产业有明确分工和发展重点倾向;在资源利用方式上,坚持立足于可持续发展的基础进行有利于经济发展的资源开发;在规划具体实施上,重视影响区域发展的弱势项目,重点进行基础设施的建设。

一、缓解区域发展不平衡:重点走廊地带的发展规划的制定

《2005—2025 年长期发展规划》中,印度尼西亚重点建设六大经济走廊。苏门答腊经济走廊是国家农产品生产加工中心和能源基地;爪哇经济走廊是国家工业和服务业的引擎;加里曼丹经济走廊是国家矿产生产和提炼中心、国家能源基地;苏拉威西—北马鲁古经济走廊是国家农业、种植业、渔业生产和加工中心;巴厘—努沙登加拉经济走廊是国家旅游门户和副食品基地;巴布亚—马鲁古经济走廊是丰富的自然资源加工业基地和人力资源培训基地。

首先,印度尼西亚政府在制定区域发展政策时,充分考虑了各经济走廊中心城市现有的产业基础以及分工方向,对各经济走廊分工明确,主抓 8 大行业 18 类项目,设置相关的经济发展中心,以良好的分工协作带动区域经济的快速扩张。

其次,将爪哇经济走廊作为 6 个协同发展经济走廊中的重点进行建设。以爪哇经济走廊为建设核心,给予重点措施鼓励发展。分工发展方式有助于发挥产业带头作用;同时,在各大经济走廊中设置相关的经济发展中心,

---

① 林梅:《特朗普当选后印尼经贸政策的调整》,《亚太经济》2017 年第 2 期,第 87—93 页。

能够带动区域经济的快速扩张,实现国家跨越式的发展,也能更好地形成区域均衡格局。

二、对资源合理充分的利用:"全球海上支点"战略的制定

佐科政府上台后,大力推行海洋经济的发展,积极利用海洋资源,提出旨在振兴印度尼西亚在亚太地区经济与政治地位的"海洋强国"战略,倡导将印度尼西亚建成"全球海上支点、全球文明枢纽"。印度尼西亚政府制定一系列政策推动海洋经济的发展,在建设方面,主要包括对弱势项目,即基础设施建设的重视,在加强建设的同时给予充分的资金支持;在可持续发展方面,主要表现在积极维护和管理海洋资源,保护海洋环境以保障人民利益,在充分有效利用海洋资源的同时,保证海洋经济政策的可持续发展。

以自然资源为中心,合理利用并制定适当的政策可以成为国家经济增长的重要动力,但同时也应当注意保护与利用相协调,保障经济的可持续发展。

三、弥补发展弱势:重视基础设施的建设

印度尼西亚的基础设施建设落后一直是其经济发展的重要阻力,对落后项目的弥补也是印度尼西亚政府一直努力的工作。在我国区域政策制定的过程中,也应重视弱势项目的发展,使经济建设稳步快速发展。为加速和拓展印度尼西亚经济发展总体规划的实施,印度尼西亚政府同时制定了一系列匹配的策略和措施:谋求政府与实业界的携手合作;放手私营企业投资,创造就业机会;政府提供掌控、推动、配套措施(公共服务设施,人力资源和均衡发展);将已经制定的行动计划和国家中长期计划、政府工作会议、国民收支预算计划糅合在一块,形成预算计划文件;向各方面精心推介此发展规划;采取特别的掌控和评估措施。这些措施都一定程度上刺激了印度尼西亚基础设施的建设。

此外,从上文关于印度尼西亚区域发展的历程来看,印度尼西亚的区域政策呈现多变的态势,虽然与印度尼西亚实行多党执政有一定关系,但区域政策的制定与国情紧密联系,也取得了比较不错的成效。政府将政策方向

及时调整,制定先进的社会制度和正确的区域政策,才能指引社会加快发展。我国也应该积极总结经验教训,根据实际情况调整发展方向,维持更好的发展格局。

第十一章　越南的区域经济规划与政策

第一节　越南区域发展现状概述

越南地处亚洲东南部,区位条件较为优越,地理上由八大区域组成,各地区的自然环境条件和社会经济发展状况各有特点。越南现为一党执政的社会主义共和制人民共和国,全国划分为 58 个省和 5 个直辖市。越南历史上战乱不断,但自 1986 年越南政府实施革新计划(即改革开放)后,经济实力和国民生活水平不断提升,政府对区域政策与规划也越来越重视。

一、自然地理基础

越南社会主义共和国地处亚洲东南部的东阳半岛(中南半岛),国土呈 S 形,南北距离约 1650 公里,从东至西最狭隘的地方仅为 50 公里。越南在东南亚地区有着极为重要的战略区位,东、南濒临太平洋(南海),西与柬埔寨和老挝毗邻,北与中国接壤,具有与世界各国尤其是亚太地区国家进行经济交流和贸易往来的十分便利的条件,蕴藏着互相合作发展的巨大机会。

越南由八大区域组成:西北、东北、红河三角洲、中北部、沿海南中部、西原、东南部、九龙江三角洲。越南地形多样,既有海岛、浅海大陆架,又有山区、丘陵、平原。这些特点致使其国内生产力的空间发展分布很不均衡。其中,红河三角洲、中北部、沿海南中部、东南部、九龙江三角洲为越南的沿海地区,其他地区则为内陆地区。

二、社会经济现状

政体及行政方面,越南现行政体为一党制的人民代表大会制度;国体为马克思列宁主义社会主义共和制人民共和国。根据越南宪法规定:越南社会主义共和国国家政权属于人民,越南共产党以马克思列宁主义和胡志明思想为指导思想。国会是越南的国家最高权力机关,任期 5 年,通常每年举行两次例会。政府是国家最高行政机关。

人口分布方面,截至 2017 年 1 月,越南总人口达到 9513 万人。根据 1999—2009 年人口普查,全国人口为 8584.76 万人。

在八大区域中,人口的地域分布极不均衡,红河三角洲所占国土面积最小,但人口密度最高,是全国平均水平的 4.9 倍,占全国人口的比重也最高。地区分布差异十分明显。

社会经济方面,21 世纪以来,越南的改革事业在经济、政治和社会领域都取得了巨大的成就,国民经济保持了相当高的增长速度,按可比价格计算的国内生产总值的年均增长率达到了 7% 以上,全国人均 GDP 在 9 年间增长 1.86 倍,年均递增 12.4%,按可比价格计算年均增长 69%,但仍旧是世界上低收入国家之一。在全国八大区域中,经济发展水平最高的为东南部地区,遥遥领先于其他地区。人均 GDP 最高的东南部地区(2218 美元)和最低的中南部沿海地区(89 美元),二者相差 24.9 倍,地区经济差异悬殊。越南三次产业结构从 2011 年的 22.02∶40.25∶37.73 变为 2016 年的 15.74∶32.94∶41.01,产业结构正不断优化。

三、城乡发展概况

(一)历史沿革

越南社会主义共和国,古代为交趾之地。汉武帝之后,在 1000 多年的时期内,越南是中国的郡县,越南自主封建国家的建立,应从 968 年开始。自此之后,越南虽仍与中国封建王朝保持"藩属"关系,但实际上已经摆脱了中国的统治,获得了独立,开始了越南历史的自主封建时期。经历了短暂的"属明时期"后,越南又获得独立,直到法国于 1884 年控制整个越南,归入法国在中南半岛的殖民地之内。

1945 年"八月革命"取得胜利,胡志明发表《独立宣言》,宣布越南民主共和国成立(即"北越")。同年 9 月,法国再次入侵越南,越南人民又进行了历时 9 年的抗法战争。

1961 年,越南战争爆发,1975 年 5 月,越南南方全部解放,越南共和国灭亡,抗美救国战争赢得彻底胜利。1976 年 7 月,越南南北宣布统一,国家更名"越南社会主义共和国"。

越南统一后,越共的扩张思想一度膨胀,1979 年开始,越南对邻国柬埔寨、老挝和中国边境进行侵占,直到 1986 年新政府上台,实行革新开放,对外调整与中国及东盟邻国的关系,对内进行经济体制改革,使越南走上正确的发展道路。[①]

1986 年,越南政府实施革新计划(Innovation Program),2001 年越共九大正式确立社会主义方向市场经济体制的建设目标,同时确立了到 2020 年基本实现工业化、现代化的国家发展目标。从目前来看,越南经济发展已经取得了显著成就,GDP 年均增长速度达到 7% 以上,人民生活水平越来越高,这不仅在经济领域,在文化、教育、医疗等领域也得到了很大发展。

(二)行政区划与城镇化

越南地方政府分为以下各级:省、市——县、城市、区——乡、村、坊,直辖市分为若干区。

全国划分为 58 个省(安江、北江、北件、薄辽、北宁、巴地头顿、槟榔、平定、平阳、平福、平顺、金瓯、高平、得乐、得农、奠边、同奈、同塔、嘉莱、河江、海阳、河南、河静、和平、后江、兴安、庆和、坚江、昆嵩、莱州、林同、谅山、老街、隆安、南定、义安、宁平、宁顺、富寿、富安、广平、广南、广义、广宁、广治、朔庄、山罗、西宁、太平、太原、清化、承天顺化、前江、茶荣、宣光、永隆、永富、安沛)和 5 个直辖市(芹苴、岘港、海防、河内、胡志明市)。

大体上,越南的区域发展进程可以分为三个阶段。第一阶段:1950—1960 年,城市化起步阶段;第二阶段:1970—1990 年,迅速发展阶段;第三阶段:20 世纪 90 年代至今,发展和完善阶段。在发展过程中,呈现以下几个特征:胡志明市首位度明显,城市化进程的速度快,其他各个地区城市化发展水平参差不齐,不均衡问题较为突出等。[②]

---

① 戴可来:《越南历史述略》,《东南亚纵横》1983 年第 1 期,第 19—26 页。
② 陈章喜、欧阳婧超、张震宇:《东南亚城镇化评析:可持续发展视角》,《东南亚纵横》2014 年第 4 期,第 60—64 页。

第二节　越南区域政策发展历程

自 1986 年改革开放以来,越南的社会经济发展主要经历了三个阶段——"改革开放起飞阶段""工业化初级阶段"和"工业化中级阶段"。区域政策的发展也经历了"区域发展准备阶段""重点区域倾斜"和"强化对外合作"三个阶段。从国内而言,经济区划主要分为七大经济区域和四个重点经济区,以及若干个港口经济区、沿海经济区等,针对不同的区域有不同的区域发展政策与分工;从对外的区域合作而言,主要有东盟、东西经济走廊(EMEC)以及大湄公河次区域合作和"两廊一圈"等与国际接轨的区域发展政策。

经历过殖民侵占、第二次世界大战、抗法战争和越南战争的艰苦时期后,越南得到独立和统一,越南社会主义共和国于 1976 年成立,但越南的战争没有停止。直到 1986 年改革开放以后,越南才结束战争,国家发展开始走向正轨,区域政策才逐渐发展并形成体系。

一、改革开放以来国家发展阶段

1986 年,越共六大决定实行改革开放路线,旨在从高度集中的计划经济体制转轨成为按照市场机制运行的社会主义市场经济体制,发展多种经济成分尤其是民营经济,有效、主动融入国家及区域经济。经过近年的改革开放,越南在经济发展和社会进步方面取得了举世瞩目的重大成就,为今后大力推进国家工业化和现代化创造了必要前提和重要基础。

1986 年以来,越南的社会经济发展主要经历了三个阶段:

1986—1995 年,为改革开放的起飞阶段。该阶段为越南经济体制向着社会主义市场经济体制转轨的初期阶段和工业化的起飞阶段,全国经济已逐渐摆脱了危机和停滞不前的状态,改革迎来了社会生产力的大解放。

1996—2005 年,为社会主义市场经济体制得到进一步巩固和工业化初级阶段。该阶段尽管受到了东南亚金融危机的严重冲击和连续发生的重大自然灾害的影响,但越南的宏观经济仍然保持了比较平稳的增长,保障了全国经济、社会、政治、国防等各项事业的发展。

2006年至今,为社会主义市场经济体制进一步完善和步入工业化中级阶段。该阶段越南国民经济仍然保持着持续稳定的增长,经济规模不断扩大,国家经济实力大为增强。

总的来看,1986年实行改革开放以来的三十多年,是越南历史上经济发展最快的时期,各行业、各领域都得到了迅猛发展,人民生活得到了很大改善,国家综合竞争力空前增强。越南的人均GDP从1986年的86美元迅速增至2012年的1749美元,已开始从一个低收入国家步入中等收入国家行列。1991—2011年的20年间,越南国内生产总值的年均增长率达到7.34%,当之无愧地跻身于东南亚、亚洲乃至世界经济高速增长的国家行列。

除此之外,越南的产业结构、经济结构不断优化,积极向着工业化、现代化转变,社会主义市场经济体制基本建立,多种经济成分得到有效发展;对外经济活动蓬勃开展,融入世界经济步伐明显加快;社会事业得到全面发展。但也存在着相当多的问题,如产业结构调整和优化升级进展缓慢,经济增长主要依靠投资驱动,经济增长的质量较低、竞争力较弱。人民生活仍较困难等众多社会问题尚待解决。①

二、改革开放以来区域政策历程

计划经济时期,越南长期实行区域均衡发展战略,强调区域间或区域内部各地方的平衡发展,区域政策未成体系,区域发展也相对滞后。根据越南改革开放以来的经济发展历程以及国内外区域政策的实施和执行事实,可将改革开放以来的区域政策发展历程划分为三个阶段。

1986—1995年,越南刚开始实行改革开放,着重发展国内经济,摆脱了多年战争积攒下的严重经济危机和社会危机状态。尽管在一些方面还不稳定,但为今后大力推进国家工业化和现代化创造了必要前提。在这一阶段,越南政府借鉴各国区域发展经验,结合本国经济实力和区域发展布局,开始着手对重点经济区形成、规划和实现进行研究和实施,相当于建立区域增长

---

① 张庭伟、吴浩军:《关于东南亚城市发展研究的几个问题》,《规划师》2008年第3期,第79—85页。

极的准备阶段。1995 年加入东盟为越南区域发展注入了新的动力。

1996—2006 年,越南进入工业化初级阶段,为了更好地实施社会经济发展战略,在国家和地区经济增长中发挥更大的引领带动作用,促进对外贸易和外向型经济的进一步发展,这一阶段出现了对重点发展优势地区的区域政策倾斜,同时针对贫困地区制定相应的扶贫政策,对外贸易与区域合作越来越多。

对内,1996 年在广宁省芒街建立了第一个港口经济区和实行试点政策,1997 年提出在条件具备的沿海地区试点建立一批经济特区或自由贸易区的主张,1997 年和 1998 年相继成立了 3 个直属中央政府管辖的重点经济区,分别为北部重点经济区、中部重点经济区以及南部重点经济区,2003年正式成立了第一个沿海经济区。同时在扶贫方面,1998 年相继制定和采取了国家减贫目标计划、特别贫困地区社会经济发展计划。2004 年开展专项资助少数民族贫困地区和家庭发展生产、提高生活水平的 134 个计划项目。

对外,1998 年东西经济走廊倡议出台,2002 年通过了建立"越南—老挝—柬埔寨发展三角区"的决定,2004 年提出与中国共同建立"两廊一圈"的区域合作新构架,越南的对外区域合作进一步展开。[①]

2007 年至今,越南步入工业化中级阶段,在完善之前的区域政策的基础上,开始强调国际区域合作与对外贸易,重点开发区域的带动作用日益显现,针对贫困区域的脱贫政策卓有成效。

对内,2009 年 4 月成立了九龙江三角洲重点经济区,与上一阶段成立的三个重点经济区共同拥有着全国最好的基础设施、较高素质专业技术人员和普通劳动者队伍,以及众多的高校与科研机构,成为越南全国的政治、经济、科技、文化中心和内外交通枢纽,在国家和地区社会经济发展中都占据着极其重要的战略地位。截至 2011 年,越南 18 个沿海经济区都已成立。扶贫方面,2008 年实施"关于 62 个贫困县稳步减贫协助计划",并于 2010年成功摘除贫困国家的帽子。

---

① 李碧华:《越南"两廊一圈"的政策规划建设与中越共建"一带一路"》,《东南亚纵横》2016 年第 5 期,第 37—40 页。

对外,2007年越南正式成为世界贸易组织(WTO)的第150个成员方,对外贸易发展迅猛,现已与170余个国家和地区建立了经贸合作关系,签订了60多个双边贸易与投资协定。同年,东西经济走廊正式破土动工,它将使泰国东北地区和老挝能接近印度洋和太平洋,并被视为各国投资商纷纷面向的一个庞大市场。2008年与中国共同建立"两廊一圈"的区域合作迈出了实质性的一步。此后又参与亚太经合组织会议、"一带一路"高峰论坛。越南这一阶段在跨国区域合作中扮演着越来越重要的角色。

第三节　越南区域政策现状

越南共分为七大经济区域和四个重点经济区,其中政府尤为重视重点经济区的发展和带动作用。20世纪90年代初,越南政府开始着手对重点经济区形成、规划和实现进行研究和实施,至今共建成四个重点经济区,并且都有相应的发展规划政策。另外,在港口等特殊区域和贫困地区也制定了相应的区域发展规划政策。

一、国内区域发展政策现状

越南的经济区划主要分为七大经济区域和四个重点经济区,以及若干个港口经济区、沿海经济区等。

从1986年开始,越南经济从计划经济走向社会主义定向的市场经济,经济有了巨大的改变。越南区域经济也逐渐有了新的发展。越南政府计划到2020年成为一个工业化的国家。为了达到这一目标,越南已加快经济结构的调整速度,其中包括产业结构、经济成分结构和经济区域结构调整速度。基于对全国地理、自然资源条件的研究,全国各省市的经济社会发展现状的研究,国际经济发展和全球化过程对国内经济影响的研究,越南政府对每个省市经济社会发展的机会和挑战进行了全面的分析。为了促进全国经济的发展,同时建立区域之间经济社会的全面合作关系,越南政府已经选择一些省市,准备将其建成推动全国经济高速、健康发展的国家重点经济区。因此,越南国内的区域政策很大程度上是针对促进重点经济区的建设发展,以发挥增长极的作用带动全国发展。

发展规划对越南各重点经济区来说,是头等重要的政策,重点经济区发展规划决定了其组成单位、发展内容和内外连接等因素是否正确,会直接影响重点经济区发展。20 世纪 90 年代初,越南政府借鉴各国区域发展经验,结合本国国情和区域发展布局,开始着手对重点经济区形成、规划和实现进行研究。从重点经济区萌芽形成时期起,越南中央政府就很重视其规划工作。

1997—1998 年,重点经济区的总体规划得到越南总理批准,标志着越南各重点经济区的正式诞生。当时越南重点经济区是北部重点经济区、中部重点经济区和南部重点经济区。1997—1998 年重点经济区的总体规划主要内容有:在经济发展方面,北部重点经济区和南部重点经济区的发展目标是比全国其他地区增长更快;在社会发展方面,三个重点经济区的目标都是为劳动者创造就业机会。此外,北部重点经济区和中部重点经济区的目标还包括减少贫困户,实现扶贫目标;在环保方面,三个重点经济区都有环境保护、改善生态的目标。

越南三个重点经济区的形成和发展促进了越南经济快速发展。越南政府建立了重点经济区中央协调机构,该机构包括重点经济区发展协调指导委员会(以下简称"指导委员会")和各中央部门和重点经济区内各省市的协调小组。

2009 年,根据越南经济社会发展的实际要求,越南政府决定在九龙江平原区建立九龙江平原区重点经济区。从这一年开始,越南就有了北部重点经济区、中部重点经济区、南部重点经济区和九龙江平原区重点经济区四个重点经济区。

从重点经济区的区域发展政策而言,主要由全国性政策和对特别区域的政策两部分组成。

全国性政策主要有:

一是资金吸引和投资管理政策。"投资法""企业法""投标法"和一系列法规文献出台之后进一步改善了投资环境,为吸引更多的投资资金,尤其是吸引外国直接投资资金作出了贡献。

二是都市化和基础设施发展政策。2003 年,越南总理颁布了关于都市按规划管理建设的指示,以矫正当时都市无秩序发展的普遍现象。大都市周围地区,尤其是跟河内市和胡志明市有基础设施连接的周边地区被要求主动按建设规划进行合作。

三是促进科技发展政策。除了 2000 年出台的《科学与技术法》、2008 年出台的《高技术法》,2012 年越南政府还制定了《2011—2020 年科学与技术发展战略》。该战略确定了越南科学技术活动中的主要发展方向,包括提高科技创新能力、革新管理机制、推进科技应用研究等。其中对科学技术活动管理机制进行基本、全面且同步改革是战略的突破口。该战略被认为是越南科学技术行业未来发展的新方向。

四是其他政策。包括吸引和使用劳动力政策、推动出口政策、土地开发与使用政策和环保政策等。总体上看,各个政策都具有为各重点经济区提供"优惠""优先"的倾向。如城市化政策(附有城市基础设施政策)、发展工业政策(尤其是工业区政策)和社会技术经济政策,为重点经济区提供各种投资资金,以加快其经济增长速度,快速成为全国经济、文化和社会中心,实现带动其他地区发展的职责。"优惠""优先"政策为越南各重点经济区吸引了更多的国内外资金,为投资者创造了更好的投资条件。越南各重点经济区的地方政府在实施中央制定的政策时都很灵活,或在允许的范围内根据自己的实际情况,实施中央的政策。很多地方政府在中央政策的基础上制定适合各自实际情况的政策,以更好地吸引投资者、劳动力和新科技。

而对特别区域的政策,则包括:在关于制定、批准和管理经济社会发展总体规划方案中,政府规定工业区、加工区、经济区和科技区等集聚方向发展。2008 年将这个规定进行了修改,适应于三个重点经济区、经济走廊、经济带和国防经济区。这些特别区域的形成和运行的政策框架除了"投资法""企业法"还有很多政府给予的立法文献。总的来说,那些政策主要注重为特别区域完善投资环境、创造条件和吸引投资商。除了这些政策以外,按照分权机制,各地方政府也积极出台了一系列简单化、公开和减少行政手续政策,以使投资商更方便投资。

同时,针对港口和贫困地区,越南政府也制定了相应的区域发展政策。

越南港口经济区是个特定的经济空间,它是联系国际港口或者国家正式的港口;这里实行了一些特殊发展机制或政策,发挥每个地方的优势,以便在由政府决定的规划、开采、使用、发展等基础上得到经济社会的最高效益。港口经济区是发挥边界省区潜力和活力的重要地区,在各边界省份和全国的社会经济发展中具有重要地位。越南至今在 25 个边界省份中已有 21 个省成立了 28 个港口经济区,总面积 60 万公顷。目前,大部分的港口经济区已经完成了明细规划。

越南是一个千百年来以农耕为主的传统农业国家,又是一个多山、多少数民族的国家,因此包括北部中游与山区、西原、九龙江三角洲等在内的以农业为主的地区、山区和少数民族聚居区,通常构成了越南经济落后地区。改革开放三十多年来,越南党和政府十分重视经济落后地区的发展和贫困家庭的脱贫致富问题,相继制定和实施了多项国家减贫计划以及实现减贫目标的其他社会经济计划,并已取得了显著成效。国际社会公认"越南的减贫成就,是在发展经济中最成功的故事之一"[1]。

二、国际合作类区域政策现状

经济改革和加入 WTO 以来,越南积极参与国际和区域经济合作,包括与中国建立的战略合作伙伴关系,与俄罗斯、印度、日本、韩国建立的战略伙伴关系,与美国建立的"积极、友谊、多方面合作、互相尊重、互利共赢"的伙伴关系,积极参加亚太经济合作组织会议和东盟自由贸易区活动,以及大湄公河次区域经济合作、柬埔寨缅甸越南合作、越南老挝柬埔寨中国珠三角地区合作等。这些经济合作对越南全国特别是与中国、老挝、柬埔寨接壤地区的社会经济发展都将产生十分重要的影响。

（一）东盟

越南经过一系列的努力终于加入东盟,成为东盟正式成员之一。1994 年 7 月,越南外长阮孟琴在参加东盟地区论坛时表示越南强烈要求加入东盟,并经过一系列的努力,越南终于成为东盟正式成员之一。随后,老挝、柬埔寨和缅甸也先后加入。至此,"东盟才覆盖了整个东南亚,把所有东南亚国家集合到其麾下,形成了一个独立完整的地区体系"。越南也从此完成了第一阶段的对外政策转型,将目光从生存和安全转向了发展与合作。

---

[1]　李碧华:《越南"两廊一圈"的政策规划建设与中越共建"一带一路"》,《东南亚纵横》2016 年第 5 期,第 37—40 页。

借助于东盟的发展,越南也从中获益良多。首先,越南的安全保障得以确保。地区内部和周边大国的冲突可能性迅速降低。其次,将与中国在南中国海的领土争端放入东盟地区安全框架,通过东盟与中国签署的《南海各方行动宣言》,最大化维护自己在领土争端上的利益。最后,借助东盟成功地提升了自己在国际社会的地位,如越南在 2007 年被选举为联合国非常任理事国。越南加入东盟,是越南对外战略当中非常重要的基础,这为越南的国家安全、经济发展提供了保障和机遇。

(二)东西经济走廊(EMEC)以及大湄公河次区域合作

1998 年,东西经济走廊倡议出台,由亚洲开发银行、日本国际协力机构、日本国际合作银行在大湄公河次区域的战略框架内提供资助。东西经济走廊全长 1450 公里,跨越越南、老挝、缅甸和泰国四个国家。它始于缅甸的毛淡棉港,经过泰国的东北七个省份和老挝的沙湾拿吉省,通过越南广治省劳保关口连接到越南,并一直延伸到越南岘港,结束于岘港的仙沙深水港口。

2007 年,东西经济走廊正式破土动工,它使泰国东北地区和老挝能接近印度洋和太平洋,并被视为各国投资商面向的一个庞大市场。

(三)"两廊一圈"

与中国共同建立"两廊一圈"的区域合作新构架,是越南原总理潘文凯于 2004 年 5 月访问中国时正式提出的构想,并得到了中方的充分肯定和大力支持。所谓"两廊一圈","两廊"即指"昆明—老街—河内—海防—广宁"和"南宁—谅山—河内—海防—广宁"两大经济走廊,"一圈"即指"环北部湾经济圈"[①]。

2008 年 7 月 11 日,越南政府出台《批准到 2020 年越南谅山—河内—海防—广宁经济走廊发展规划的决定》(98/2008/QD-TTg 号决定)。这项决定的出台被认为是越南就建设"两廊一圈"中的经济走廊迈出了实质性的一步。《到 2020 年越南谅山—河内—海防—广宁经济走廊发展规划》提出的总体目标为,建立具有现代、同步基础设施的南宁—谅山—河内—海防—广

---

① 阮文历、马金案:《论北部湾经济圈的建设》,《东南亚纵横》2007 年第 1 期,第 7—9 页。

宁经济走廊,投资环境具有竞争力,有利于两国边境地区发展经济、贸易和合作发展,营造便利条件使两国企业和第三国企业开展合作,使南宁—谅山—河内—海防—广宁经济走廊成为两国经济贸易合作新的增长点,并在中国—东盟经济贸易合作中发挥重要作用。

2009 年 3 月 2 日,越南政府出台《批准到 2020 年北部湾沿海经济圈发展规划的决定》(34/2009/QD-TTg 号决定)。该经济圈包括广宁省和海防市,地理面积 7418.8 平方千米,人口近 290 万人。规划的目标是将这一地区发展成为富有活力的经济区,使之与中越两个经济走廊和中国南部沿海地区的发展对接,为越南主动、有效地扩大与中国及东盟的贸易和发展合作创造有利条件。

2015 年 12 月 22 日,第七次中国云南省与越南老街、河内、海防、广宁五省市经济走廊合作会议在云南昆明举行。参会代表就深化人员往来、经贸投资、互联互通、文化旅游、教育卫生、金融保险等方面合作,加快经济走廊建设广泛交换了意见,并就开展务实合作达成共识。中国云南省和越南4 省市负责人共同签署《会议纪要》并见证双方有关企业签署的跨境金融、跨境货物运输、边境口岸公路运输车辆保险等方面的合作协议。[1]

第四节　越南区域政策的特征与借鉴

越南自改革开放以来历届政府都十分重视区域规划和区域政策,在各个方面促进越南国内及对外的区域发展。中央政府明确要求制定区域发展整体规划和具体实施计划,并积极组织开展区域重大基础设施项目的规划建设,根据自然社会条件确定各地区经济发展类型并制定相应的地区发展政策,对外积极开展国际区域经济合作,促进区域共同发展。

越南作为我国邻邦,其区域政策制定的成果经验对我国也有借鉴意义。从越南的经验可看出,我国的区域发展政策应继续坚守"突出重点、优先发展、率先突破"的策略,对区域发展差距保持"冷静",并应大力发展沿海经

---

① 张庭伟、吴浩军:《关于东南亚城市发展研究的几个问题》,《规划师》2008 年第 3 期,第 79—85 页。

济、外向型经济和边贸经济,充满自信地积极打开国门融入世界经济发展中,越南的区域发展政策制定曾借鉴了很多别国成功经验,我国也可借鉴其他国家被证实过的发展经验,并在发展过程中不断修正完善区域发展政策。

一、越南区域政策的总结

自1986年越南共产党第六届代表大会确立改革开放的路线以来,历届越南政府都十分重视各地区的区域规划和区域发展政策问题,在越共七、八、九、十各届党代会的文件中都有针对各地区发展的专门章节和较大篇幅,其主要内容和任务总结如下。

(一)制定区域发展整体规划和具体实施计划

为了配合建立并有效开展全国与区域的社会经济发展总体规划,中央政府要求各地省级政府必须相应制定地区发展的五年规划和每年的具体实施计划。

(二)组织开展区域重大基础设施项目的规划建设

为了有效实现"全国经济一盘棋"和促进地区经济更广泛、紧密的合作交流,历届政府和地区规划的重点任务之一,就是十分强调海港、机场等重大交通基础设施、通信设施和重大工业项目布局的规划建设和地区协调、衔接工作。

(三)制定各种地区经济发展类型的确定及相应的地区发展政策

为了集中投资并优先重点发展,促进各地经济增长极的崛起和全国经济增长带的形成,越南根据全国不同地区的地理区位、资源禀赋状况和社会经济基础,相继划分和确定了七大经济区域和四大重点经济区,以及其他集中产业区、沿海经济区、港口经济区、贫困落后地区等的规划设计、相应政策及工作措施。

(四)积极开展国际和区域经济合作,促进区域共同发展

通过积极参与亚太经济合作组织和东盟自由贸易区活动,以及大湄公河次区域经济合作、柬埔寨—缅甸—越南合作、越南—老挝—柬埔寨—中国珠三角地区合作等,初步形成了北部湾地区的"两廊一圈""东西经济走廊"

等区域发展格局。

二、越南区域政策的借鉴

越南是中国一衣带水的友好邻邦,又同属社会主义国家和发展中国家。自1986年实行经济改革以来,越南开始从集中的计划经济体制向市场经济体制转轨,大力发展外向型经济,积极培育多种经济成分,国民经济得到了迅猛发展,人民生活不断改善,综合国力有了很大提高,区域发展有了长足的进步。

虽然越南与中国的国情有所不同,发展区域经济的内外部基础及环境条件也有不小的差异,但两国发展区域经济的共性特征也十分明显,因此取"他山之石"有相当的参考价值。

根据对越南区域发展的总结与梳理,可归纳出以下几点可供参考的经验。

(一)区域发展政策"突出重点、优先发展、率先突破",对区域发展差距保持"冷静"

计划经济时期,越南长期实行区域均衡发展战略,强调区域间或区域内部各地方的平衡发展。事实证明,发展中的越南因为不具备资本和其他发展资源和条件,促进各区域均衡发展是不可能的,只能有选择地在若干区域进行投资,其他区域通过利用这些区域的投资带来的外部经济而逐步得到发展。与此同时,世界各国区域经济发展经验表明,增长极是具有空间聚集特点的增长中推动性工业的集合体,经济增长极能带动全国经济发展。增长极的形成要有其历史、经济、资源优势等条件。有劳动力素质、文化环境、基础设施等优势。增长极的目标是带动区域全面发展。

因此,对于"部分地区先富起来"不必持过于"紧张"的态度,从非均衡逐步走向均衡。但不能忽视注重偏远山区和贫困地区的政策倾斜与政策扶持,逐步缩小地区发展差距是一个"长线任务"。

(二)大力发展沿海经济、外向型经济和边贸经济,积极打开国门融入世界经济发展

据统计,在世界上110多个有海岸的国家和地区中,沿海地区通常都是这些国家和地区经济最发达和人口、城市、产业最密集的精粹之地,构成了

"海岸带、黄金带"的鲜明特征。特别是在经济全球化和国家实施对外开放的政策背景下,沿海地区作为连接国际、国内两大市场的结合部和"对外开放、对内搞活"的枢纽,更是拥有得天独厚的区位优势和率先崛起、迅猛发展的先决条件。

越南地处东南亚半岛,拥有着 3200 公里的绵长海岸线,其主要经济发达地区和河内、胡志明市等 5 个中央直辖市全部都在沿海一线分布,发展沿海经济具有得天独厚的优势条件。1986 年越南实行改革开放路线以来,特别是 2007 年正式加入世界贸易组织后,其沿海经济的发展步伐不断加快,至 2011 年已相继建立了 18 个沿海经济区,成为招商引资、发展外向型经济和新兴产业的主要阵地。

我国充分利用长达 22800 公里陆域边境线、7 个省市区与周边 5 个国家和 20 多个民族接壤的有利条件,大力发展边境贸易,先后批准开放了 112 个陆域边境口岸(其中一类口岸 76 个),以沿边开放呼应沿海开放,已初步形成了"海陆同开、东西互济、南北共兴"的基本格局,并获得了巨大的成功。我国应坚持这一思路,进一步完善沿海区域带全国的区域发展政策和保持开放的大政方针。

(三)勇于借鉴其他国家被检验过的发展经验,并在发展过程中不断修正完善区域发展政策

中国、日本和韩国区域经济发展的经验表明,正确、完善的区域经济发展政策是区域经济发展的主要动力。借鉴世界各国经验,越南政府在各重点经济区形成和发展过程中已经制定了一系列针对重点经济区的政策为其快速发展创造条件,在实现这些政策的时候,越南政府也强调了各重点经济区的地方之间要分工合作,以免出现不统一、不主动、效率低的现象。

越南的战争持续时间很长,为了从战争中恢复过来追赶世界发展的脚步,该国政府一方面接受了大量发达国家以及国际组织的官方发展援助,另一方面积极学习包括中国在内的其他发展中国家的发展经验。如该国一直跟随中国的脚步,坚持改革开放,大力发展沿海经济、外向型经济和边贸经济;积极与其他国家进行贸易合作和次区域合作,达到互利共赢。

社会的发展规律不依国情而变,但会因先进的社会制度和正确的政策指引而加快步伐。因此,我国也可以积极参考发达国家的区域发展策略,总结它们的成功经验和失败教训,并须根据我国国情进行适宜性修正,以节省"试错"时间,加快全面建成小康社会的步伐,维持我国区域发展的利好局势。

第十二章　菲律宾的区域经济规划与政策[①]

第一节　菲律宾区域发展现状概况

菲律宾共和国,是由西太平洋7107个岛屿组成的国家,东临太平洋,西濒南中国海,北隔巴士海峡,与中国台湾地区遥遥相对。菲律宾为发展中国家,也是新兴工业化国家及世界的新兴市场经济体之一。由于拥有多国殖民的历史,其社会体制西方化特征明显;其经济发展曾在20世纪达到亚洲领先地位,近年来有所放缓。就整体区域发展趋势来看,菲律宾目前面临着促进城市化进程和可持续发展的挑战。

一、社会状况

菲律宾共和国位于西太平洋,是东南亚的一个多民族群岛国家,其国土面积约29.97万平方公里,人口总数约1.1亿,人口总数在亚洲排名第九位、在世界排名第14位。其中大马尼拉(即由马尼拉市和三区、四区共同构成的扩展的大马尼拉海湾都市区)人口总数达到2000万,占全国总人口的25%,全国土地面积的20%,持续占据菲律宾城市的主导地位。

政治方面,菲律宾被称为"西方民主制度在东方的橱窗",是实行"三权分立"的总统制国家。菲律宾的总统既是国家元首,同时也是武装部队总司令。

就其社会发展历程而言,菲律宾经历了古代社会、西班牙殖民统治时

---

① 菲律宾部分概况信息来源为外交部网站文章《菲律宾国家概况》和 https://baike.baidu.com。

期、美国统治时期、独立建立共和国等重要历史时期。

二、经济状况

菲律宾是东盟（ASEAN）的主要成员国之一，也是亚太经合组织（APEC）的 24 个成员国的一员。在第二次世界大战后的 1950 年至 1970 年之间，菲律宾与日本、缅甸等为亚洲最富有的国家之一，也是新兴工业化国家之一。在 20 世纪 60 年代后期，菲律宾采取开放政策，积极吸引外资企业进驻，从而使其经济发展取得了显著的成效。1982 年，菲律宾被世界银行列为"中等收入国家"。后受西方经济衰退等因素影响，经济发展放缓。进入 21 世纪，菲律宾将发展经济、消除贫困作为施政核心，加大了对农业和基础设施建设的投入力度，扩大内需和出口，国际收支得到改善，经济保持平稳增长。

菲律宾的经济发展模式属于"出口导向型"经济，其自然资源丰富，以有色金属资源及石油资源为代表。其出口产品包括电子、服装及其他相关产品。第三产业在其国民经济中的地位十分突出，同时农业、制造业和旅游业也占有较大的比重。[①]

三、区域发展概况与趋势

菲律宾全国分为吕宋岛、维萨亚岛和棉兰老岛三大部分，共设有包括首都区在内的 13 个地区，其地方政府体系则包括 73 个省、2 个副省、60 个市、1534 个镇及 41657 个公民会议。菲律宾宪法规定，"菲律宾共和国的领土和行政区域划分为省、市、镇和公民会议"。因此在菲律宾的政府分级体系中，地方政府自治权，分为"大区—省—镇—村"或"大区—市—村"。其中"省"是由镇和市组成的，"市"需要高度城市化（人口 15 万人以上，年收入达到 3000 万比索）才能称之为"市"，否则只能算作"合成市"；"村"又称"巴郎盖"，其中具有行政权力的为"公民会议"。

从发展趋势来看，近年来菲律宾城市的区域发展整体呈现出两种趋势。

---

① 蒋细定：《菲律宾经济发展态势：回顾与展望》，《南洋问题研究》2003 年第 4 期，第 28—33 页。

趋势一：核心城市向腹地扩散发展。包括马尼拉在内的次区域和省均呈现出发散趋势，即由中央商业区和马尼拉、马卡蒂及曼达卢永的内部核心区域向帕拉尼亚克——拉斯皮尼亚斯、帕特罗斯——塔吉格、诺瓦利切斯和巴伦苏埃拉等城市郊区扩散。

趋势二：全国人口持续向首都地区集中发展。菲律宾各地区均存在向首都地区集中的趋势，即向马尼拉市区的集中。据 2015 年 8 月 1 日菲律宾人口普查情况，马尼拉大都会（由马尼拉、奎松、卡洛奥坎、帕萨伊 4 个市和玛卡蒂等 17 个市镇组成）人口已达 12877253 人，是亚洲最大的都会区之一，被称为"亚洲的纽约"。

四、经济区分类与发展

菲律宾经济区主要由 96 个各类经济区和独立经营工业区、自由港等组成。菲律宾政府在自行设立和运营经济区的同时，积极鼓励私营部门设立各种类型的经济区（园区的土地归私人所有，基础设施由私人经营者投资建设，面向国内外投资者开放，并享受政府经营的经济区的同等优惠待遇）。

经济区主要分为工业园区、出口加工区、自由贸易区、农业经济区四大类。此外，还有投资、商业、金融中心，旅游休闲中心和促进软件、IT 服务以及相关信息产品出口的信息技术园等其他类型的经济区。

经济区的设立和运营，对加大菲律宾吸引外国投资力度、增加就业人口、扩大贸易出口和促进国民经济的发展发挥了重要作用。

五、区域发展面临的挑战

菲律宾的人口增长较快，虽然近年来人口增长速度有所减缓，但其增长态势仍需大力控制。在过去的 25 年中，不断有人从农村迁往城市，使得农村与城市人口出现很大失衡，这极大地影响了其城市及农村社区的生活质量。

挑战一：农村地区的衰落。在菲律宾，实施耕地和城市用地改革的工作难度非常大，农村综合发展计划（帮助村民建立乡村级别的加工厂，并帮助企业发展、保护自然资源，以此提高农民收入水平）一方面为农村发展提供了更多的就业机会,另一方面也导致流往城市的人口迁徙现象经久不衰。

挑战二:大城市周边贫民窟增加,农用地被侵占。由于综合土地利用规划和人居计划缺乏前瞻性,非正规住房(在菲律宾的贫困家庭依赖于土地的非正规开发来获得住房,并通过不动产的非法交易获得资产收益)数量不断增加。城市化进程的加速也使得一些农业用地转变为居住、商业和工业用地,导致非正规居民社区的住户流离失所,食品的稳定供给受到破坏。

挑战三:区域基础设施水平落后,公共卫生事件频发,社会问题激增。菲律宾的城市居所难以满足日益增长的城镇人口的生活需求;污染以及废物处理措施不力或不当;住房不足,供水紧张,公共卫生及其他基础服务水平低下;毒品泛滥、暴力和犯罪事件及其他社会矛盾等一系列问题亟待解决。

基于以上情况,菲律宾政府面临的挑战可概括为,如何促进城市化健康发展以及人居环境的可持续发展。

第二节　菲律宾区域政策与规划体系发展历程

菲律宾的区域发展在经过了漫长的政治与经济变革后达到了如今较稳定的城镇格局。总的来说,可将其发展历程分为第二次世界大战前、第二次世界大战后(1945—1970年)、1972—1984年、1986—1991年、1992年至今五个阶段。就其发展现状来说,则可以分别从国家层面和区域层面来解析菲律宾的区域发展格局。

一、第二次世界大战前——美、英统治时期,城市美化与物质空间规划

美国统治时期,建筑师丹尼尔·伯纳姆率领团队于1904年至1910年间推出了马尼拉城及碧瑶城的城市主设计方案,其理念源自美国城市美化运动,基本上是纯建筑性质规划和物质规划。伯纳姆不以马尼拉现有的路面电车或有轨电车为主的公交系统进行发展,而是倾向于以汽车为主体的城市规划模式,这也使得交通堵塞成为菲律宾常年存在的城市问题。

英联邦时期,城乡人口迁徙的问题在菲律宾的首都表现得非常突出。

许多人流离失所,集聚到城市,甚至安身在非正规住所中。为了迅速实现经济复苏,菲律宾政府采取了与其援助国和最大贸易伙伴美国的自由贸易和进口自由化政策,以便有助于其更好地进入美国市场,使得消费者和生产者能够从狭窄的国内市场的束缚中解脱出来,以产品的实际成本而非政府决定的价格作为决策的基础,为企业家们开辟一块全新的天地。但是,这一政策也为菲律宾本国的工业发展带来了负面影响。

二、第二次世界大战后(1945—1970 年)——城市规划委员会成立与地方自治运动兴起,但因局势不稳政策推行受阻、缺乏协调

1948 年,菲律宾总统颁布了第 96 号执行令,全国城市规划委员会正式成立。这个机构的首要职责即为国内所有城市制定城市规划。

1950 年,国会颁布了将通多城前滩地区约 50 公顷的区域划定为定居场地以供不断迁入的外来人口住房之需。还创立了菲律宾住房及家宅公司,研究无家可归的低收入政府雇员和外省移民的住房需求。自此,菲律宾住房及家宅公司在马尼拉和奎松等地开始了许多住房项目。

然而移民的势头有增无减,菲律宾不断受到各省土地不稳定状态的影响,以及人民军不时发生叛乱的影响。叛乱致使政府无法将主要精力集中在城市规划和在各省推行土地政策上。结果,全国城市规划委员会只能够为一小部分城市制定城市规划,1954 年该组织撤销,一个新的机构"全国规划委员会"取而代之。进口替代政策及《工业化及基础设施十点计划》启动,成为促进国内生产、加工、制造业的激励手段,但在实施发展政策和计划时没有明确的空间策略,项目也缺乏整合协调。

1959 年,菲律宾地方自治运动兴起,政府重新产生了对城市规划的兴趣。所以,《1959 年地方自治法》明确赋予了地方政府与全国规划委员会协商共同颁布地方分区管理的权力。

认识到政府政策计划与经济发展现状对接不充分以及由此产生的各种问题,一些学者倡导实施影响菲律宾社会包括经济、政治、文化、社会、人口以及环境问题在内的综合科研和发展计划。这直接导致菲律宾大学于1963 年建立环境规划学会,受到英国相似项目的启发,环境规划被定义为

"各种与土地管理和开发以及人类环境的保护完善和管理相关的活动"。

三、1972—1984 年——"人居环境"理念引入,人居委员会成立与全国性发展规划制定,逐渐步入正轨

进入 20 世纪 70 年代,全球对于污染性气体造成的全球气候变暖、不可再生资源的枯竭以及野生动物保护等问题越来越关注。国际环境及发展大会、世界环境及发展委员会等机构的成立也对菲律宾的规划方法和途径产生了巨大影响。

1972 年,菲律宾发展研究院拓展了道萨迪亚斯提出的人居概念,建议通过了《土地资源管理法》和《多年人居计划草案》。总统办公室下设立了"人居委员会"。这是第一次尝试将社会和经济发展以及空间规划结合起来。人居委员会以及地方政府机构发现,如果不进行新的人口、社会经济及自然条件研究,进而制定全国及部门发展、目标、政策和策略,就不可能制定恰当的人居或土地利用规划。因此,人居委员会与相关机构和行业的利益相关方协商制定了《综合城镇规划标准和指南》,并启动了《城镇规划援助项目》。

与此同时,在菲律宾制定的全国性发展规划确立了以综合的区域发展模式、乡村开发、工业分散以及经济集中增长策略为主的政策目标。在新的戒严法下采用的新宪法中,全国经济理事会被宪法确立的全国经济及发展局所替代,该机构由总统亲自挂帅,成为国家的中央社会经济规划机构。其首要职责就是制定《菲律宾中期发展规划》以及地区发展规划、海外发展规划、协调投资规划等。

四、1986—1991 年——低谷期,政权更替,相关机构废除整改

1986 年,马科斯政权被推翻,阿基诺政府对政策和发展框架作出了较大调整。人居委员会被勒令废除,附属于该部的机构则被划入住房及城市发展协调理事会,人居管理委员会更名为住房及土地利用管理委员会。

由此,城镇规划活动在重组期间搁置了近一年的时间,在随后的三年中也没能成为重点。直到 1992 年,司法部向内阁递交了一份司法研究报告,

报告认为综合土地利用规划及分区规定的住宅区、商业区、工业区和其他相似开发区内的土地都应不受上述法律的制约。同年,《地方政府法》开始实施。

五、1992 年至今——新的地方政府法、城市发展与住房法的确立

1992 年,《地方政府法》开始实施,该法为地方政府赋予了更多土地、资源规划和管理方面的权利和责任,包括将农业用地划拨为城市用地的权力等。该政策能确保地方政府更好地、更有针对性地判断本辖区的具体需要,也会在授权保护重点生产区的机构与相关地方政府之间造成政策及工作重点等方面的冲突。

与此同时,认识到迫切需要确定城市政策框架并实施宪法,以此来禁止采用住房和城市土地改革的综合和延续方案,国会颁布了《1992 年城市发展及住房法》。

此外,菲律宾于 1992 年 9 月 1 日创立了菲律宾可持续发展理事会,其目的是根据《全球 21 世纪议程》制定具有可操作性的全国议程。菲律宾可持续发展理事会也成为世界上为实现《全球 21 世纪议程》而设立的最早的机构之一。

第三节　菲律宾区域政策与规划体系现状分析

一、国家层面的区域政策与规划

(一)社会经济发展政策与住房政策

1996 年通过的《菲律宾 21 世纪议程》明确了菲律宾可持续发展理事会的职能以及各部门的作用,分析了目前国家形势的严峻性以及正在形成的可持续发展潮流,提出了"通过确立公正、道德、创新、文明、具有经济活力、关爱、多样和团结的社会,并以生产力水平适当、参与式民主进程、社会和睦以及根据自然承受能力及创造能力等为社会的主要特征"的构想。这为菲律宾的可持续发展战略提供了重大支持。它具有以下特征。

1. 增长、公平和生态保护之间的平衡

2. 要求兑现可持续发展的各项参数指标

3. 以人为本、以生态环境为本

《菲律宾21世纪议程》的制定过程具有鲜明的特点,例如多个利益主体分庭对抗,参与决策过程,以及政府与公民社会之间统一认识的过程等。为了全面实现上述可持续发展目标,议程提出了"行动议程纲要",强调以地区为主进行适度干预,将人置于发展的核心位置,将生态环境作为整合社会、生态、经济和体制等领域可持续发展的共同基础。该议程通过后开始运行,具体任务下达至地方政府机构,各政府规划和发展机构需立即采取行动,统一修改各自的方案,使其与上述政策、目标和策略保持一致。与此同时,民间社会团体加大宣传力度,反对住房侵占生产用地和保护区,农业活动侵占水域和保护区。

另外,《地方政府法》的实施为地方政府赋予了更多土地和资源规划以及管理方面的权力和责任,例如将农业用地划拨为城市用地的权力,这确保了地方政府能更有针对性地判断本辖区的具体需要,但同时也会在授权保护的机构与相关地方政府之间造成诸多冲突。

与此同时,认识到急需确定城市政策框架,而宪法禁止采用住房和城市土地改革的综合和延续方案的禁令,国会颁布了《1992年城市发展及住房法》,主要做了以下规定:

1. 确定全国城市发展和住房框架,对城市增长和发展的政策走向和空间策略作出相应的规定

2. 审议地方土地利用规划以及分区措施并使其合理化,确保与全国的基本框架保持一致

3. 住房规定制衡,批准新的主要分区时需有对应的社会化的住房项目

4. 适于采取社会化定价的地方政府机构存有的闲置土地

（二）经济发展与多边贸易

在各种复杂因素的制约和作用下,菲律宾政府对东亚地区在1997年金融危机之后掀起的双边自由贸易和区域间自由贸易浪潮持较为矛盾的心理,并采取了相对保守的应对举措,主要是以东盟成员的身份参与该地区的经济合作。

21世纪,东盟及其成员国以集体或单个国家的名义签订了"新一代"双边自由贸易协议与地区贸易协议。菲律宾虽然积极签署了协议,但在真正实施减税的过程中均提出了延缓执行的要求,并再三提出延期申请。至今,菲律宾依然主要是参照WTO的标准所制定的法律条文规范着本国的进出口贸易与投资。①

菲律宾政府的智囊机构——菲律宾发展研究所的主张,对菲律宾政府的双边自由贸易协议与地区贸易协议的选择发挥了重要的影响。菲律宾政府在采取贸易协议时遵循了菲律宾发展研究所建议的三项原则:

第一,菲律宾与别国或以东盟成员国的身份与其他国家或地区缔结的任何自由贸易协议必须有利于国家发展,并符合国家的改革原则和目标,即有利于提高菲律宾在全球的竞争力,有利于经济的持续增长,有利于国内资源的优化配置,有利于减少贫困。

第二,必须符合全球化的标准,即菲律宾参与谈判和签署的自由贸易协议必须与菲律宾的多边承诺一致,并朝向达至多边目标的方向。

第三,必须建立起一整套选择合作伙伴的标准,考虑自由贸易合作伙伴本身的客观原因。

在选择贸易合作伙伴时,菲律宾更是持极为谨慎的态度,采取了国别差异化自由贸易政策和区域差异化地区贸易政策。

(三)土地利用管理

住房及土地利用方面,菲律宾住房和土地利用管理委员会(HLURB)更新了《制订综合土地利用规划及分区计划的标准和指导原则》,并在其中融入了《菲律宾21世纪议程》的政策、目的、目标和策略,规定了机构内部土地分类及流转指导原则,以求解决机构间权限和政策不协调甚至相互冲突的问题和难点等。

(四)农业发展

农业部为确保实现可持续农业也制定了自己的计划,要求地方政府明确农业及渔业区,并将该内容纳入其所制定的全面土地利用规划。

---

① 沈红芳、李志龙:《菲律宾政府的FTAs和RTAs政策选择初探》,《南洋问题研究》2015年第2期,第38—46页。

第 20 号行政令确立了农业保护区体系,确定了农业基本用地的不可流转性以及对其他潜在生产用地流转的严格限制。《全国综合保护区体系法》则规定了确定保护区的指导原则和程序,确立了由本地人和地方社区管理的 18 个综合保护区。

1996 年,总统签署了"改进环境影响申述体系"政令。目的是在实施国家方案和项目的过程中,促进和确保社会经济发展与环境保护之间合理有序的平衡,从而有助于促进该体系最终实现作为可持续发展规划和环境规划的职能。

二、地方层面区域政策与规划

(一)土地利用规划与分区制——各省制定各自的省域框架规划

在菲律宾,由镇和市组成的省,作为中间层既在发展进程中作为行政机构而服务,又基本承担着广泛的地区性职责、作用和功能。一些城市地方政府制定的综合土地利用规划和分区制度的工作已经取得了不错的成绩。自《菲律宾 21 世纪议程》于 1996 年推出以来,已经有近 1000 个城市或自治市通过了土地利用规划和分区制。其中有 56 个省已经制定了各自的省域框架规划,有待各自的省理事会正式通过。

1990 年 2 月,司法部部长向内阁提出的一个研究报告指出,建议地方政府按照程序通过的分区制发展计划中规定用于住宅、商业、工业或其他开发用途的土地不受综合土地改革计划的制约。随后,菲律宾的城市规划活动在 1999 年又掀起了一次高潮,约瑟夫·埃斯特拉达总统发布了一道指令,要求所有地方政府在通知发出三个月之内完成各自的《土地利用规划》。后来,总统又发布了第 204 号执行令,撤销到期仍未完成土地利用规划和分区措施制定工作的城市和自治市发放发展许可证的权力。2000 年政府又进一步建立了 DILG—HLURB 联合 CLUP 启动计划,用以监督、促进和推动遵照上述总统及 DILG 发出的指令。

在以上政策推动下,完成各自土地利用规划和分区制度的地方城市大量增加。大多数省份都从省域规划技术援助项目中获益,并将可持续发展的原则成功地纳入省域框架规划草案中。根据内政及地方政府的报告,

2001年菲律宾73个城市的地方政府都已按照要求批准了各自的土地综合利用规划。

根据菲律宾城市联盟的报告,在相关政策颁布后,第一阶段的7个试点城市已经完成任务,第二阶段又有34个城市基本完成了计划的制定工作。一些参与第一阶段的城市已经被盖洛普基金会列为城市治理方面的典范。因此,菲律宾在城市开发策略计划方面取得的成就可见一斑。

(二)编制土地使用行动议程——保障五年计划得以实施

菲律宾城市论坛开展了《为稳定土地使用年限实现良治的2003年全国行动议程五年计划》。这一计划的施行汇集了多个部门的交流议程,且已经在区域协商的基础上得以制定。其内容包括:为人民组织以及巴朗盖赋权;获得高质量的住房及基础服务;合理利用土地资源;城市管理和治理;加强菲律宾城市论坛并实现其制度化等。议程要求各个利益相关方在召集人的领导下确定"短项目"并将其作为工作重点(6个月内可以实施),并确定值得投资的长期项目以获取技术和资金援助。

(三)建立城市良治案例库——推动地方可持续发展

2001年,菲律宾GALING POOK基金会发布了6卷地方治理典型案例库,其中第5卷集中探讨了城市良治的问题。其中与城市规划、发展和管理相关的三个计划分别是:

1.奥隆阿波市固体废物管理计划

包括大规模信息教育运动、垃圾收费归并电子账单、严格遵守程序、组织垃圾交易商、垃圾车在公共地址系统中使用叮当声引起注意、使用口号、举办作文大赛,海报竞赛、将清洁环卫工组织起来、定期检查、在没有清洁设施的地区建立垃圾收集点等。

2.那牙市的水域岭概念规划

该规划是在那牙市经历灾难性洪水袭击之后制定的,该市将水域视为基本规划内容,与其他对城市水域具有管辖权的地方政府机构协作。重要的一步是,描述水域的界线,这就涉及地形图的使用,"生态区"的划定,地方政府权限的确定以及地方政府职责的明晰。同时环境价值的宣传以及社区的参与度对于规划的成功实施也是至关重要的。

3. 马里基纳市的居民点计划

重点是提供土地而不是住房,确保拆迁地的条件更好,进行集体拆迁而非随意拆迁保证合作,所有相关住户都安置在城市,遏制新住户的加入,防止拆迁区域的进一步扩大。

此外,内政和地方政府部于 2003 年启动了"城市规划和治理奖励体系",用以推动规划创新措施的可持续性和可推广性。类似的颁奖活动还有 GALING POOK 基金和菲律宾城市联盟的年度颁奖制度等。

除了开展各种鼓励措施以外,还有一些独立活动也有助于创新规划的实施,例如每周举办的"可持续城市化及菲律宾新社区早餐论坛",其主要目的是提供一个融汇多方意见的场所,以此来鼓励区域发展的多方参与进程,寻找菲律宾未来发展的理想模式和特征。每周早餐论坛取得的效果会在全体成员参加的研讨会上公布。

第四节　菲律宾区域政策的特征和借鉴

菲律宾区域发展政策与规划的经验,可以为我国的区域规划的框架制定、战略体系制定和城市治理方式等方面提供一定的参考和借鉴。这有利于中国各省更有针对性地制定区域规划政策、具体落实区域可持续发展战略、探索城市治理具体方式等。

一、各省制定区域政策框架,具有一定自主性和灵活性,有利于多元发展

菲律宾各地方政府能够根据本地实际情况制定出良好的土地使用和发展规划,这对于城市的经济增长和可持续发展具有十分重要的意义。

首先,一些地方政府在土地综合利用规划中纳入了较好的具有创新性和可持续性、分区制及其他发展策略。其中不乏城市化水平较高又制定有良好规划的地方,例如桑托斯将军城、武端及伊洛伊洛等;另外两个独立的下属城市那牙和奥尔莫克,各自制定的土地利用规划也很具有创新性。

桑托斯将军城是菲律宾区域发展项目的受益城市。作为一个渔业中心城市,规划部门对于城市自身的发展目标有非常清醒的认识。除了制定各

个详细的分区规划,桑托斯将军城还广泛地利用了适宜发展规划区以及禁止使用区体系。

武端市也融入了政策性分区制的特征,其在发展规划中明确指出了经济增长发展的重点方向,将发展区划分为市镇、市区和中心区几部分。可以说武端市积极采取果断的步骤,将本地从一个停滞不前的伐木城镇转变成了综合性的服务业中心。

此外,菲律宾注重及时更新政府土地使用和城市发展策略,并且鼓励各地区尝试创造良好的环境并扩大多方参与。

其中那牙市制定的发展规划最具可持续性和创新性。该市在制定土地综合利用规划的过程中采取了著名的"参与法"①,将土地利用规划与其创业与投资相关的法规结合起来,还采取了将土地利用规划提交本地选民核准批复的开创性做法。

伊洛伊洛市规划的创新性也有独到之处,即良好的规划参与过程。在该市制定土地利用规划期间,商业社会和民间社会领导规划工作小组发起并开展了三年的土地综合利用规划活动,通过多方组织的交流沟通共同讨论该市的发展重点和主要矛盾。

由此可见,各省根据自身情况制定区域规划政策及土地利用规划有利于区域的多元化发展,避免各省市千篇一律、不顾自身实际情况的发展弊端。

二、在区域规划中将"可持续发展战略"落实到具体事项,并建立项目奖励体系

在区域规划中将"可持续发展战略"落实到具体事项,注重"短期项目"的监督和开展,并建立治理项目奖励体系。菲律宾在区域规划中认识到地方发展规划体系的作用,且已经采取了一些措施以实现菲律宾的"可持续城市化"。

其中短期内的议程活动包括以下内容:审查和评估菲律宾发展控制体

① 刘梦瑶:《菲律宾土地改革进程中的公民社会组织参与研究(1986—1998)》,南京大学 2016 年硕士学位论文,第 23 页。

系、召开土地创新利用策略论坛、审查和落实 HLURB 规划援助及审查指导原则和程序、落实城市规划奖励体系、发起和倡导以 GIS 为基础的土地利用及房地产信息体系。

长期计划的项目则包括以下三个重点项目：重新制定全国城市发展的住房框架；制定详细的城市发展策略，包括对城市规划体系的研究和对城市规划教育体系的审查；制定城市扶贫策略。

其他活动也鼓励区域发展的"多方参与"。例如，全国 21 世纪城市及区域发展全球趋势会议，其讨论的议题是规划、建筑及发展融资领域的最新动向；城市良好治理国际会议也就"可持续发展"举行小组讨论和研讨会等。菲律宾在实践"可持续发展"这一宏大的战略发展目标时，将其划分为各个短期目标，并大力鼓励多方参与目标的执行，尽可能多地提供多方参与发展方向的交流，这是值得我们学习的。

三、"良好城市治理"和分区制原则，有利于落实各省差异化的土地利用规划

"城市治理"也叫"城市管治"，指向市民社会主体和机构赋予权利的过程，较常见于迄今尚未开放的国家的民主化过程，是理论界研究的一个重要的理论前沿。

受美国规划理念的影响，菲律宾在土地利用规划中也融入了"分区制"的思想。各个省的地方政府在土地综合利用规划中纳入了较好的具有创新性和可持续性的土地利用规划、分区以及其他发展策略。例如在马尼拉，主要有下列地方政府：马里基纳、马卡蒂、帕赛、帕西格、马拉邦及塔吉格；其他省市，如桑托斯将军城、武端以及伊洛伊洛等城市化水平较高，同样制定有良好的规划；两个独立的下属城市；那牙和奥尔莫克制定的土地利用规划也很具有创新性；维甘市和公主港也十分有效地执行了具有本地特色的土地利用规划。

由此可以看出，全国机构应该鼓励和帮助地方政府因地制宜，采用更加灵活的空间规划、土地利用规划、环境规划和经济发展策略等。

第十三章　日本的区域经济规划与政策

日本位于欧亚大陆东部,太平洋西岸,国土由北海道、本州、九州、四国四大岛与周边 7000 多座岛屿构成,南北狭长,最北端到最南端约 3000 公里,国土面积约 38 万平方公里,其中,山地丘陵约占国土面积的 3/4,山脊纵贯国土中央,将日本分为太平洋一侧和日本海一侧。日本分为北海道、东北、关东、中部、近畿、中国、四国、九州等 8 个经济区和"一都、一道、二府、四十三县"47 个一级地方行政区。① 都道府县下设市町村,全国共计 1741 个市町村作为二级地方行政区(2016 年 10 月)。据日本总务省统计局,截至 2016 年 10 月 1 日,日本人口总数为 12693.3 万人,其中东京都 1362.4 万人,约占 10.7%。

为推动经济和社会发展,日本实施了一系列区域经济政策,主要包括全国综合开发规划、地区振兴与开发政策、区域产业布局政策、缩小地区差距政策、落后地区发展政策。在实施区域经济政策中,日本十分重视中央和地方政府统一规划和协调指导,在财政金融支持、基础设施建设、法律法规保障等方面给予大力支持,形成了具有鲜明特色的日本区域经济政策。

第一节　第二次世界大战日本经济发展阶段

第二次世界大战结束以来,日本大致经历了战后经济恢复期、经济高速增长期、经济稳定增长期、经济泡沫膨胀破灭期和经济长期低迷期。

经济恢复期(1945—1955 年)。战后日本经济混乱,物价飞涨,大量失

---

① 一都为东京都,一道是北海道,二府是大阪府和京都府。

业,通货膨胀。与 20 世纪 30 年代中期相比,1946 年国民经济和生产能力大幅下降。GNP 为 62%,人均 GNP 为 55%,人均个人消费为 57%,工矿业生产为 31%,农业生产为 79%。对外贸易完全中断,1947 年出口为 7%,进口为 14%。在占领军的主导下,日本政府提出了"增加生产以平息通货膨胀,稳定国民生活"的政策目标,推动经济和社会的民主化改革,推行解散财阀、农地改革、劳动立法等一系列政策,完成从战时统治经济向政府主导型市场经济的转变,被称为日本自明治维新以来的"第二次大改革"。截至1949 年,通货膨胀基本得到控制,经济呈现恢复增长态势。随后爆发的朝鲜战争为日本带来订单,工矿业明显活跃。1951 年,日本与美国签订《旧金山合约》,标志着美国对日本全面军事占领时期结束,日本取得主权国家地位。1953 年日本加入国际货币基金组织和世界银行,1955 年加入关贸总协定。截至 1955 年,日本的所有经济指标已全面恢复或超过战前水平。1946—1950 年,经济年均增长 9.9%,其中工矿业为 22.8%;1951—1955 年,经济年均增长 8.7%,其中工矿业为 11.3%。

经济高速增长期(1956—1973 年)。1956 年日本《经济白皮书》是日本进入经济高速增长时代的"宣言"。政府制定了以"扶持出口、经济起飞"为目标的产业政策,大力扶持新兴产业、加工产业和出口导向型产业。企业通过大量引进和模仿欧美国家产品和技术,将低成本、低价格的产品销售到世界各国,加之"道奇路线"所确定的 1 美元兑 360 日元的超低汇率,贸易收支迅速由逆差转为顺差,并成为经济快速增长的火车头。1961—1973 年,日本经济年均增长 9.8%,特别是 20 世纪 60 年代后半叶,每年经济增长率均超过 10%,成为经济增长最快的国家。18 年间国民生产总值(GNP)增加了 12.5 倍,人均国民收入增长 10 倍。1966 年超过英国,1967 年超过法国,1968 年超过西德,在资本主义国家中仅次于美国,全球瞩目,被称为"世界经济奇迹"。这一时期,政府的"护航舰队"金融体制、商社运作模式、年功序列制、终身雇佣制等日本式经营体制也逐渐确立。

经济稳定增长期(1974—1985 年)。受两次石油危机的打击,靠贸易立国的日本经济被迫加快产业结构调整,推动重化工结构转向知识密集型产业结构,发展节能技术和石油替代技术,降低 GDP 能耗水平,增强了日本经济的韧性和国际竞争力,并成为第一个走出石油危机的发达国家。其间,

GDP 年均增长 4.1%,GDP 总量接近美国的 60%,人均 GDP 超过 3 万美元,第三产业在产值结构和就业结构中的比重都超过了 60%。虽然经济增速降至 4%左右,但与其他发达国家 3%左右的增长率相比,却依然高出一截。1983 年,日本贸易黑字超过西德、资本输出超过英国,成为世界第一的贸易黑字大国、经常收支黑字大国和资本输出大国。1985 年,日本取代英国成为世界第一海外债权大国。此后的 1986 年、1987 年和 1988 年,对外直接投资连续 3 年超过 1300 亿美元,大幅超过其他发达资本主义国家总和。

经济泡沫膨胀破灭期(1986—1991 年)。为解决美国的巨额贸易赤字问题,1985 年 9 月,美、日、德、英、法五国财长和央行行长在纽约市广场饭店签署《广场协议》,决定采取联合干预货币市场的手段,降低美元兑日元及马克的比价。美元兑日元汇率从 1∶250 持续升值,1986 年 9 月升至 1∶153,1987 年达 1∶120。为抵销因日元升值对出口产生的冲击(所谓的"升值萧条"),以及进一步扩大内需,日本政府加大了政策刺激力度,从 1986 年 1 月到 1987 年 2 月期间,日本央行连续 5 次下调再贴现率,从 5%降至 2.5%。政府还通过"窗口指导"推动金融机构扩大信贷投放规模。廉价的资金成本、过度充裕的货币数量以及投资鼓励政策,推动了日本经济迅速反弹。但不断升值的日元、大量涌入的热钱以及有利的杠杆投资机会带来了史无前例的资产泡沫。以三大都市圈为首的地价暴涨开始在全国出现,1988 年达 21.7%,其中,三大都市圈上涨 43.8%,东京圈的涨幅更是高达 65.3%。在泡沫鼎盛时,日本土地面积仅为美国的 1/25,但土地资产总值却是美国的 4 倍。1987 年年底,日本国民总资产已高达 36.9 万亿美元,超过美国的 35.8 万亿美元,成为世界第一资产大国。1989 年年底,日本国民总资产又增至 48.1 万亿美元,泡沫的扩大引起日本政府警惕。1989 年 5 月至 1990 年 8 月,日本央行连续 5 次加息,将再贴现率由 2.5%上调至 6%。大藏省要求所有金融机构控制不动产贷款规模。紧缩性政策收到了明显成效,日经指数自 1989 年 12 月的最高点下滑,1992 年年中暴跌至 14300 点,跌幅超过 60%,地价也较最高点时下降了一半多。由于资本快速缩水,银行纷纷加快贷款回收,致使市场流动性骤然收紧,企业资金状况急剧恶化,大量不良债权由此产生。据《大衰退》作者辜朝明估计,地产和股票价格的下跌给日本带来的财富损失约为 1500 万亿日元,相当于日本全国个人金融资产的总和。

经济长期低迷期(1992年至今)。经济泡沫破灭造成日本经济元气大伤,此后的20多年,经济增速再未突破5%,平均增速甚至低于1%。在1997年东亚金融危机和2008年全球金融危机期间,日本经济更是出现负增长。与此同时,物价也长期处于通货紧缩区间。大量公寓特别是豪华别墅难以销售,办公楼空置率提高,休闲游乐设施利用率下降,房地产严重过剩。由于企业经营规模和事业领域缩小,出现人员过剩。家庭和个人消费方面,资产迅速消失。1990年,家庭和个人的股票资产由237万亿日元减少为163万亿日元。家庭和个人所有的住宅和土地大幅贬值,导致家庭和个人有暴富到暴贫的感觉。为应付泡沫经济崩溃,日本政府曾推出过一系列经济刺激计划,动用超过100万亿日元的资金刺激经济,但效果并不明显,反而产生了一批僵尸企业和僵尸银行。1992年到2003年间,日本先后有180家金融机构宣布破产倒闭。日本还推出了长期超低利率和零利率政策,1991年7月至1995年9月,日本银行逐步将基准利率降至0.5%,1999年正式实施零利率政策,但日本已进入流动性陷阱,金融刺激效果不彰,反而形成了持续数年的日元全球套利,成为2008年全球金融危机的推动因素之一。总体上,政府多次刺激性政策效果均不明显,经济复苏依然乏力,2008年全球金融危机更使日本经济雪上加霜。

第二节　日本区域规划政策变迁

为尽快脱离战后瘫痪状态,恢复基础设施和对外经济联系,实现粮食供应,解决复员军人和海外归侨的就业和生活问题,1946年9月,日本内务省国土局(现日本国土厅)制定并颁布了《国土复兴计划纲要》,提出"要在5年内使国民生活恢复到1930年的水平"作为基本目标,以国土开发和农业资源开发为核心,建设、改造农业生产基地,进行特定区域资源开发,为全面恢复经济创造条件。同时,成立"综合国土开发审议会"专门负责制定《国土综合开发法》(1950年5月26日颁布实施)。1950年前后,日本政府决定制定"特定区域综合开发规划",借鉴20世纪30年代美国罗斯福新政的田纳西河流域管理局开发模式对特定区域进行开发,以求通过区域综合开发,开垦农田、生产粮食、兴修水利、开发电力、开采煤炭和铁矿石资源,为战后经济复兴服务。

经过战后 10 年的经济复兴,日本的国民经济已经恢复到了战前的水平。1960 年,日本政府制定《国民收入倍增计划》,提出"10 年内人均国民所得翻一番"的口号,要推动工业生产 10 年内增长 3—4 倍。在此基础上,日本进入了经济高速增长的时期。但是,随之而来的是产业及人口向大城市的集中和由此导致的地区间收入差距越来越大,产业多集中于原四大工业基地的太平洋沿岸地区,而北海道、日本海沿岸等地区实现目标较为困难。在这样的时代背景下,1962 年 10 月 5 日由内阁议会决定,开始实施最初的《全国综合开发规划》,标志着全国性的区域规划与开发正式开始。

一、第一次全国综合开发规划(1962—1968 年)

主要内容。1962 年 10 月,内阁会议通过《全国综合开发规划》(以下简称"一全综"),制定具体措施促进"新产业城市建设"和"工业整备特别区整备"。"一全综"共计 9 章,第 1 章为总论部分,第 2 章至第 9 章为各论部分。第 1 章总论部分规定了规划的基本方针、规划目的、开发方式和基本要点等,在各论中规定了各产业的基本方向和推进政策,而且按不同地区对主要经济指标做了具体规定。

规划目标。防止城市过大、缩小地区差距,有效利用日本自然资源,实行资本、劳动力、技术等资源的区域分配,谋求地区间均衡发展。

开发模式。主要是据点式开发模式。选择重点地区,按工业适合性,建设"新产业城市建设"和"工业整备特别区整备"。京滨、阪神两个产业过密地区和北九州工业地带一个准过密地区限制新设工厂和再开发,在关东、东海、近畿、北陆地区建立大中规模开发据点,吸收过密地区人口,北海道、东北、中国、四国、九州等地建立大中小不同规模开发据点,推动基础设施建设。

基本构想。一是依靠外力(外来资本以及本地自然资源禀赋等)"自上而下"的区域发展政策。社会经济在特定城市集聚,促进经济高速发展,在此基础上进一步向外围地区扩散并带动当地发展。二是中心外围理论。外围(落后地区)相对于中心(发达地区)处于依附地位而缺乏经济自主,因而出现空间二元结构,并随时间推移而不断强化。政府作用和区际人口迁移将影响要素的流向,并随着市场扩大、交通条件改善和城市化加快,中心与外围的界限会逐步消失,最终实现区域整体经济的持续增长。

重点区域产业布局政策。为吸收重化工业企业在太平洋沿海工业地带投资,日本政府采用了公共设施优先投资的政策和减免税政策,在"三湾一海"重点地区,不惜巨资大兴土木、填海造地,建设高速公路、新干线和大批世界一流的大型港口,形成了四通八达的交通运输网。1968—1972年,行政投资比重占投资总额的65%—70%,其中,集中在东京等8个都府县的行政投资约占全国行政投资总额的40%—46%。

落后区域发展的财政援助政策。为促进落后地区发展,日本政府在财政、税收、地方债发行、地方开发基金、开发许可以及公共设施建设等方面颁布一系列优惠政策,特别是对落后地区公共基础设施建设的特别补助率都比较高,如北海道河川整治、国道及港口建设的中央特别补助达80%以上,冲绳河川、河堤、治山、海岸、港口及机场等建设的国库特别补助率高达90%以上。为加快北海道的经济开发,对北海道实行长期资金倾斜政策。1951年国家补贴开发费用仅为70亿日元,1998年达9871亿日元,年均增长14%左右,目前北海道每年所使用的开发补贴费依然占日本全国国土开发费的10%。

意义。一是推动日本国土开发规划及相关法律体系化。"一全综"理顺了各大经济区开发促进法及其依据这些法律所制定的各大经济区综合开发规划与全国综合开发规划的相互关系,填补了1950年《国土综合开发法》颁布以来全国综合开发规划出现的12年空白,并实现了"全国开发规划—特定地区开发规划—大经济区开发规划—都道府县规划"的体系化。"一全综"还明确了不同地区进行综合开发相应的法律依据。如《首都圈整备法》等大城市圈立法及其相关规划所规定的"过密地区再开发",大城市圈立法和《欠发达区域工业开发促进法》及其相关规划规定的"整治地区开发",各大经济区开发促进法、《新产业城市建设促进法》《欠发达区域工业开发促进法》以及相关规划规定的"开发地区再开发"等。二是标志日本国土开发更加注重区域均衡发展。20世纪60年代前,日本国土开发始终考虑经济效益优先,"一全综"开始注重区域均衡发展,缩小地区差距,并将这一理念一直持续到2000年前后。

二、第二次全国综合开发规划(1969—1976 年)

主要内容。在日本经济高速增长的强力推动下,《国民收入倍增计划》提前完成。但由于产业、人口、资源均向太平洋沿岸大城市集中,大城市出现交通拥挤、住宅短缺、用水紧张、保障不足等社会问题。与此相对,农村、山村、渔村由于大量青年人口流失,教育、医疗等生活基本保障难以维系。为解决这一问题,1969 年 5 月,日本政府出台《新全国综合开发规划》(以下简称"二全综")。除了包括基本规划、基本构想和必要手段,1972 年冲绳并入日本后,增加了"冲绳开发基本构想"。

规划目标。"二全综"提出了国土利用、国民生活和经济发展三个方面的目标框架,提出道路建设增幅 2 倍以上,工业用地增幅 3 倍以上的目标。起初,将国土分为中央地带、东北地带和西南地带,中央地带为中枢管理功能地区,东北地带为工业基地,西南地带为农业基地。此后,又将全国分为北海道圈、东北圈、首都圈、中部圈、近畿圈、中国四国圈、九州圈 7 个经济圈。

开发模式。继承并修正了"一全综"的据点式开发模式,采取大规模项目开发模式,明确实施一批项目和事业,特别是三类骨干建设项目。一是全国新网络,包括信息通讯网、新干线铁路网、高速公路网、航空网和航运网。二是建设规模农业基地、工业基地、高产基地等。三是以环保为目的,完善经济生产和社会生活保障的大型建设项目。

理论依据。一是平衡发展理论。为促进产业协调发展和缩小地区发展差距,一个国家或地区需要注重产业间和地区间的关联互补性,同时在各产业、各地区进行投资,促进各产业、各部门协调发展,形成相互支持性投资的格局。二是不平衡发展理论。为迅速实现经济增长和工业现代化,应当选择确立战略性主导产业部门,通过其"前向联系"和"后向联系"效应,推动产业结构高度化,以带动经济发展。

区域振兴开发和"技术立国"政策。根据地区振兴与开发的相关法律规定,日本的地区振兴与开发活动可享受高比率的国库补助。地区振兴整合开发项目每年用于上述振兴开发事业的预算非常庞大,且总额不断上升①。主

---

① 1978 年为 1015.6 亿日元,1985 年为 1241.4 亿日元,1993 年为 1760.8 亿日元。

要用于地方城市开发,其次为核心工业集中配置地段的建设、高技术城区、促进产业业务设施再布局、产业高技术化设施等项目。为推动产业上下游联动发展,推行"技术立国"政策,积极开拓新能源技术、工业机器人、生物工程等新产业领域,推动知识密集型的高科技产业成为日本经济的主要支柱。

意义。"二全综"提出了大规模项目开发模式,确定了日本未来20年的经济发展方向,为之后的规划制定积累经验。在当时的条件下,将战略性的投资投向大规模开发项目,并覆盖整个国土。大规模项目开发模式适应技术革新、信息化社会以及全面城市化的要求,为长期持续和跳跃式的国土开发事业注入活力。大规模项目开发模式是据点式开发模式的延伸,标志日本国土开发从"点"式走向以"点"连线、以"点"带面的全面开发。

三、第三次全国综合开发规划(1977—1987年)

主要内容。"二全综"继续推动日本经济社会快速发展进步,但环境保护和生态效益被严重忽视,20世纪60年代末至70年代初,日本各地,特别是京滨、阪神、中京三大城市经济圈的大气污染、水体污染、噪声污染、地表下沉问题已相当严重,全国各地反公害的民众运动此起彼伏。1970年国会修改制定了《公害对策基本法》《大气污染防治法》《水质污浊防治法》等14部环保相关法律。这意味着此后的国土开发不能无视环境问题。此外,20年的高速经济增长依然难以解决"过密""过疏"问题。据1975年国势调查,首都圈、近畿圈、中部圈人口集中速度有增无减,总人口比例从1970年的43.5%增长到1975年的44.9%。国际上,石油危机对日本经济造成严重影响,廉价资源能源供给时代结束,这些都推动日本必须修正自身发展规划。1977年11月,《第三次全国综合开发规划》(以下简称"三全综")出台,由规划基本目标、定居构想框架、定居构想、主要规划课题、规划实施5部分构成。规划期为10年,计划投入240万亿日元。

规划目标。一是不断提高地方发展活力,根植历史和传统文化,追求人与自然的和谐,实现自然环境、生活环境和生产环境和谐发展的人居综合环境。二是抑制人口向大城市集中,振兴地方经济,解决"过密""过疏"问题,确立新的定居生活圈。通过"生活圈"建设振兴地方经济,控制人口和产业向大城市集中,推进区域均衡发展。

开发模式。以"定居构想"确立新的"生活圈",根据地区特色,制定安全、稳定的居住环境相关规划。"三全综"具体提出了"居住区""定居区"和"定居圈"三种概念。一是"居住区",是指人们日常生活、生产的最小区域,居住区之间具有地理和功能上的联系,如农村的部落和城市的社区。每个"居住区"由 50—100 户组成,全国将形成 30 万—50 万个"居住区"。二是"定居区",是指由若干个"居住区"共同组成的生活区域,如以小学学区为核心形成的一定规模的基础社区生活圈。全国将形成 2 万—3 万个"定居区"。三是"定居圈",是指由若干个"定居区"形成的更大生活圈,特别是主要河流附近的城市和农村、山村、渔村一体化的流域生活圈。全国将形成 200—300 个"定居圈"。

主要构想。一是"田园城市构想",是指城市建设同时拥有田园的闲适和城市的活力,实现自由、和平、开放的社会建设目标。在经济增长逐步稳定的背景下,日本政府根据"田园城市构想",提出"示范定居圈"建设计划,在全国选定 44 个"示范定居圈",吸纳人口,集聚城市功能,推动城市与周边地区形成城乡一体化的新区域。二是"技术聚集城市构想",根据"科技立国"战略,日本通商产业省产业结构审议会在《80 年代的通商产业政策方向》报告中提出选定一个地区,以"硅谷模式"建立技术聚集城市倡议。1983 年,《高技术工业集聚区域开发促进法》颁布,明确了建立技术聚集城市的目的、意义和设定条件,并确定了 26 个城市为首批技术聚集城市,享受优惠政策和放松相关限制,由地方政府和民间投资推动。

政策和意义。偏重社会福利的开发政策。"三全综"明确提出,"要汲取过去国土综合开发政策的经验和教训,应当进行整个国土范围的稳定的国民生活基础建设",纠正"二全综"的冒进错误,强调国民生活环境的重要性,标志着日本国土开发从重视经济发展转向重视社会生活发展。但是,由于计划项目均由地方自主建设,而地方的财力有限,难以取得明显成效,特别是田园城市构想随着大首相的突然去世而销声匿迹。

技术聚集城市政策效果明显。在技术聚集城市构想实施以后,企业向各地的分散出现了高潮。以 26 个技术聚集城市的产业结构变化为例,1980 年,以石油、煤炭、钢铁为中心的基础产业和建材、木材的比重占主导地位,至 1986 年,以机械、运输机械为中心的加工组装业比重迅速上升,其中技术含量较高的电机产品比重上升最快,充分体现了地方吸引高技术企业的成果。技术聚集城市构想的实施对促进地方的技术革新起到了很大的推动作用。地方企业、大学、公立实验研究机构的联系不断增强,不断消除各地区的技术差距,将尖端技术产业分散到地方,推动国土开发上升到一个新的层次。

四、第四次全国综合开发规划(1988—1998 年)

主要内容和战略目标。20 世纪 80 年代的日本,国土开发条件发生重大变化,一是能源问题和环境问题,二是国际合作强化和产业结构转换。日本重工业基地走向衰退,老龄化问题越来越严重。在此背景下,1987 年 6 月,《第四次全国综合开发规划》(以下简称"四全综")公布,其基本课题是:第一,通过定居和交流提高区域活力;第二,国际化和世界城市的功能重组;第三,充实安全且高质量的国土环境。基本目标是形成"多极分散型国土"。四大主题基调:一是保护水资源和森林;二是建立城市和渔村的互补联系;三是构筑保健、医疗、福利体系应对老龄化问题;四是完成"全国一日交通圈构想"。这些标志着日本综合国土开发开始向"面"的开发推进。

理论基础和开发模式。一是均衡发展理论。强调通过投资均衡布局、产业均衡发展,最终实现区域间或区域内部的平衡发展。基于此,日本政府提出第三产业开发计划,推动三次产业发展齐头并进。二是网络开发理论。通过加强增长极与整个区域之间生产要素交流的广度和密度,促进地区经济一体化,特别是城乡一体化。同时,通过区域间网络加强与区外其他区域的经济联系,促进更多的生产要素进行合理配置和优化组合,促进更大区域的经济发展。据此,"四全综"提出"交流网络构想"的开发模式,以"三全综"的"定居构想"为前提,不断建设和完善交通、信息、通信体系,增添城市与农村共同发展的色彩。

休闲娱乐设施开发政策。1987 年 6 月,日本政府制定《综合休闲娱乐区域建设法》,并将其项目确定为"四全综"具体战略项目。主要是在海滨或山区建设包括体育、文化、教育、集会、休闲、生活等各种设施在内的大规模综合区,既可容纳游客,也可容纳长期居住者。截至 2000 年 3 月,全国除东京都、神奈川县、富山县、奈良县外，共有 42 个大型休闲娱乐项目得到批准。

以民间投资为主的区域开发政策。根据 1987 年出台的《综合保养地域整备法》，日本政府采取以促进民间企业的开发能力为重点的措施，开发娱乐休闲设施及疗养地，吸引企业投资转向满足国民休闲消费的第三产业。在许多拥有良好自然条件的偏远地区，掀起了以吸引企业投资娱乐休闲产业的新一轮外来型开发热潮。

基于财政转移支付的区域发展支持政策。日本政府通过财政投融资支持政策，充分发挥政府投资性贷款的作用，有效缩小地区发展差距，1989 年高收入的东京地区财政能力指数是低收入的四国地区财政能力指数的 6.1 倍，实行财政转移支付制度后差距缩小为 1.5 倍。

意义。一是提出将核心城市功能向地方的中枢城市分散。在重视东京的发展理念基础上，"四全综"提出必须发挥关西圈、名古屋圈等中枢城市作用，分担核心城市的部分功能，以达到地区均衡发展的目标。二是重视区域经济结构转变。"四全综"主张采取多样化的综合产业振兴政策，提出通过发展包括服务业在内的多样化的产业，提供更多就业机会。三是继续重视全国骨干交通、信息、通信体系的建设与完善。"四全综"继续坚持"三全综"提出的"定居构想"，主张通过突破"定居圈"的范围，从整个国土开发的角度来解决区域发展不均衡问题。

五、第五次全国综合开发规划（1999 年至今）

主要内容。经过五十多年的开发，日本综合高速交通体系已经形成，大规模国土开发也已结束。国土开发进入以小规模、局部补充性开发为主的阶段。泡沫经济崩溃后，日本陷入了长期的经济低迷期，国家财政状况也无力支撑大规模的国土开发，国土开发理念逐步从以国家为主导向以地方为主导、国民为主导转变。基于此，1998 年 3 月，日本政府出台了《21 世纪的国土宏伟蓝图——促进区域自立与创造美丽的国土》（以下简称"五全综"）。以 2010—2015 年为目标，奠定"多轴型国土开发利用格局的基础"。为实现 21 世纪国土的宏伟目标，要以地域选择和地域责任为前提，全面展开地域的开发建设。

规划目标。一是促进地域的自立,创造重视自然和文化的地域经济社会,使地域能够独立地开辟未来。二是提高预防自然灾害的能力,减轻剧烈地震破坏程度,确保国土安全,对人口减少、老龄化、气候异常、资源减少等长期问题采取必要的对策,确保国民安心生活。三是充分认识地球环境的重要性和自然资源的有限性,使子孙后代能够从精神和物质方面享受大自然的恩惠。四是在国内外竞争日趋激烈的形势下,推进经济结构改革,构筑充满活力的富裕社会。五是全面发挥全国各地区优势,加强与世界的交流和开放。

开发模式。"五全综"提出要采取"参与和协作"的模式来实现规划目标。所谓"参与",不仅是国家和地方政府要积极参与,而且要通过当地居民、志愿团体、民间企业等各种团体的积极参与来推动国土开发和区域开发活动。所谓"协作",是指通过不同地区间的紧密协作来推动国土开发和区域开发事业。

基本构想。"五全综"明确提出要形成"东北国土轴""日本海国土轴""太平洋新国土轴"和"西日本国土轴"四个国土轴。"东北国土轴"包括日本中央高地、关东北部及其东北的太平洋地区,主要任务是建立城市网络和自然网络之间的多层交流网络,加深与亚太地区和北方地区交流,形成以北海道为中心的"北方圈国际交流据点"。"日本海国土轴"包括九州到本州的面向日本海的地区,以及北海道面向日本海的地区,主要任务是与日本海周围的朝鲜半岛、中国东北地区、俄罗斯边疆州地区加强联系,开展国际合作,促进经济、文化等方面的交流、推动日本海经济圈形成。"太平洋新国土轴"包括冲绳到九州中南部、四国,纪伊半岛到伊势湾沿岸地区,主要任务是加深同迅速崛起的亚太地区交流,充分利用历史优势和地理优势,在冲绳形成国际交流据点。"西日本国土轴"包括原来的太平洋沿岸工业地带及周边地区,主要任务是要形成城市色彩浓厚的工业集中地带和内海、内湾、内流、人工林以及农地自然相和谐的、有魅力的居住地区,与亚太地区所形成的其他世界性城市圈开展合作。

意义。一是提出了"21世纪国土宏伟蓝图"的长期构想。"五全综"明确提出四个国土轴的"多轴型国土结构",以实现国土均衡发展,培育国民共享丰富物质文明和精神文明的21世纪新时代的国土环境。二是提出了通过"参与和协作"的方式推动国土开发,是以人为本的充分体现。三是国土开发的方向从"均衡开发"向发挥各地区优势和特点的"特色开发"转变,国家的宏观政策由"国土开发"转向"国土管理"。

第三节　评价与借鉴

一、日本的区域政策特征和效果

日本在战后几十年的发展历程中,结合经济社会发展实际,通过制定明确的区域经济政策目标,辅之以有效的政策措施手段,并在法律法规、有关规划的规范和指导下,使区域经济政策在促进日本经济发展、保持地区均衡发展及加快落后地区开发等方面发挥了重要的作用。

根据经济发展阶段适时调整区域经济政策。日本区域经济政策能取得良好的效果,与政府高度重视密不可分。国土厅等专门机构的成立,负责对政策措施作出权威解释,分配经济和社会资源。中央和地方各级政府不仅从政府职能上高度重视,并且根据经济社会发展的不同阶段、不同问题,积极调整政策方向,保持区域经济政策执行的连续性、稳定性和针对性。1945年到1955年是日本的经济恢复期,政府实施了特殊地区综合开发计划,区域经济政策的目标是整治河流、增产粮食和合理利用水资源。从1955年到20世纪60年代初,日本经济建设重点转向工业领域,实施向重点地区倾斜的非均衡发展战略,太平洋沿岸由于其地理优势成为日本经济发展的重点区域,区域经济政策的目标是建设"太平洋环带地区",这一政策最终促进了日本经济迅速起飞。1960年到1974年,太平洋沿岸经济高速发展、产业集中、大都市膨胀,造成了经济空间布局严重失衡,出现了所谓"过密""过疏"问题。为缓和矛盾,政府先后通过三个全国综合开发计划,加速建设"过疏"地区,限制"过密"地区。从1988年起,日本又陆续制定了第四和第五次全国综合开发计划,目标仍是致力于消除经济布局的"过密""过疏"问题,即消除大都市圈与地方经济发展差距,注重发展地方经济文化,创造良好的地方居住环境。

规划协调指导地方和企业。日本的区域经济政策不仅拥有不同阶段的不同目标,而且有详尽的发展规划供地方政府和企业执行。20世纪60年代起,日本为解决工业布局"过密""过疏"问题,先后制定了五个全国综合开发计划,特别是后一个计划主要是针对前一个计划执行过程中出现的问题以及不同发展阶段产生的问题而制定,而且考虑到了各地区特别是落后地区的社会基础设施、生活和文化设施的建设,以及自然环境的保护等问题。这种全国性的综合计划不仅是各级地方编制中长期计划的重要依据和指南,而且是国民了解政府关于区域发展政策或施政方略的重要途径,有利于引导地方政府和企业的投资方向,避免盲目建设。

区域经济政策实现法律化。日本的区域经济政策充分运用立法手段来确保连续性,各项政策都通过法律的形式颁布实施。自1950年颁布《国土综合开发法》以来,有关区域发展的法律法规已经形成体系。例如,为保证实现明确的区域经济政策目标而颁布的《国土综合开发法》(1950年)、《国土利用计划法》(1974年)。为引导产业向地方转移、振兴地方产业颁布了《新产业城市建设促进法》(1962年)、《工业整备特别地区整备促进法》(1964年)、《工业再配置促进法》(1971年)、《高技术工业集聚地区开发促进法》(1979年)、《特定产业集聚促进法》(1988年)。为更好地执行财政投融资政策而颁布的《日本开发银行法》《后进地区公共事业国家负担比例特别法》《综合整治边远地区公共设施财政特别措施法》《租税特别措施法》。为限制大城市圈工业布局而颁布的《控制首都圈市区内工厂等新建的法律》(1959年)、《工厂立地法》(1959年)。为开发落后地区而颁布的《北海道开发法》(1950年)、《冲绳振兴开发特别措施法》(1972年)。法律法规的严肃性、规范性和稳定性,保证了地区开发特别是落后地区开发的顺利进行。

对落后地区的财政金融支持。日本中央政府财政占总财政收入的70%,其中大部分拨付给地方政府。在非均衡发展时期,主要是支持重点开发地区;在均衡发展时期,主要是支持落后地区,特别是财政补贴。给予北海道的开发项目补贴均高于其他地区,1995年在日常河流改造方面多补贴13%,港口建设多补贴35%,国家高速公路建设多补贴13%,渔港建设多补贴30%,公路及其他基础设施建设多补贴18%。此外,日本政府还通过减免税收、价格补贴等手段,促进"过疏"地区的经济发展。根据日本1961年颁布的全民年金和全民保险制度规定,政府保证每一位日本公民不会因经济水平的地区差异而影响其基本生活水平,这也是日本各地区间居民收入差异较小的一个重要原因。在金融手段方面,日本政府通过优惠贷款方式向落后地区提供援助。特别是在政府金融体系的十个公库中,设立两个直接服务落后地区的开发公库,即"北海道东北开发公库"和"冲绳振兴金融开发公库"。

大力建设和完善交通基础设施网络。基础设施建设在西方国家的区域经济政策措施中始终具有很重要的地位,特别是推动落后地区的基础设施建设,以实现区域的均衡发展。因此,大力建设和完善交通系统是日本政府缩小地区差距的重要措施,日本中央和地方的财政支出的大部分是用于交通系统的建设。地方政府主要负责城市间的干线和支线的道路建设,而中央政府通过国家控股的道路公团,重点承建跨地区干线道路和高速公路。日本有关地区开发的法律法规中,在基础设施的建设均有专门规定,明确投资资金保障,以及税收和贷款优惠政策。基础设施投资在日本政府财政支出中占有极高的比重,约40%—50%。此外,政府还通过各种法律法规,鼓励私人企业和财团法人进行基础设施投资建设,拓宽资金筹措渠道。近年来,交通基础设施不断向落后地区延伸,加强落后地区和大城市的经济联系,为推动落后地区的经济发展发挥了巨大作用。

二、借鉴日本区域规划,推动我国区域规划发展

加强区域规划导向。我国新世纪的区域规划应增强应用导向性,注重市场兼容性的弹性和多目标复合的协调性,公平与效率兼容。通过政府、公众共同参与,促进政府权力性与规划的权威性有机结合,并在实施中不断调整,让规划真正能够解决地方发展问题。具体而言,以东、中、西、东北四大经济地区带为主体框架,形成一批能够实现"跨越式"发展的增长极区域,如大城市经济圈、沿交通干线经济带等,重点支持中西部落后地区的经济发展,指导各地区开展规范、高效的竞争与合作。

中央与地方各司其职、通力合作。在落后地区的基础设施和重点工程建设中,中央和地方政府应各尽其职、各负其责。对于跨省区的基础设施建设,包括连接各省区的铁路、高速公路等交通干线、电信干道,跨流域的水利

设施,生态环境保护建设,基础教育,以及各省区内部重大基础设施项目建设,主要由中央政府投资建设。对于各省区内部的一般基础设施建设,以各省区为主筹资建设。

拓宽融资渠道,提高投资效益。以科学合理、透明规范为原则,改革中央资金的再分配体制,加快建立规范的财政转移支付制度,重点投向社会公益事业,保证地方政府能够为本地区居民提供一定水平以上的公共服务,并将扶持弱势地区发展与培养当地自我发展能力紧密结合起来,引导自然资源、资金、技术、人力资源等向落后地区转移。加强金融支持配合的力度,提高国家政策性银行资金用于中西部地区的比例,支持政策性银行和商业银行开展为西部开发服务的金融业务,探讨成立专门的区域性开发金融机构的可行性。积极引导和鼓励民间资本以各种形式参与。加大对农村地区基础设施投资的力度。

建立完善区域发展规划立法体系。我国应充分借鉴日本政府在区域经济政策立法和长远规划制定方面的成功做法,以区域发展立法为我国区域协调发展提供法律保障,形成规范的区域发展规则。应尽快出台西部开发促进法、中部崛起促进法、东北振兴法等协调区域发展的法律,通过法律的形式将国家战略的总体目标、开发方式、实施的手段,以及地方政府、企业和个人等相关主体的责任和义务等重要问题予以明确的界定,尽快摆脱计划经济遗留下来的以行政命令指导地区发展和规划的操作方式。

第十四章 澳大利亚的区域经济规划与政策

早期澳大利亚国内经济发展极不平衡,东部地区依靠殖民时期开发的基础发展迅速,西部地区受自然条件限制,发展相对滞后。面对国内发展不平衡的矛盾,澳大利亚政府积极采取不同的区域发展政策,推动了落后地区的经济社会发展,国内综合国力迅速提升。由于中国也存在东西区域发展不平衡的矛盾,为消除这一矛盾,我们有必要对澳大利亚区域经济发展政策进行调查研究,为我国区域经济发展提供一些借鉴。

第一节 早期澳大利亚区域发展不平衡

一、沿海和内陆地区发展不平衡

由于国内区域自然条件差距较为明显,澳大利亚区域发展极不平衡。从资源禀赋、地理环境以及政治架构来看,澳大利亚区域经济呈现出四大特点。一是澳大利亚幅员辽阔,地广人稀,人口沿海而居,产业地域分布明晰。澳大利亚总人口2460多万人,80%左右居住在城市,仅15%左右人口分布在农村,农业用地4.9亿公顷,占国土面积的64%,其中耕地4590万公顷。人少地多,土地资源丰富,但澳大利亚国土面积的1/3处于干旱地区,导致很多土地只能发展畜牧业。因此,澳大利亚区域经济发展的产业分布明晰。二是每一级行政区域内因产业结构不同和与国际市场接轨的程度不同导致收入不均,区域内和区域间经济差距较为明显。三是澳大利亚的区域发展不受联邦政府统一规划,地方政府各行其是,自我规划谋求发展倒逼联邦政府施予援助。四是各地方政府盲动,难以制定科学的发展规划。

早期阶段,澳大利亚区域发展缺乏整体规划,地方政府各行其是。澳大利亚国内经济发展严重依靠大都市的经济活动,造成了严重的外部不经济现象,经济活动呈现出沿海强而内陆弱的局面。沿海地区依靠较好的区位优势和适宜的气候,发展港口经济和出口加工贸易,城市经济迅速发展起来,内陆农牧业缺乏资金、技术和政策支持,发展相对滞后。

整体而言,澳大利亚的区域经济发展受资源和气候影响比较大。沿海地区和内陆地区的产业发展区别较大。沿海地区气候适宜可以发展农业以及港口贸易,经济发展方式灵活且发展速度较快,内陆特别是干旱地区的牧业发展相对滞后。

二、区域发展不平衡的主要原因

(一)区位优势差距较大

澳大利亚是大洋洲最大的国家,领土总面积达到 768 万平方公里,国土面积排名世界第六,领土东西长度和南北长度相差 400 公里,东西距离大于南北距离,且四面环海。澳大利亚由 8 个行政区域组成,即新南威尔士州、维多利亚州、昆士兰州、南澳大利亚州、西澳大利亚州、塔斯马尼亚州,以及首都直辖区和北部地方。其中新南威尔士州位于澳大利亚的东南部,面积为全国总面积的 10.4%,人口为全国总人口的 32.0%,是澳大利亚人口最多、殖民历史最长、工业化程度最高、经济地位最重要的一个州,亦为联邦首都直辖区所在地,州首府悉尼。维多利亚州位于澳大利亚的东南部,面积为全国总面积的 3%,人口却占全国总人口的 25.6%,是面积最小而人口密度最大的州,州首府墨尔本。昆士兰州位于澳大利亚东北部,面积为全国总面积的 22.5%,人口为全国总人口的 20.0%,州首府布里斯班。南澳大利亚州位于澳大利亚南部,面积为全国总面积的 12.8%,人口为全国总人口的 7.0%,州首府阿德来德。西澳大利亚州位于澳大利亚西部,面积为全国总面积的 32.9%,是联邦面积最大的一个州,人口为全国总人口的 10.5%,州首府珀斯。塔斯马尼亚州位于澳大利亚大陆东南端的海岸外,由若干岛屿组成,面积为全国总面积的 0.9%,人口为全国总人口的 2.1%,州首府霍巴特。首都直辖区堪培拉位于新南威尔士州西南部,面积只有全国总面积的 0.03%,人口为全国总人口的 1.7%。北部地方位于澳大利亚北部,面积为全国总面积的 17.5%,人口为全国总人口的 1.0%。

澳大利亚八个行政区域的人口、地形地貌以及历史传统决定了不同区域的经济、社会发展水平差别较大。实际上,一些沿海的地区和气候条件适宜的区域经济发展相对较好。

澳大利亚地处低中纬度地区,国土面积的40%属于热带、亚热带气候,60%属于温带气候。大陆的四周被海洋包围,使得沿海冬季温暖、夏季凉爽。内陆地区由于距海洋较远,加上东部山地的阻隔,减少了海洋对内陆的影响,而且受到副热带高压的控制,大陆中部炎热干燥,光能充足。澳大利亚的水资源条件并不优越,据专家测算,澳大利亚的水资源总量约为4150亿立方米,整个径流总量不及中国淮河的径流量。从降水分布看,澳大利亚年降水量高于500毫米的地区只占全国总面积28.7%,并且集中在澳大利亚的东南地区,降水年际、年内变化较大,对农业生产影响大。虽然澳大利亚降水不平衡,绝大多数地区干旱少雨,河流和湖泊也较少,地表水匮乏,但是地下水资源较为丰富,全国60%以上的地区均有地下水分布,在干旱和半干旱地区,丰富的地下水资源弥补了水资源的不足。如澳大利亚最大的地下水供应区位于澳大利亚中部偏东地区,包括新南威尔士州的西北部、南澳州的东北部和北部以及昆士兰州的大部分地区,面积达175万平方公里,含水层在1300米以上,是世界最著名的自流盆地。丰富的地下水资源为澳大利亚工农业生产提供了优越的条件。

地理位置和气候差异决定了不同的地区发展依靠不同的产业。不同产业的发展程度又决定了区域的发展水平。农牧业与加工贸易相比,发展相对滞后,矿产资源开发对经济社会发展的贡献较为突出,一些地区采矿业迅速发展,凸显了区域发展的不平衡。

(二)特殊的人口结构和经济发展轨迹造成区域发展不平衡

澳大利亚是移民开发建设的国家。早在欧洲移民到澳大利亚前,这里生活着30万土著居民,他们主要集中在澳洲的东南地区,从事渔猎和采集。1605年荷兰人首次发现了这一神秘的大陆,1770年英国人库克率船队驶达澳大利亚东岸,将这一地区命名为新南威尔士,并建议英国国王将这里作为流放犯人的场所。1788年1月26日,首批英国犯人在悉尼湾登陆,建立居民点,此后在东南地区先后建立了4个居民点。英国流放者到达澳洲后,为维持生活,解决食物问题,以减少英国对他们的供应,必须找到适合这一地区自然条件的生产方式。由于这里同欧洲自然条件差异较大,而且能够种植庄稼的土地又非常有限,因此在1897年,英国人J.麦克阿瑟等人从西班牙引进美利奴羊,在悉尼以西的帕拉马塔农场开始繁殖美利奴羊,并获得了巨大的成功,因此养羊业很快就成为澳洲最重要的经济部门。

由于澳洲的首批欧洲居民是流放者,从事生产的积极性不高,为让这块大陆为英国经济发展作出更多贡献,英国殖民当局认识到必须吸引自由民开发这片土地。因此英国当局制定政策,帮助大批自由民移入澳洲,使澳大利亚的人口急剧增长。1840年澳大利亚人口已达19万人,1850年更是增加到40万人。移民的到来,使澳大利亚劳动力短缺的问题初步解决,为澳大利亚经济的发展提供了重要前提条件。移民踏上这块新大陆后,发现这里的环境同"旧大陆"完全不同,养羊更有利可图,因此养羊业发展起来了。移民养羊还有一个重要因素,就是英国工业革命,使毛纺织业生产率极大提高,对羊毛的需求量增加,加上养羊业所需劳动力较少,澳洲的气候较为温暖,羊群可以一年四季在露天生长,养羊的成本最低,因此养羊业成为移民的首选。

从人口结构看,澳大利亚至少存在原有土著居民、流放的罪犯、欧洲自由民。这三类人分布在不同的区域,导致区域发展水平不平衡。原有土著居民依靠渔猎和采集为生,生产方式落后,生产力低下。流放的罪犯生产积极性不高,区域发展水平自然较低。欧洲自由民的到来激发了生产积极性,他们所居住的地区经济和社会发展水平较高。1851年在悉尼附近发现金矿,吸引大批移民蜂拥而至。因此,以悉尼为中心的新南威尔士州成为澳大利亚的第一块英国殖民地,也是澳大利亚最先开发的地区。澳大利亚的经济发展也极不平衡。东部地区工业发达,90%以上的人口、城市与绝大部分经济活动集中在东南部距离海岸线120公里、占国土面积比例很小的狭长地带内,西部为资源丰富的荒漠之地。

第二节 增长中心政策

一、澳大利亚早期的政策尝试

长期以来,澳大利亚的区域发展规划由地方政府负责,缺乏区域间的总体规划。联邦政府对区域规划的关注始于 20 世纪 40 年代。1943 年,当时执政的工党政府为了有效开发特定区域的资源和实现充分就业,开始对区域发展进行一系列的讨论。但由于当时经济发展状况及各种认识不一,并未形成实际可行的政策。1949 年,随着自由党的上台,联邦政府从区域规划中退出,有关工作仍由各州自行处理。1964 年,为缩小区域间发展的差异,联邦政府成立了"联邦和州代表委员会",并就区域问题进行了一些实际研究,对联邦政府 70 年代上半期相关政策影响很大。70 年代工党上台后,便着手制定增长中心的发展政策。

二、增长中心政策的演变

第二次世界大战后,澳大利亚的区域政策集中表现为增长中心政策。该政策经 20 世纪 60 年代的学者们论证及个别州小规模实践,到 70 年代上半期已波及全国,盛行一时。当时执政的工党政府为加强对增长中心政策的研究及实施,于 1973 年成立"城市委员会"及"城市与区域发展部"。城市委员会当年提出一份关于 1973 年至 1978 年城市与区域发展的报告,明确将增长中心的发展作为 70 年代的实施政策。该报告将增长中心分为两类。一是城市型增长中心,是指在现有都市影响范围内发展的中心。二是区域增长中心,是指位于现有都市的距离相当远,但现存资源或发展潜力使其可以影响周围地区而作为该区域发展的中心。在调查和研究的基础上,城市委员会推荐坎贝尔镇、奥伯利—沃东加、巴瑟斯特—奥伦吉、吉隆等 16 个小城镇作为 70 年代的增长中心。其中绝大多数为区域增长中心。根据城市委员会的推荐,联邦政府对一些增长中心进行资助,以促使其发展成为中等规模城市。在政府资助的增长中心中,奥伯利—沃东加是唯一由联邦政府和最大的两个州新南威尔士和维多利亚共同参与的,其受政府援助水平、发展速度、发展规模、持续时间以及在全国的影响均居各增长中心之首,曾被称为全国区域发展的"中心实验室"。

1974 年,经济危机使增长中心发展资金受到影响。1975 年年底,自由国民乡村党执政后,对原区域发展政策进行了较大改动。在组织机构上,政府将原城市和区域发展部与环境保护部合二为一,名为环境、住房和社会发展部,把主要区域发展工作交由各州政府自行处理。联邦政府只保留少数规划项目,援助额亦明显有所下降,如 1977 年的预算援助额不足之前的 1/10。

1977—1981 年,联邦政府的区域政策调整还包括将援助的区域范围扩大为数十个区域发展中心,将联邦政府在增长中心项目上的花费由 1975 年的 5800 万澳元降到 1978 年的 500 万澳元。

到 1982 年以后,联邦政府没有明确的区域发展政策。政府的结构调整政策,如钢铁工业计划、汽车工业计划等均有一定的区域意义,但这些政策所影响的区域主要不是远离都市的发展区。

三、对增长中心政策的评价

学界和政界对增长中心政策的评价褒贬不一。20 世纪 80 年代澳大利亚政府中负责区域发展的地方政府和行政部门出资对包括奥伯利—沃东加在内的非都市区发展问题进行了研究,在 1986 年出版的澳大利亚区域发展丛书之一的《区域发展:奥伯利—沃东加的实践》中,肯定了奥伯利—沃东加 12 年的发展,认为该地区发展协调委员会作为规划发展机构的实践证明,系统的、全面的发展项目规划可以取得十分成功的结果,尤其是在具有发展前途的区位中心(增长中心)方面更是如此。1989 年 7 月 17 日,由联邦地方政府和行政服务部部长 M.雷诺慈发布的关于奥伯利—沃东加的部长委员会报告,对该地区的发展评价并不乐观,认为"即使按缩小后的发展目标,到 21 世纪末该地区人口达 13 万,也不是轻而易举的"。

第三节　澳大利亚区域经济发展政策的特点

一、因地制宜东西协调发展政策

澳大利亚政府颁布各项政策,加强东西部之间的联系。历史上,随着澳大利亚西部的开发和东西经济交流的加强,该国在政治上越来越具有向心力。1901 年,在争取独立的斗争中,这块殖民大陆的 6 块殖民地组成了澳大利亚联邦,成为英国的自治领地,原殖民地改为州。澳大利亚联邦虽然仍是英国的自治领,但是在政治上具有较强的独立性。由于澳大利亚的居民主要为欧洲人的后裔,深受民主思想的影响,在澳大利亚建国之初,就实行了资产阶级的民主制度,使澳大利亚在政治上保持了较大的稳定性。政治的稳定使经济政策具有较强的连续性,因此,澳大利亚西部和东部经济都有了较大规模的增长,经济联系更为密切。经济上的一体化进一步促进了政治的稳定。总之,澳大利亚在西部地区开发中,始终坚持贯彻因地制宜的方针,同东部经济发展形成了优势互补,为东部地区的发展提供了丰富的原料和商品市场。尤其是畜牧业和矿产业的发展不仅在国内具有重要意义,而且在世界上也占有重要的地位,成为世界上主要的畜产品和矿产品出口国。

二、积极的财政和税收政策

财政政策在澳大利亚区域经济发展中发挥着核心作用。如上所说,澳大利亚属于联邦制国家,行政管理体系主要沿袭英美模式。国家行政管理分为联邦、州(6个州和2个领地)和地方(约863个)三级政府。每个州都是独立拥有高度自治权的政治实体,负责管理地方政府。澳大利亚地广人稀、自然资源丰富,但各地区之间人口、资源禀赋等差异较大,社会经济结构依靠矿产资源、旅游业、农牧业等各不相同,且自有财力基础存在差距。由于人口数量、经济结构及自然地理等不同,各州提供的公共服务成本也有较大差异。澳大利亚联邦政府通过明确各级政府之间的事权和财权划分,制定规范、透明的转移支付制度来平衡区域发展,并使公民享受均等化的公共服务。财政政策在澳大利亚区域政策中起着核心作用。

税收优惠在区域经济发展中发挥着重要作用。对不发达地区实行税收优惠,包括减税、免税、退税等,在实现区域协调中占有举足轻重的地位。实现优惠的具体办法很多,优惠的对象可划分为面向地方政府、居民以及企业和投资者等四种。澳大利亚政府对居住在本国"出境不利"的"特殊地区"的居民实行所得税减让,对不发达地区企业和投资者实行增值税、营业税、所得税和进口环节税减免以及鼓励加速折旧、允许任意折旧等。

三、制定八大领域详尽发展计划

澳大利亚发达地区集中于东部、西南部沿海城市,大都市人口占绝对比重,90%的人口居住在2.6%的国土上。不发达地区实质是指乡村地区、边远地区和闭塞海岛,约占国土的50%,只有0.3%的居民。尽管如此,澳大利亚政府仍然非常关注这些不发达地区,制定了详尽的全方位发展计划,涉及八大领域,包括:家庭福利、医疗保健、教育、信息通信、交通运输基础设施、经济和商业发展、乡村社区建设、环境保护。计划目标是缩小地区之间的经济差距,确保不发达地区有平等机会共享国民经济的繁荣。

澳大利亚东部殖民开发较早,基础条件好,西部地区资源丰富,为东部提供了大量能源和原材料。在英国殖民初期,澳大利亚经济重心一直在东南沿海地区。澳大利亚作为移民国家,从18世纪开始移民到20世纪经济的崛起不过200年的历史,在这200年的发展历程中,澳大利亚从一个以渔猎和采集为主、经济非常落后的国家一跃而成为一个经济大国,首先取决于它的东部殖民,其次与西部的开发联系密切。特别由于在西部发现了大量的土地和丰富的矿藏,使这一地区成为澳大利亚经济发展的后盾。

第四节　对中国区域发展的启示

一、对区域发展理论的反思

讨论区域经济发展问题时,很多人常把发达国家或地区所走过的历程作为研究区域经济发展问题时的参考坐标,一般把发达地区在发展过程中曾采取过的某些政策作为制定区域经济政策时的基本依据。然而,由于如下几方面的原因,把发达地区的经验作为讨论欠发达地区区域经济政策的参考系,在许多情况下是很不现实的。

(一)人口增长速度上的巨大差异

发展中国家或欠发达地区人口增长速度很快,这些国家或地区所面临的是如何加快本地区的经济发展,以解决众多劳动力的就业、收入、住房以及福利问题;而发达国家的人口增长速度相当缓慢,甚至出现负增长,它们所关注的是如何使长期萧条的老工业区重新恢复活力的问题。

(二)区域差异悬殊

发达国家内部的区域差异和发展中国家内部的区域差异,不属于同一个数量级,前者是相对差异,而后者是绝对差异。根据威廉姆森的"倒U

型"理论,进入某一临界值域以前,区域差异与经济增长速度是正相关的,而进入这一临界值域以后,区域差异和经济增长速度是负相关的。如果进一步延伸该理论,则在进入某一临界值域以前,由于无法消除区域间差异,最优选择只能是加快区域经济增长;而在此值域以后,尽管存在一些差异,但差异是逐渐收敛的,可通过适度的财政政策(如减税或转移支付等)消除这种差异。严格地讲,在发达国家,不存在绝对意义上的区域问题,如果存在区域问题,也就是公平与不公平的问题。

(三)区域空间的分割

在发达国家或地区,整个经济空间是统一的空间,形成了统一的经济大循环,城市经济和乡村经济相互依赖、相互影响。然而在发展中国家或欠发达地区,经济空间是相互分割的,城市经济和乡村经济各自形成了独立的循环,彼此之间几乎没有什么联系,各自根据不同的循环路径进行不断地累积过程。这种空间分割,包括劳动力市场的分割、资本市场的分割、技术市场的分割以及产业链条的分割或单向联系等。

(四)区域经济环境不同

发达国家和地区与发展中国家和地区的区际经济环境差异相当大。经济发达地区的经济活动可以较少的成本进行重新布局,因为这些地区有熟练的劳动力、良好的基础设施、比较完整的城镇体系(可以充分享受聚集经济的好处),形成了企业家群体,有发达的交通网络以便同全国经济保持密切的经济联系。而且在开放经济条件下,企业是自由的,可以同等的成本在很多区位布局,几乎均等地接近国内外市场;然而,在欠发达地区,不同区位的比较成本的差异相当大,大城市以外的企业进入国内市场的机会很少,更谈不上进入国外市场,各种基础设施相当落后,劳动力素质低下,因而除大城市以外,其他地区的经济成本相当高,以致任何国家的区位补贴也无法弥补这种差距。

(五)区域政策目标及选择的重点不同

欠发达地区强调的是区域经济的发展,尤其是农村地区的发展;在发达国家或地区,区际公平目标占主导地位,区域政策常用来解决区际公平以及环境等问题。

二、基于区域发展政策的反思及对中国的启示

（一）制定统一的区域发展规划，建立健全法律和监督体系

澳大利亚的区域经济发展不平衡主要体现为东部和西部发展不平衡。为了消除不平衡，澳大利亚政府采用增长中心政策和因地制宜的东西协调发展的政策，取得了良好的效果。中国也存在东西发展不均衡的现象。中国东部人口众多，发展水平较高，同时，西部地区资源丰富人口较少，为此我们可以借鉴澳大利亚的发展模式实现东西发展的协调互补。东部地区技术先进，资金充沛，可以为西部大开发提供各种便利，西部地区资源丰富可以为东部地区发展提供各种保障。为消除东西发展不平衡的矛盾，首先要制定统一的区域发展政策，没有统一的区域发展政策和科学的顶层设计，很难实现东西部协调发展。

为了解决严重的地区困难并为西部落后地区的经济发展作出规划指导，政府还必须制定相应的法律法规。法律法规是西部大开发的制度保障。法律法规的颁布和相应部门的设立必将对落后地区的发展起到较大的促进作用。在澳大利亚，为缩小地区差距而实行的各项区域经济政策，政府以法律形式颁布实施。法律的严肃性、规范性和稳定性，保证了落后地区开发的顺利进行。

（二）采取政府援助方式，促进不发达地区发展

在明确了趋于均衡发展的政策取向后，澳大利亚政府以立法、行政命令等方式出台了种种援助不发达地区的具体措施。我国也可以借鉴这些区域援助政策。我国对不发达地区的援助绝大多数采取的是自主方式而非自动方式，而且，除扶贫政策外尚缺少针对其他问题的政策。我们应该继续完善区域经济政策工具，并对区域政策工具灵活加以组合。

我们可以通过以下五个方面对不发达的区域进行援助。第一，政府投资。通过运用公共投资政策改变区域间经济发展的不平衡。第二，政府采购。通过政府采购对不发达地区进行支持，是指政府动用财政收入购买不发达地区劳务和商品的一种财政支出方式。为扶持受援区的企业，政府对受援区采取强制性采购比例。第三，转移支付。综合使用各种政策工具，如面向民间资本和外资的投资补贴、购买设备补贴、创造就业补贴、劳动成本

补贴,以及面向地方政府及居民的地方财政补贴、扶贫补助金、农矿产品价格补贴等,以这些转移支付方式扶持不发达地区发展。第四,税收优惠。对不发达地区实行税收优惠,包括减税、免税、退税等,在实现区域经济协调发展中占有举足轻重的地位。第五,金融倾斜。通过提供优惠贷款、政府担保贷款、设立发展基金和政策银行等金融手段,对不发达地区经济发展进行扶持。政府通过金融倾斜的方式以扶持受援区的企业,吸引外资投向不发达地区。此外,我们还可以以年度财政预算、五年计划等方式,使政府投资的区域倾斜措施规范化、制度化;建立统一规范的财政转移支付制度,增加对不发达地区的政府间的转移支付补助;深化税制改革,建立起具有区域调节功能的税收体制,完善中央与地方分税制,充分发挥税收杠杆在统筹区域发展中的应有作用;设立国家区域共同发展基金,对不发达地区实行支持性政策等。

(三)以人为本,大力开发人力资源,激发人才创造力

澳大利亚早期的人才结构以土著居民和流放罪犯为主,人力资源缺乏活力和创造力。随后,引入大量具有较高教育水平和技能的自由民,为澳大利亚的发展注入了活力。由此可见,人口素质和质量对经济发展起着重要作用。因此,我们要以人为本,重视开发人力资源,激发人才的创造性。人力资源的开发既是区域经济发展成败的关键,也是区域经济发展的根本动力。我们在统筹区域协调发展的过程中,一方面要树立科学的人才观,营造良好的人才环境,注重人力资本投资,实施灵活的人才约束和激励机制;另一方面,通过东西部企业合作和引进外资等方式,实现劳动力的跨区域流动,吸引人才落户西部。政府可以通过各种优惠政策吸引大批移民迁入,并通过教育、引进等多种方式对不发达地区的人力资源进行开发,着重提高劳动者的素质。同时,实施职工培训计划,提高劳动者的素质和技能。政府甚至还可以通过发放迁移费用补贴、住房补贴以及提供培训劳动力的条件来吸引异地优秀人才,以此推动不发达地区发展。人口的合理流动以及劳动力素质的提高,不仅可以满足西部经济发展的人力资源需求,而且能够扩大消费市场,可以极大地推动区域的经济发展。

(四)建立副经济中心和高新区,实现区域跨越式发展

澳大利亚的经济增长中心政策实质上就是建立副经济增长中心,推动

整个区域的跨越式发展。据此,根据不同地区的条件,建立多个副经济中心,这些中心可以根据当地的产业布局、资源和区位优势进行总体设计。在有条件的地区兴建科学技术中心,为不发达地区的经济布局和发展构建新的增长极。这些副经济增长中心可以围绕省会城市建立或者可以在离省会城市不远的地方设立新的开发区。一方面方便利用省会城市富足的资源,另一方面可以另起炉灶,设计更加合理的发展模式。

目前我国西部地区高新区的发展,仍受到一些因素的制约,如社会整体支撑力不足,人、财、物、信息等的输入交流受到限制;高新技术区建设从项目选择到功能配套、政策引导与国内其他地区趋同现象严重;高新区发展中企划不够,现代企业管理和产品市场开发明显不足,打造"名牌"的意识薄弱等。因此,在西部地区建设高新区的过程中,我们要努力打造高新区的"创新极"和"增长极"地位,使其成为区域发展的特区。集中有限的资金和技术能力,重点建设高技术创业中心和孵化器,培育与地方优势资源相结合的高技术,把提高自主创新能力和经济竞争力、掌握知识产权、实现产业化作为主要目标。利用好西部大开发的契机和高新区优势,建立多元化投资体系和风险投资机制。注重与传统产业结合,提升地区综合制造水平和工艺水平,注重培训工程技术型专业人才。

(五)加快西部基础设施建设,优化区域投资环境

加强基础设施建设对不发达地区的发展具有极其重要的作用。交通是西部地区内部之间要素进行有效配置的前提,也是西部加快和外部沟通的重要桥梁。目前,虽然西部地区的交通建设已经取得了巨大成绩,但仍存在建设资金不足、自身发展能力欠缺等突出问题,严重制约了西部地区内部之间要素进行有效配置以及西部与外部的沟通。另外,西部地区的文化、教育、卫生以及治理环境方面的基础设施建设都明显滞后,影响了西部地区发展的步伐。因此,在西部大开发过程中,要进一步加大国家对西部地区基础设施建设的投资力度,积极推进基础设施投资主体的多元化,合理应用经济杠杆促进基础设施建设,进一步完善价格运行机制,采用支持性价格政策筹集建设资金,并坚决贯彻落实"受益者负担,投资者受益"的原则。

(六)培育地区自我发展能力,加强区域"造血"功能

澳大利亚因地制宜、解放思想,在内陆地区积极创造条件发展畜牧业和

农业取得了显著成效。我们对西部大开发和振兴东北老工业基地不能仅仅只采用"输血"方式,要解放思想,创新发展理念,加强区域的"造血"功能。同时,因资源的指令性配置,"输血"式的扶持不仅容易导致投资效率低下、工业布局过于分散,还容易造成人们开拓进取精神和市场主体意识的淡薄。因此,在市场配置资源占主导地位的今天,我国对西部的大开发和东北地区等老工业基地的振兴,应多从培育地区自我发展能力入手,实现"造血"式的内源开发。政府可以通过建立全国交通网和信息网、大力开发人力资源、实施区域优惠政策等,为各地区可持续发展和区域间协调发展创造条件。总之,只有依靠自我发展能力的培养和企业核心竞争力的提高,中西部和东北地区等老工业基地才能真正实现持续快速协调健康发展。

第十五章 新西兰的区域经济规划与政策

第一节 新西兰区域经济概况

新西兰国土面积约 27 万平方公里,人口约 479 万人,是发达的市场经济国家,有着较为先进的制造业、服务业和高效率的农、林、牧业,经济的外向化程度较高。

新西兰经济在 20 世纪五六十年代以前主要依赖农产品出口。70 年代以后,农产品出口遇到越来越大的困难。国际石油价格的上涨和对国内市场的保护使新政府财政状况恶化。自 80 年代中后期以来,新西兰政府转变了宏观经济政策,追求低通胀和财政收支平衡,同时允许汇率浮动、放开对资本流动的控制、取消农业补贴、推行国有资产的公司化和民营化等。这些政策和措施促进了新西兰产业结构的调整和出口竞争力的提高,使新经济在 90 年代以后出现了较快的回升。1998 年以来,虽然受到亚洲金融危机和美、欧、日经济下滑等不利因素影响,但是由于出口持续增长,移民和随之而来的资金流入带动了国内需求尤其是房地产市场的扩张,新西兰经济在总体上仍然保持着较快的增长。近几年来,新西兰一直是经济合作与发展组织中经济持续增长、失业率较低、汇率较为坚挺的国家之一。

独特的地理和自然环境使得农、林、牧业成为新西兰国民经济中最重要的部门。新西兰全国 51% 的土地为天然牧场或农场,29% 的土地为林地。畜牧业和畜牧产品加工是国民经济的重要支柱。全国现有各类牧场和农场 6 万多个,占地 1380 万公顷,全国有大约 640 万公顷天然林、190 万公顷人造林,林业资源丰富。农、林、牧业及其他初级产品的产值约占新西兰 GDP 的 12%。2002 年,新西兰出口产品中有 50% 以上是农、林、牧产品及制品。

新西兰海域辽阔,实行200海里经济区,海域面积达120万平方公里,是世界上第四大专属经济区。海区内有上千种鱼类,其中经济鱼类数百种,海洋水产资源丰富。出口产品中约4%是渔业产品。新西兰能源结构多样。在基本能源消费中,石油占33%、天然气占28%、地热占15%、水力占12%、煤占7%,其他可再生能源(如风能、沼气、工业废物和木材等)占5%。主要矿藏有金、铁砂、银、磷酸盐、锰、钨等。新西兰制造业以乳制品、食品和木材加工、毛毯、皮革、烟草以及造纸等轻工业为主。机械设备、电器、金属制品和石化工业亦具有一定规模。近些年信息和通信产业、软件业、生物技术等新兴产业发展也比较快。

新西兰经济的腾飞,依赖其得天独厚的生产要素。新西兰人均土地资源极其丰裕,土地使用成本很低。新西兰气候温暖湿润,牧草全年都能生长,非常适合放牧。19世纪40年代,早期殖民者引入了美利奴羊,从1851年到1860年,短短10年间,其马匹数量增加10倍、牛的数量增加6倍、绵羊数量更是增长十几倍,达280万只。这使得新西兰早期殖民者的财富呈现几何级增长。

19世纪60年代的淘金热吸引了大量移民,同时带来了对牛羊肉的需求,而且还给新西兰经济注入了资本。1861年,新西兰奥塔戈发现了金矿,这让新西兰一跃成为黄金出口国,黄金出口一度超过羊毛成为最大宗出口品。黄金开采和出口给新西兰带来大量资本。同时,为了给淘金者提供食物和服务,食品供不应求,带动牛羊价格上涨。就在淘金热带来的需求退潮时,冷冻技术保证了新西兰畜牧业的继续发展。从1882年起,新西兰的冷冻牛羊肉、黄油和奶酪开始源源不断地运往伦敦。10年时间里,冷冻肉出口收入增长100倍,每年给新西兰带来上百万英镑的收入。新西兰向英国出口冷冻肉,英国向新西兰投资基础设施、航运、加工业等,新西兰经济出现持续繁荣。从1895年起,欧洲农产品价格在经历了一段下滑后再次上升,这再次给新西兰带来了价格红利。此后,在两次世界大战中,新西兰作为英国盟友,收获了大量战争订单,"战争经济"最终将新西兰送入了发达的福利国家行列。

同时,新西兰各大区经济发展不平衡。早期殖民者登陆的土地依靠母国基础发展迅速,毛利人居住区发展相对滞后。北方工业城市和旅游、移民城市发展迅速,单纯依靠种植业和农牧产品加工业的地区面临人口流失。面对国内发展不平衡的矛盾,新西兰政府在发展的不同阶段采取不同的发展政策,推动了经济协调发展。由于中国也存在大量类似新西兰这样以农牧业加工为主和旅游资源尚未充分开发的地区,我们有必要对新西兰区域经济发展政策进行调查研究。

一、早期区域发展不平衡

由于国内区域条件差距较为明显,新西兰区域发展存在不平衡。新西兰总人口约 479 万人,86% 居住在城市,仅 14% 左右人口分布在农村,农牧业用地占国土面积的一半以上,人少地多。虽然土地广阔,但新西兰国土面积的 75% 为山地和丘陵,很多土地只能发展畜牧业。因此,新西兰的区域经济发展的产业比较分明。同时,新西兰的区域发展比较依赖政府的财政支持,地方政府的行动力相对不足。另外,各地方政府面临一定程度上的组织瓦解、治理能力下降的问题,导致新西兰政府在 2002 年启动了地方政府的再组织计划。

新西兰港口工业区和农牧地区的产业发展区别较大。沿海气候适宜地区可以发展农业以及港口加工业,经济发展方式灵活且发展速度较快,农牧业产品虽然是其出口的主要构成,但是其精细加工之后的高附加值往往属于港口工业城市而不是原产地。基于这样的情况,新西兰严重依赖外资,对国外投资采取国民待遇。

20 世纪 70 年代以前,新西兰国内经济发展呈现出北强南弱的局面。北岛地区依靠较好的区位优势,发展港口经济和出口加工贸易使沿海城市经济迅速发展起来,农牧业密集区相对依赖外资和政府的资金技术和政策支持。

二、区域发展不平衡的主要原因

(一)区位优势存在较大差距

新西兰是位于大洋洲的岛屿国家。畜牧业是其经济的基础,畜牧业发达,是新西兰经济的基础。畜牧业用地为 1352 万公顷,占国土面积的一半。乳制品与肉类是新西兰最重要的出口产品。粗羊毛出口量居世界第一位,占世界总产量的 25%。新西兰渔产丰富,是世界第四大专属经济区,200 海里专属经济区内捕鱼潜力每年约 50 万吨。

新西兰 11 个大区和 5 个直辖区的人口、地形地貌以及历史传统决定了不同区域的经济、社会发展水平不一。在旅游业发展起来以前,一些沿海的地区和气候条件事宜的区域经济发展相对较好。

新西兰地处低中纬度地区,环境清新、气候宜人、风景优美、旅游胜地遍布全国。新西兰的地表景观富于变化,北岛多火山和温泉,南岛多冰河和湖泊。其中,北岛的鲁阿佩胡火山和周围 14 座火山的独特地貌形成了世界罕见的火山地热异常带。这些景观保证了新西兰的旅游业收入长期稳定在新西兰国内生产总值的 10%。同时,旅游业也是新西兰仅次于乳制品业的第二大创汇产业。

基于这样的资源禀赋差异,新西兰呈现出农牧业与加工贸易发展相对滞后,农产品加工出口和旅游业对经济社会发展的贡献较为突出,一些地区因为投资移民的关系迅速发展,甚至在经济增长率上屡屡超过传统强镇奥克兰大区。

(二)人口的特殊结构造成区域发展不平衡

新西兰是欧洲移民和原住民毛利人居住的国家。毛利人是新西兰的波利尼西亚人,大约从公元 1150 年开始,毛利人的祖先就一批又一批地从一个叫作哈瓦基的神话式地方移居到新西兰,到 14 世纪形成移居高潮。至少在 800 年或更早以前,新西兰已有毛利人居住。传统的毛利人社会组织是部落,每一部落的成员都承认共同的祖先。在传统上,日常生活中最重要的社会集团是族群,用以保证基本的土地占有。1642 年 12 月,第一个欧洲人塔斯曼到达新西兰海岸,毛利人社会开始瓦解。1769—1770 年,库克船长环绕南北两个主要岛屿航行,写出了有关毛利人情况和新西兰适合开拓为殖民地的报告。其后,猎捕鲸鱼、海豹者和其他寻求暴利的欧洲人先后来到新西兰。1830 年年末,新西兰与欧洲建立了联系,因而许多欧洲移民来到这里。1839 年,传教士亨利·威廉斯将怀唐伊条约翻译成毛利语,一共有512 位毛利酋长签署了这一条约,从此,新西兰成为英国殖民地。1840 年英国人正式兼并新西兰,欧洲的殖民和统治开始使毛利人感到惊恐。1845 年一些毛利酋长开始劫掠群岛湾和其他极北部地区(即第一次毛利战争),直到 1847 年才被总督格雷爵士率领的殖民军平定。1857 年北岛怀卡托地区的若干部族推选蒂·韦罗韦罗为国王,称为波塔陶一世。除推选出国王之外,他们还建立了参政会、司法制度和警察机构。1850 年起,移民人数大量增加,导致政府需要购买更多土地,可是许多毛利人坚决不愿出售土地。1859 年塔拉纳基地区的一个名叫蒂·泰拉的毛利人,未经其部落同意私自把他在怀塔拉河边的土地卖给殖民地政府,从而引起 1860—1861 年的第一次塔拉纳基战争。1863 年 4 月,格雷总督修建了一条进入怀卡托地区的进攻道路,把塔拉纳基毛利人从塔塔莱马卡区驱逐后,再度爆发第二次塔拉纳基战争。与此同时,怀卡托战争也于 1863 年 7 月开始。1864 年 4 月初,随着奥拉考村寨的陷落,基本上结束了怀卡托战争。最后一次战争,从 1864 年持续到 1872 年。最后,欧洲人和支持他们的毛利族部队(1864 年后大量增加)制止了敌对部落的每次行动,毛利人的大片土地被没收。到 20 世纪后半叶,约有 9% 的新西兰人是毛利人,其中 4/5 为城市居民。然而从经济方面来看,在从事地位较低、工资较少职业的人们中,毛利人所占比例仍多于欧洲人。此后,又有南斯拉夫等欧洲国家的移民进入新西兰,21 世纪以来,亚裔移民进入新西兰的数量明显增多,目前已经成为新西兰的第一大少数族裔。

从以上人口结构看,新西兰至少存在毛利人、亚裔、欧洲移民三个族群。这三类人分布在不同的区域,导致区域发展水平不平衡。原有土著居民依靠渔猎和采集为生,生产方式落后,生产力低下。欧洲移民的到来激发了生产积极性,他们所居住的地区经济和社会发展水平较高,亚裔移民的涌入改变了新西兰的人口结构和生产模式分布,导致各地区的经济发展出现了显著的不均衡(见表 15-1)。

表 15-1　2016 年各地区人均 GDP 对比

地区	人均 GDP（美元）
南地	36634
奥塔哥	34478
奥克兰	40975
马尔堡	39809
塔拉纳基	49754

续表

地区	人均 GDP（美元）
惠灵顿	47375
坎特伯雷	38888
西海岸	33605
怀卡托	32881
丰盛湾	31401
尼尔森	30673
霍克湾	29565
马纳瓦图-旺加努伊	28364
吉斯伯恩	25789
北地	25493
平均	38885

三、新西兰区域发展政策沿革

20 世纪 70 年代,随着英国加入欧共体,新西兰失去了英国这一主要消费市场,导致农牧业产品出口萎缩和相关加工业凋敝,两次石油危机恶化了新西兰的经济情况,并且因经济危机导致政局不稳,新西兰急需进行一场经济改革,统筹并整合不同区域的发展。1984 年以前,新西兰继续推行福利社会政策和凯恩斯主义,政府不断加强对出口加工业地区的管制,基于重点工业补贴和减税以保护国内的就业,对于农业给予补贴以支持出口增长,控制利率和资本流动以避免金融市场的自由活动冲销政府的宏观调控。这些对冲政策虽然保证了新西兰整体经济不至于恶化下去,但由于推行了补贴和退税等政策,农牧区的生产积极性进一步下降,长期收益率连续走低。政府的保护主义措施导致通货膨胀和失业率双高,国内资源流向体制内套利部门,到了 80 年代中期,地方政府和中央政府的债务开始大规模上升,农牧地区产业凋敝,地方组织力继续下降。1985 年起政府被迫启动了自由化改革,全面退出经济干预,制定了《商业法》,禁止不正当竞争,取消价格和工资管制,开放贸易,减少进口许可证管制,并最终放松了金融管制,允许银行利率自由浮动。总体而言,新西兰一定程度上放弃了依赖大政府干预经济以维护各大区平等发展的目标,并且精简了政府机构,区域经济政策转向各地区协调发展而非平等发展。

第二节　新西兰区域经济发展政策

一、自由合作政策

20 世纪 80 年代经济改革以来,新西兰政府减少了对农牧业的补贴和管制,鼓励农牧业产业链上的生产者、加工者、服务者进行大规模的重组和自由协作,银行提供专项贷款去推动实现其农业现代化,并通过应急贷款保证农业、加工业和服务业的收益相对协调。在推行自由化政策的同时,政府继续为可能出现的农村凋敝提供保障,1987 年后,政府不仅为可能因为短期财务困难离开农业的农场主提供财政援助,还通过减免债务的方式让在改革中深陷债务的农牧业区重新进入生产—消费环节。

由于农牧业区意识到想要通过非农收益增加区域利润,与加工业和服务业进行密切配合是非常必要的,在政府的引导下,这三个部门开展了卓有成效的自由合作,最终令消费者获得了价格上的比较优势。

随着农牧业区经济环境的改善,因为不同的市场需求导致土地的利用开始出现多样化的趋势,而多样化的土地肥力和灵活自由的产业链组合始终让新西兰的土地价格维持在对农牧生产者有利的位置上。可以说,经济改革后一系列的重组和协作满足了新西兰区域经济协调发展的要求,农牧业区和港口工业区的收入都得到了显著提高。

二、因地制宜产业互补发展政策

新西兰北岛殖民开发较早,基础条件好,在 200 年的发展历程中,新西兰从一个默默无闻、生产力水平极为低下、以渔猎和采集为主、经济非常落后的国家一跃而成为一个经济强国,首先取决于它的北岛港口区,其次与旅游业的开发联系密切。由于新西兰旅游资源极其丰富,使这一产业成为新西兰经济发展的重要支撑。新西兰政府颁布各项政策,加强旅游业和农牧业之间的联系。

三、新世纪的政策调整：以集群提升政策为例

新西兰的区域发展政策，其实主要针对产业集群的发展和提升。集群提升的侧重点为除最大城市奥克兰以外的中小企业。公共发展机构假定集群对商业的发展具有较大的推动作用。因此，参照美国硅谷和意大利工业园发展模式中相关支撑体系所取得的成就，被称为"集群建立工具箱"的手段。20世纪90年代，新西兰政府希望通过"集群发展程序"的方式把地方政府和中央政府连接起来。集群发展程序把产业集群看作一组企业和其相关的组织，以相互协作共同促进商业发展。通过此合作组织使企业、区域和相关群体获得最大的发展速度、质量、创新能力和发展规模。成立新西兰贸易和企业有限公司来协调解决一些实际问题，诸如培训、基础设施等。经济发展机构倾向于在本行政区域内扶持产业集群的发展。此外，称之为"区域集群"的集群发展程序，倾向于发展中小企业战略组合形式的"商业集群"；而称之为包含当地土著毛利企业和"国民集群"特色产业集群的参与者则更加广泛。2004年，新西兰政府推动了95个产业集群项目，其中42个项目得到了集群发展程序的支持。这些项目具有以下四大共同点：一是集群成员资格的获得通过行业协会资格的获取。这些行业协会可能是非正式的行业协会，也可能是公共机构为了特定成员设立的官方实体。二是集群成员的获得不是通过先前的集群地图的绘制或者按照企业活动范围和选择的指导而确定的。它的获得具有更加广泛性的特点。三是各种支持主要是通过公共机构认定的潜在的集群，通过确定名单把他们组织在一起，最后提供管理和帮助。四是公共机构对产业集群的支持有可能是任命兼职的专业人员，也有可能是全职人员。集群的集体活动一般是通过企业交纳会费的行业协会进行。总的来说，新西兰的集群项目涉及教育、电影制造、林业和软件IT产业，占所有项目集群的1/4。

（一）价值链条部分

鼓励价值链条的拉伸通常被认为是产业集群发展的主要着力点。但与此相比，新西兰集群发展项目中的企业一般处于价值链条的同一环节之上。这种情况在新西兰的木业集群中显得尤为突出。就新西兰的木材产业而言，从集群理论角度分析，的确存在拉伸价值链条的可能性，因为林业资源、

木材加工和深加工产业活动在地理位置上极为接近。但事实上,产业集群在拉伸木业价值链条功能的作用还是十分有限的。木业集群中的当地发展机构把当地林业资源经理和木材加工经理聚集起来共同努力来吸引新的投资,但由于当地木材技工企业拒绝配合,这个努力最终以失败而告终。相比吸引投资而言,这些木材加工企业正被其他问题所困扰着,例如农村地区的森林防火服务以及企业内职员吸毒和酗酒问题更加亟待解决。

木材产业以外的其他工业。由于处于价值链条中的很多关键环节的企业身处海外,所以依靠发展集群来拉伸价值链条的可能性就变得更小。不过,健康 IT 产业例外,这个产业集群成员包括软件开发企业、行业协调者和用户代表。以此为基础,这个产业集群在鼓励健康软件提供者和使用者之间的对话就显得尤其重要。因此,在这个特殊产业内的集群取得进展还是有可能的。政府有意愿支持这个产业的发展,并且视其为解决公共医疗服务的特殊手段。新西兰卫生部在集群开拓市场方面也给予了极大支持。这些强有力的支持使这个产业成为一个持续发展的行业,更为重要的是,在与卫生部的对话中获得了话语权,比如直接参与了该行业标准的制定。其他产业与之比较起来都不具备这个发展先机。

（二）合作状况

对成员准入的控制是新西兰产业集群发展的一个重要特点。例如,高等教育集群中的 7 个公立大学拒绝私营教育机构的加入。坎特伯雷的电器产业集群由当地最大的 6 家电力公司组成,而对于其他近 100 多家中小企业,当地经济发展部门则鼓励建立另外一个独立的集群。一方面,由于利益上的分歧,当地的六大"巨头"拒绝彼此进行对话和合作,他们之间存在着竞争关系。另一方面,出于培育联合市场发展的目的,当地政府机构希望这个产业集群可以在一些区域内有效运转,不过促进这些大企业在不同的专业领域内进行合作也是非常不现实的。通过观察其他产业集群发展的经验,奥塔哥南岛木业集团尽力避免价值链条的断裂。集群内的林业主和加工企业采取了一些联合的措施。集群内的企业共同努力,估算出当地的林业资源比官方估算的要悲观许多。根据实际的林业储备,他们采取正确的投资措施,而且认为当地的林业发展机会比当地政府估算的要少得多。大企业根据真实情况准备把自身的资产转移到其他行业当中,并且投资也开始涉及其他领域了。尽管该产业集群对小企业加入没有明显的限制，但是现存的集群成员都是被认为能对该地区发展有所贡献后才被接纳的。这项措施非常有效地限制了大林业主和木材加工企业的加入。

（三）政策适用性问题

产业集群的数量和规模具有误导性。事实上，一些产业集群在公共机构干涉发展之前已经形成。先前的历史经验表明，会员资格的吸引力已经有效促进了产业集群的运作。而另外一些集群因为缺少公共机构强有力的支撑，集群项目将很难开展下去，而且不久可能将陷入失败的境地。当地的发展机构为了提升产业集群的发展，设置了集群促进者这个职位，经过几个月静止状态，整个集群促进者已经报告没有成员询问、交流。这就涉及产业集群政策的一个核心问题：如何判断某地区的中小企业能够在政府的支持下组成集群并且强大起来，而不是强行地采取一刀切的方式，最终却导致社会资源的浪费。

（四）龙头企业问题

产业集群政策一般来说被认为会促进各区域企业的商业活动。产业集群有利于把中小企业的资源联合起来和大企业竞争，并且可以鼓励发展产业集群中的企业积极开拓海外市场，这些战略的确定最初开始于早期的新西兰贸易促进机构的公共政策项目。该政府机构采取各种措施来提升企业的可持续发展，但最终发现很多企业依然处于维持基本升级的状态，而且许多企业无意扩张自己，这导致区域政府的干预政策不得不终止。教训是，是否存在一个龙头企业可以让其他企业成为它的承包商，其实是产业集群政策能否成功的关键。龙头企业的存在可以保证市场开拓策略的顺利实施和减少市场投资，由此这些企业就可以腾出更多的精力与其竞争者争夺生存空间。相似的经历也同样发生在新西兰的政府产业提升项目当中。与其他产业集群相比，地震工程产业集群更加注重出口市场的开拓。集群会员当中的新西兰最大地震工程咨询公司已经为走向国际市场提供了宝贵的资源。因为龙头企业需要集群内的其他专业成员作为它的海外项目的分包商，在此背景下，他们采取了共同出击的办法。创意资金集群的经验表明中小企业的联合离不开龙头企业的参与。为了开拓新加坡市场，一个特殊的商业机构形成，主要是为了吸引那些有意开拓此市场的企业并把他们各自的优势集中起来,发挥拳头作用。很多原因导致了此发展模式最终是日落西山。2004 年,这个商业机构终止了贸易行为,而且产业集群内部开始转变策略,把主要精力放在新西兰的本地市场,代替当初走出新西兰的雄心壮志。

(五)产业集群对区域经济均衡发展的意义

新西兰集群项目的分布以及其广泛的行业覆盖性决定其不同的发展方向。奥克兰地区的 GDP 占了整个国家经济的三分之一,但该区域内鲜见产业集群。原因之一是当地经济发展项目的支持力度较其他地区显得更为有力度。进一步来说,其他地区在制定经济发展方针的时候更加倾向于集群式的发展。依靠土地集约发展的集群项目缺少了食品行业。在林业当中,集群集团已经在自己的区域内形成了最大限度的产业集中。可以看出,产业集群政策在一定程度上平衡了新西兰发达工业区和农牧业区的经济发展,并对相对不发达地区的赶超式发展提供了比较好的模式借鉴:那就是不要求全国各地都建成以沿海发达工业区为范本的资本密集型经济实体,而是通过推动一系列的相对不发达地区中小企业组成产业集群联盟,并以此与沿海发达地区和国际上的单一制大公司进行竞争和合作。

第三节　新西兰区域发展政策的启示与经验

一、对区域发展产业集群理论实践的反思

新西兰集群发展主要缺陷就是在鼓励加入集群和寻求外部合作上采取了防御性方针。产业集群严格限制大企业的加入和价值链条上同一环节企业的加盟,这让政府的干预政策陷入了进退两难的境地。它可以让集群集团拥有较高的会员使命感和自我管理能力,但是在会员资格多样化的情况下公共利益可能遭受损失。伞形集群已经形成,这个伞形集群由子集群中挑选出来的成员组成。例如,ICT 集群由坎特伯雷发展企业中的一些中小企业、大公司(坎特伯雷电器公司)和其他工业集团建立。这个伞形集群解决了整个行业的资源问题,例如劳动力资源。从积极的层面来看,集群集团的进一步分离可以扩展企业参与的多样性,有利于他们采取更为有效的集

体行为。但是,它也意味着需要更多政府项目的扶持,资金的预算必然随之增加。

同时,公共政策制定的出发点就是鼓励产业集群的可持续发展,按照它们选定的集群样本,把各个相对不发达区域的产业集群也发展成为这些样本模式。这样的认识忽略了产业集群在可持续发展阶段集群的多样性造成的公共财政支出的多样性、扶持政策的多样性以及不同工业和市场的多样性。那个不严密的产业集群识别方法也进一步质疑了产业集群政策的合理性。新西兰产业政策的含金量也值得进一步探讨。在没有进行任何产业集群数据和对产业集群进行分组的情况下,新西兰政府的产业集群促进政策就仓促执行。不管怎么说,新西兰政府认定任何形式和程度的产业集群都可以界定为集群的确存在着一定的盲目性。的确,为了让更多的企业从中受益,产业集群的识别标准可以在一定程度上降低。因此,有限的效果加上对产业集群范例的质疑成为新西兰产业政策的一个重要表现形式。

新西兰的产业集群政策对区域经济的影响是不尽如人意的,但毕竟这一措施为其他国家区域经济发展项目提供了一定的参考。一是政府的扶持力度可能需要进一步加大。这样不但可以让产业集群潜在的集中优势得到充分的发挥,前提是把全国性的扶持转为区域性的扶持。二是扶持方向要转向那些资源较好的产业并提高中小企业进入的门槛,这对区域经济政策的制定和实施都影响深远。

二、新西兰区域经济政策的经验

(一)正确处理区域经济竞争关系,推动产业链上下游自由协作

新西兰的区域经济发展不平衡主要体现为农牧业区和工业区发展不平衡。为了消除不平衡,新西兰政府放松管制的自有合作政策和产业互补政策,取得了良好的效果。推动农业生产现代化和农牧业产品加工业信息化,实实在在地确立农牧产业区的生产所有权,保障农牧产业劳动者的利益,其中最重要的是保障他们对土地的使用权,并且能够从中获益,在此基础上,进一步通过配套政策和专项贷款,使农牧产品生产、加工、服务、出口产业链日益成型,最终就会带动以农牧业为主的地区走向经济腾飞。

（二）建立有关地区发展的法律法规

为各级政府实施地区发展协调提供法律依据。实现地区协调发展，中央政府对各地区利益关系的调节必不可少。地区发展中涉及的权责关系也必须用法律的方式来明确，以避免中央政府和地方政府无节制的讨价还价。

（三）重视发展经济困难地区

主要从以下两个方面对不发达的区域进行援助。第一，加强交通、运输、通信等基础设施建设。解决欠发达地区相对闭塞的问题，打通欠发达地区对外经济通道。选择有一定交通枢纽地位的城镇作为增长极，通过辐射功能带动周边地区发展。第二，需要国家特殊扶持的地区，不但要解决教育、卫生等公共设施建设问题，还需要进行配套产业的涉及和扶持，通过实行减税、免税、退税等税收优惠，推动不发达地区融入周边经济集群发展趋势。对不发达地区实行税收优惠，在实现区域经济协调发展中占有举足轻重的地位。

（四）中央与地方的政策协调

关于区域经济促进，新西兰的一个重要经验是推动大区在区域经济发展中起主导作用。按照经济区和城市群的规划，妥善分配中央政府能够调配的公共资源，尤其是大学和科研院所应该按照全国主要经济区和城市群的规划进行优化配置，以促进本地人才发展和全国人才的自由流动。

（五）制定可供区域发展政策利用的标准区域与问题区域划分框架，出台宏观的区域划分标准

具体措施包括：设立区域发展基金以评估各地区的申报项目是否符合宏观经济框架，在相对不发达地区投建数字教育系统，确保所有地区的教育服务均等化，以地区经济增速为主要区域划分标准，有针对地提高农牧经济区宽带网速和无线信号覆盖面积。确保各地人民监督其地区的决策和开发，帮助有关居民和矿产开掘者就环境问题达成协议；确保区域资金可以通过地方当局和利益团体的意见为当地项目和发展作出贡献；确保对环境有破坏性的产业投资收益的一部分用于当地区域建设。与地方政府合作，共同推行基础设施建设，建设区域经济活动中心；建立政府专家咨询小组，评估发掘潜在的经济增长点方案，找出刺激地区经济的方向。

（六）通过发展环保产业保证区域发展可持续

新西兰畜牧业非常发达，且环境措施非常到位，保证了过去几十年来新西兰畜牧业的可持续发展，其成功发展的经验值得我们学习与借鉴。

综合利用草地资源，实施种养结合。新西兰牧场均拥有一定规模的草场资源，不用花钱租用草场。奶牛养殖场利用自家牧场种植牧草，放牧饲养奶牛，非常重视草场的改良和建设，通过分区围栏放牧和种养相结合的规模化生产，使奶产量及其加工品数量大幅度增加，质量提升较高，生产成本不断下降。我国草原资源非常丰富，面积达 2.7 亿多公顷，可借鉴新西兰经验，综合利用我国丰富的草原资源，解决内蒙古、新疆等奶业主产区的环境问题。

完善环保政策，确保奶业可持续发展。新西兰在发展畜牧业的同时，非常注重保护生态环境。针对奶业发展过程中的环境问题，制定了一系列政策措施，包括畜禽养殖标准化规范、畜禽设施建设、环境污染防治及其监管制定等。同时，全体国民不断强化保护生态环境和可持续发展的意识。我国针对畜禽养殖业的发展虽然也制定了一些政策、标准和规范，但畜禽养殖环境保护监管体系仍不够完善，重视生态环境保护和可持续发展的政策措施滞后，畜禽养殖场经营管理者对生态、环境保护的意识还很淡薄，我们需要从以上几个方面进一步加强环境保护意识。

推广畜粪处理技术，实现污便综合治理。新西兰绝大部分牧场的粪便是运用生物处理方法，把畜禽粪便制成生物有机肥或生成沼气。新西兰较为推广的畜粪处理方式是堆肥法，堆肥法具有生产成本低、避免二次污染、有利于改良土壤等优点。养殖场堆肥处理后，一部分粪便可作有机肥回施养殖场的配套耕地，一部分通过精细加工，生产出质量较好的堆肥产品，这种措施不仅大幅度降低畜牧业发展带来的环境污染，而且使牧场废弃物实现了循环利用。我国可借鉴这种低成本、无污染的处理方法，降低畜牧业对环境的污染，使我国畜牧业走向可持续、循环生态经验发展的道路。

第十六章　印度的区域经济规划与政策

当全球发达经济体在不确定性中挣扎，多数新兴经济体增速换挡下行的大背景下，印度近年来脱颖而出，成为全球增速最快的大型经济体之一。2015—2016财年，印度GDP增速达到7.6%，成为世界银行全球经济展望中增速最快的国家之一。由于印度市场起点低、规模大的特点，世界经济论坛在其《全球竞争力报告（2015—2016）》中将印度列为仅次于中国和美国的"世界第三大市场"。当印度在全球经济舞台上的重要性日渐凸显的同时，印度国内也正经历着一场影响深远的变革。自2014年印度人民党以压倒性优势获得大选以来，总理纳伦德拉·莫迪推出一系列改革举措，包括国家计委改革、"印度制造"计划、"数字印度"计划、商品与服务税改革等，旨在推动印度经济实现跨越式发展。

审视印度改革，莫迪的诸多发展议程的重要落脚点就是印度的区域经济规划与政策从地方和各邦层面而不是中央层面入手解决经济发展的动能问题。一直以来，由于社会构成、自然地理和经济发展的巨大差异，印度区域发展极不平衡，而这种区域发展差异甚至还在持续拉大。长期以来，印度在其国家计委的领导下，采取了中央集权和计划经济的办法来协调和平衡区域差异。但是，由于中央对地方的过多干涉和地方的路径依赖，这一政策多年来实践效果一直不佳，区域发展不平衡的现象反而加剧。如今，印度国家计委已经被国家转型委员会所取代，随着规划、审批的事权、财权被下放到地方，印度的区域经济发展将呈现新的局面。

这种权力下放、区域自主的政策选择既是莫迪领导下的印度人民党政府根据自身经验的优选结果，同时也是印度独特政治、经济格局的惯性要求。一方面,一些争议较大的改革举措如土地征收改革、劳动雇佣改革在联邦层面通过的可能性很低,容易形成政治僵局,因此一些思想解放、执政党根基深厚的邦反而容易突出重围,成为改革先锋。另一方面,印度迥异的区域发展现状使某些经济条件较好的邦更容易集聚发展动能,从而通过改革红利获得早期收获,为其他邦作出示范,进而形成区域之间你争我赶促改革的"竞争性联邦主义"。从这个意义上说,区域经济规划与政策是莫迪改革政策的关键抓手,有着极其重要的研究价值。

第一节 印度区域概况

一、国土地理

印度位于伸入印度洋的半岛型南亚次大陆上,东临孟加拉湾,西濒阿拉伯海,北部同中国、尼泊尔、不丹接壤。印度是南亚最大的国家,国土面积约298万平方公里(不包括中印边境印占区和克什米尔印度实际控制区等),主要由北部的喜马拉雅高山区、中央印度河—恒河平原以及南部的德干高原三部分构成,面积位列世界第七。印度南部、西部普遍比北部、东部发达。印度西部沿海和南部集中了印度绝大部分经济发达的邦,而北部人口稠密的恒河平原和本部之外的印东北则是印度最不发达的地区。

二、人口族群

印度人口呈现数量多、增长快、年龄小、构成复杂的特点。印度人口众多,根据联合国估算2016年人口数量达到13.26亿,是仅次于中国的世界人口第二大国。根据2011年印度人口普查数据,过去十年印度人口增长率为1.764%,虽然较2001年人口普查时明显下降,但在全球范围内仍属于较高水平。印度人口年龄结构较为年轻,中位数为27.6岁,其中15—65岁之间的人口占比高达66.2%。印度语言、宗教、种姓构成复杂。按宗教分,80.5%的人口信仰印度教,15%信仰伊斯兰教,剩余为其他宗教;按语言分,包含泰米尔语、卡纳达语、泰卢固语的达罗毗荼语支使用者占24%,而包含印地语、孟加拉国语、马拉地语、古吉拉特语的印度—雅利安语使用者占74%,其中印地语是全印度使用者最多的语言,占比高达 41.03%;按种姓分,印度有婆罗门、刹帝利、吠舍、首陀罗、达利特、部落民等群体,而这些群体又可以被细分为几千种细分种姓。

三、政权结构

《印度宪法》1950 年 1 月 26 日生效,宣称印度为联邦制国家,是主权的、世俗的、社会主义的民主共和国。联邦议会是印度的最高立法机构,由总统与人民院(下院)和联邦院(上院)组成。印度行政机构的权力主要由政府总理通过部长会议行使,为总理领导的内阁制。在人民院取得多数席位的党派或多党联盟的领袖,在获得提名之后,由总统任命为政府总理。由总理领导的部长会议是印度的最高行政机构,由较为资深的“内阁部长”和较为初级的“国务部长”组成,集体对人民院负责。

四、行政区划

印度中央政府以下设邦、中央直辖区和国家首都辖区,邦以下设专区、县、区和村四级单位,而直辖区以下则只设县、区和村三级单位。印度独立至今其行政区一直处于动态调整中,尤其是 1956 年《邦重组法案》颁布以来,随着政治形势发展,并考虑实际管理需要,行政区划又做了多次重写划分。目前,印度的一级行政区域包括 29 个邦(其中所谓“阿鲁纳恰尔邦”为印度侵占我国的藏南地区)、6 个联邦属地及 1 个国家首都辖区。每一个邦都有各自的民选政府,而联邦属地及国家首都辖区则由中央政府指派政务官管理。印度各邦首脑称为邦长,一般由总统任命,行使象征性权力,而各邦首席部长领导内阁,行使实际权力,对民选的邦立法机构负责。

五、央地关系

印度虽然是一个联邦制国家,但是却具有明显的中央集权特征,中央政府在央地关系中充分体现主导权。《印度宪法》将中央政府与各邦的关系主要归为立法关系、行政关系和财政关系几大类,并明确规定了分工职权和职责设置。《印度宪法》第七附表对联邦议会和邦议会的权力和职能、立法范围和事项、收税等项目做了极为详细的规定,其中"联邦职权表"包括国防、外交、铁路、军火生产等 97 项条目、"各邦职权表"包括治安、卫生、农业、渔业等 66 项条目,"联邦与各邦共有职权表"中包括电力、传媒、刑法、民法等 47 项条目。联邦立法适用于全境,而邦立法只在本邦有效。一般而言,在联邦法律与邦法律发生矛盾时,则以联邦的立法为准,体现印度中央政府的权威。印度央地之间这种"集中—分散"的中央集权联邦体系为莫迪政府在地方进行改革试验并继续推广"竞争性联邦主义"奠定了制度基础。

第二节　印度区域政治经济历史沿革

一、尼赫鲁时代:强中央集权、取长补短

印度独立以后,决策者面临的首要任务是维护国家的团结统一,因此用何种政治形式来管理国家尤为重要。印度疆域辽阔,语言、民族、宗教、文化、社会多样,因此,在强化中央政治经济集权的联邦制下,如何划定邦界就成了关键问题。在殖民地时期,英国出于政治、战略上分而治之、互相制衡的考虑,将同一语言、民族群体割裂,而将不同群体混编,这样就形成了英属印度和几百个王侯领支离破碎的格局。这种行政区划利于中央集权统治,却不利于地方自治与整合。

印度建国以后,土邦纷纷被整合或合并,但是殖民地时期的行政区划却被基本保留了下来。这正是因为尼赫鲁面对复杂的社会经济环境,担心按语言划邦将滋生强大的离心主义,进而在各地产生民族自决、独立的压力。1948 年,印度达尔委员会的报告研究也证实了这种潜在威胁,警告按语言建邦将威胁印度统一。①

尽管如此,面对地方民众要求按照语言建邦的庞大社会运动,1953 年尼赫鲁政府被迫作出让步,同意原大马德拉斯分为说泰米尔语的马德拉斯

---

① 林承节:《印度现代化的发展道路》,北京大学出版社 2001 年版,第 50 页。

邦和说泰卢固语的安得拉邦。1956 年印度《邦重组法案》通过,彻底重塑了印度地区边界,形成较多以语言、民族为基础的同质语言邦。在语言邦崛起的同时,中央政府建立了东、西、南、北、中五个地区议会,每一个议会下辖几个邦,起到协调区域发展、抵消民族离心力,促进培育国族情感的作用。①

这一时期,一方面尼赫鲁在国大党内的竞争者纷纷退场,另一方面国大党在全国大选中取得压倒性胜利。因此,尼赫鲁在国大党和印度政府的统治地位日益巩固,逐渐成为无可挑战的领袖。尼赫鲁时期,印度独立运动元老、地方势力、民族代表都处于国大党内,因此中央与各邦、邦际之间及邦内的各种矛盾都可以在国大党内解决。凭借极高的威望,以尼赫鲁为首的中央政府扮演着总仲裁人和裁判的角色,而强有力的中央政府与地方强邦、强力邦领导人也在国大党体制内讨价还价,共同存在。

在尼赫鲁的推动下,印度这一时期采取了中央政府占主导地位的混合经济模式。为了在印度薄弱的殖民农业基础上快速推进工业化和现代化,尼赫鲁模仿苏联建立了计划经济体制,设立国家计委,并制定了高强度的五年计划。在这种统治经济模式下,印度中央政府的权威空前强大,而各邦、各地区为争夺资金、原料、联邦拨款、基础设施建设、工业布局则常常陷入一种竞争关系,这无形之中又增加了中央政府博弈的筹码。

在尼赫鲁时代,国大党牢牢占据中央,通过国家计委的超强控制力,控制住中央和地方、各地方之间的利益和资源分配。因此,尼赫鲁得以撬动地方狭隘的既得利益,根据国家战略发展目标来贯彻和执行计划。在推进印度工业化的过程中,印度中央政府采取了取长与补短并举的策略,一方面在条件较好的地方推进工业化,以此实现经济发展和物质繁荣的目标;另一方面在条件欠佳的地方加强转移支付,推进社会民主改造,以此实现消除贫困和实现社会公正的目标。因此,印度的"一五"和"二五"计划的实施取得了明显的效果,各邦通过一盘棋的布局在发展上都取得了不同程度进步。与此同时,这种制度的缺点也显而易见:由于经济计划过于繁复和许可证制度

①　姚传界:《行政区划变动与印度的政治经济》,《襄阳职业技术学院学报》2006 年第 5 期。

过于森严,导致了极大的腐败寻租空间,挤压了市场的创造力,使得印度经济运转效率日益低下,而脆弱性进一步上升。

二、英迪拉—拉吉夫时代:民粹崛起,讨好政策

尼赫鲁 1964 年去世以后,国大党统治权落入党内集团"辛迪加"之手,他们具备比较大的政治影响力,可以通过党内选举来控制地方的国大党。因此,作为尼赫鲁的女儿,英迪拉·甘地就和辛迪加围绕党内最高权威进行了激烈的权力斗争,而斗争的焦点之一就是各邦、各地方的国大党组织的控制权。为了夺取和巩固权力,英迪拉一方面推行讨好民众的民粹化激进经济政策,比如对大企业和银行实行国有化等;另一方面又推崇个人效忠和组织集权,清除了具有独立基础的国大党元老、部长和地方强人,并用她的忠实拥趸取而代之。英迪拉的这一系列举措不仅严重侵蚀了地方国大党的党组织,也损害了国大党中央的威信。

为巩固其自身的权势地位,英迪拉上位以后变得更加强硬和专横,民粹化和集权化的政策也更加趋于激进。她不仅在其执政期间多次使用"总统规条"(47 次)向反对党控制的邦派驻武装力量,以夺回这些邦的控制权,还在遭遇法律判决之后实施了长达 18 个月的"紧急状态"统治,逮捕了几乎所有党内反对势力头面人物和反对党重要领袖,使得整个国家处于其个人独裁统治之下。值得注意的是,英迪拉的紧急统治导致了地方政党的苏醒,政见不同的国大党领导人纷纷出走,在原有组织的基础上建立了地方党派。由于国大党凝聚力下降,政治的地方化,中央权力严重削弱,英迪拉—拉吉夫执政时期,印度各地方的离心倾向增强,诸多地方甚至出现分裂主义运动。

英迪拉在经济上实施了高度民粹化的讨好政策,使得印度的区域经济政策一度走向"中央收买地方"。由于 1965 年和 1967 年间恶劣的季风气候,再加上 1966 年和 1967 年五年计划暂停,使得尼赫鲁时期的进口替代战略难以为继。由于印度严重依赖石油进口,1973—1974 年和 1978—1979 年爆发的石油危机再次重挫印度经济。在这种情况下,因政治个人化和集权化不得民心的英迪拉,为了从民间汲取政治支持,采取了激烈的民粹主义经济政策。例如,她以"消除贫困"为口号贯彻了多种福利性的社会计划和

贷款计划,以取悦为数众多的中下层平民群体,例如表列种姓(Scheduled Castes)①、表列部落(Scheduled Tribes)②、农民、学生等。虽然英迪拉的政策短期内成功动员了占印度人口多数的中、下层民众,但是却没有财务可持续性。值得注意的是,英迪拉的这种政策进一步将印度的区域经济政策政治化,形成"恩主—侍从"模式,即中央拿政策和财政资源向地方交换选票支持。在这种模式之下,那些"忠诚"的邦和地方自然就能获得更多的工业布局、联邦拨款、基础设施建设优先权等。例如,虽然印度是亚洲最早践行经济特区的国家,但是由于印度盛行的"恩主—侍从"模式,这些经济特区并没有发挥引领发展的作用,因为印度政府往往不根据经济比较优势大小,而是根据政治关系亲疏来分配经济特区。可见,这种深度政治化的区域发展模式在经济上并不具备可持续性,不仅没有起到协调带动区域发展的效果,反而在拉吉夫时期导致了日益增长的财政危机,这为印度此后的经济改革埋下了伏笔。

三、联合政府时期:放松管制,马太效应

1989 年后,印度政治进入联合政府时期,这一时期的突出特点是没有单一政党能够在全国选举中取得多数席位,因此各个政党需要互相妥协,组成联合政府才能顺利执政。1991 年,拉奥的国大党政府与地方政党组成联盟团体,成功以联合政府的方式夺得政权,这一模式延续至 1996 年至 1998 年的联合阵线政府。此后出现的印度人民党领导的两届全国民主联盟政府(National Democratic Alliance)也同样倚仗了地方党派的帮助,更不用说辛格领导下的两届以国大党为首的联合进步联盟政府(United Progressive Alliance)。

因为缺乏在中央居统治地位的政党,地方小党、区域性政党往往就能"四两拨千斤",甚至起到"王位决定者"的作用。在这种情况下,很多时候地方小党的向背决定着联邦政府的政治轨迹。例如,来自泰米尔纳都邦的泰卢固之乡党(DESAM)和全印安纳德拉维达进步联盟(AIAMK)就在印度

①　表列种姓:指印度贱民,英国殖民地当局于"1935 年印度政府法"中,把印度贱民称为表列种姓。印度独立后仍沿用该名称。
②　表列部落:是对印度一批特定社会群体的正式的、带有法律效力的称谓。

人民党 1999 年上台的过程中居功至伟,因此作为执政党的印度人民党也在多个维度上受到这些地方党的影响,倾向于出台有利于这些地区的发展规划和政策。

在这种联合政府长期存在的大背景下,是否建立新邦、如何组建新邦就在选举中被赋予了极高的政治意义。例如,2000 年之所以贾坎德邦、恰蒂斯加尔邦和北阿坎德邦三个新邦能够分别从比哈尔邦、中央邦和北方邦分割出来,很大一部分原因就在于 1998 年大选中印度人民党在这三个地区获得了高额支持,因此在胜选后许诺这三个地区脱离旧邦组建新邦。[①] 这种将行政区划与选举挂钩的做法是印度联合政府时期多党竞争激化所引发的,也使得某些地区能够通过政治杠杆获得超额的经济发展资源。

与 1989 年的联合政府时期周期基本吻合的恰恰是印度的市场化改革。由于一系列内外原因,印度 1991 年出现了严重的外汇收支危机,为了应对危机拉奥政府开始逐步放松统治经济,启动了以自由化、市场化、私有化和全球化改革为导向的经济改革。印度中央政府逐步结束森严的许可证管制,并下放财权和审批权,允许各邦在计划之外自筹资金发展经济。然而,由于历史的惯性和经济基础的巨大差异,各邦在获得更大的经济和财政自由权的同时,出现了严重的区域不平衡与贫富分化现象。

更令人担忧的是,由于区域发展不平衡的状况不断加重,各邦之间的发展差距持续拉大,也导致了造成邦际关系持续紧张、社会矛盾激化。随着印度经济改革不断深化,城市化和全球化步伐不断加快,社会人员、货物、资本流动加速。但是,经济改革的好处却没有均衡地扩散到整个社会,一些弱势人群,尤其是来自落后地区的部族、低种姓群体深感疏离。正是这种情绪激发了一些地区要求设立新邦的运动,因为他们希望通过细分的行政区划以获得更多政治资源,以此保护自己的权利和利益。可见,区域平衡发展问题是亟待印度政府解决的关键问题,不仅关系到印度社会经济的全面进步,更关系到印度的政权稳定,甚至领土完整。

---

① 杨平学:《印度新成立三个邦》,《南亚研究季刊》2002 年第 2 期,第 72 页。

第三节　印度区域经济面临的挑战与应对

随着莫迪带领的印度人民党一举夺得 2014 年大选的胜利,成为多年来第一个在议会人民院取得压倒性多数席位的政党,印度的区域经济规划与政策翻开了崭新的一页。虽然此前历届印度政府长期致力于缩小区域发展差异,并在财政分配上向落后地区倾斜、在开放政策导向上鼓励向落后投资、在社会政策上对落后地区和人群采取多种扶持行动,但是区域发展不平衡的情况依然严峻,仍是莫迪面临的重要挑战。如果莫迪意欲撬动印度巨大的市场潜力和丰富廉价的人力资源,以此推动印度工业化进程、优化国内产业结构、全面提升经济实力和社会发展水平,那么平衡印度各地区发展,尤其是激发人口稠密、经济落后、城市化程度低地区的发展潜力则是必由之路。

一、现状:国内区域差距加速上升

印度 2017 年经济调查结果显示,其国内各邦之间的人均 GDP 差距不仅没有随着经济发展而缩小,反而还在加速扩大。印度自 20 世纪 90 年代市场化改革以来,保持了较为高速的经济增长速度,因此以国内生产总值或消费为指标的居民生活水平在所有邦都出现了普遍的提高,但是较富裕邦的增长显著快于较贫穷邦,随着时间推移两者出现明显背离。然而,国际同期的数据却截然相反,在其他国家,经济较落后地区增长总体快于较先进地区,因此两者随着时间推移呈现趋同走向。令人惊奇的是,印度这种邦际贫富分化的速度甚至还在不断上升中。

印度所有邦从 1984 年到 2014 年都经历了增长,人均 GDP 普遍提高。例如,特里普拉邦 2014 年人均 GDP 增长到了原来的 5.6 倍(从 1984 年的 11537 卢比到 2014 年的 64712 卢比),而喜马偕尔邦同期增长到原值的 4.3 倍。既然所有邦都出现了普遍性的增长,那么先进邦和落后邦之间的差距是如何变化的呢?

这就牵涉到邦之间的发展情况究竟是收敛趋同(convergence)还是背离(divergence)的问题了。比较落后的邦唯有人均 GDP 增速超过较发达邦,两者之间的差距才有可能缩小,最终达成区域发展的均衡。如果用图表说明,Y 轴为若干年内人均 GDP 的平均增数,而 X 轴为初始年份的人均 GDP 水平,那么如果区域发展出现趋同,那么各个邦将沿着一条向下倾斜的直线分布。

对此,印度阿尔温特苏布拉曼尼安(Arvind Subramanian)、G.伽雅特里(G.Gayathri)、纳夫尼拉吉沙马(Navneeraj Sharma)三位学者对 1994 年至 2014 年印度各邦、中国各省和世界各国的发展水平与经济增速进行了相关性研究。① 2004 年至 2014 年世界经济基础较差的国家普遍增长较快,追赶经济较为先进的国家;而中国各省中,经济基础较差的省区普遍经历了经济崛起,直追经济发达的省区。② 与此大相径庭,印度国内穷邦反而经济增速更低,远远落后于富邦。世界经济史上,自 19 世纪前期开始,"穷国增速慢、富国增速快"的现象逐渐拉大国家间的贫富差距,这种剧烈的两极分化被经济历史学家称为"大分流(Divergence)"。③ 然而,自 1980 年以来这种长期分流现象却逐渐退场,穷国增速开始超过富国,贫富差距逐渐缩小。但令人惊奇的是,印度却依旧是个例外,国内贫富不降反升起。

尤其值得关注的是,这种区域贫富差距的变化趋势。1994 年至 2004 年,世界各国(印度和中国的趋势其实颇为类似)贫富区域之间呈现弱收敛(weakconvergence)或是分离(divergence)的特征。然而,到了 2004 年至 2014 年,世界各国和中国各省已经出现了明显的贫富发展水平收敛现象,但印度即使考虑进比哈尔邦、中央邦、恰蒂斯加尔邦等穷邦的经济发展已经有所改善,却依旧呈现显著的分离,区域间贫富差距巨大,且仍在拉大中。

二、病根:经济治理与产业结构

印度区域发展的数据表明,穷富邦之间发展不平衡的状况依旧严峻,两者差距有进一步拉大的可能。与世界各国、中国各省普遍缩小的发展差距

---

① "In India, Diverging Incomes Despite Equalising Forces", *The Hindu*, 2017, http://www.thehindu.com/opinion/op-ed/in-india-diverging-incomes-despite-equalising-forces/article17336738.ece.

② "What Was The Great Divergence?", *Economist. Com*, 2017, https://www.economist.com/blogs/freeexchange/2013/08/economic-history-1.

③ "What Was The Great Divergence?", *Economist. Com*, 2017, https://www.economist.com/blogs/freeexchange/2013/08/economic-history-1.

相比,造成印度区域贫富差距不断加大的病根究竟是什么?

理论上说,落后地区由于资本稀缺而劳动力丰富,因此资本的回报率往往会更高,能够吸引资本和劳动力进入该地区进行生产活动,从而提高本地劳动生产率,推动经济发展,使其发展水平向发达地区靠拢。从这个角度看,基于比较优势的贸易可以被视为对于本地禀赋要素的交换,例如劳动力密集、资本稀缺的欠发达国家出口劳动密集型产品可被视为输出廉价劳动力,进口资本密集型产品则是吸引资本进入。从全球来看,虽然各国之间有贸易摩擦、劳工限制和资本管控等阻力因素,世界投资流和贸易流仍推动了区域发展的均衡化。印度一国之内资本和劳工流动的阻力理应更小,但是区域均衡发展却一直没有实现。究其原因,问题主要存在于经济治理和产业结构两个方面。

(一)经济治理

政府的管理与服务关系到经济发展的方方面面,因此不同地区不同的治理水平是解释印度穷邦和富邦之间发展水平和速度差异的重要变量。虽然由于资本稀缺的一些穷邦名义上的资本回报率极高,但是如果将糟糕治理带来的高额交易成本和政策风险计算在内,投资这些穷邦将不再具有经济可行性。一篇由印度国家应用经济学研究委员会发布的报告显示,印度最贫穷的邦同时也是营商环境最不理想的区域,常见的问题包括劳工制度、征地制度、税收制度、基础设施等。在这种背景下,欠发达地区的资本、人才、劳动力很难在本地发展生产,因而流入其他治理条件更好的区域,进一步强化、固化了区域差异。

(二)产业结构

一国的产业结构和发展模式决定了其资源禀赋的利用情况,同时也在很大程度上决定了区域发展的趋势。与世界其他完成经济起飞、赶超的新兴经济体不同,印度经济发展很大程度上依靠技术密集型和资本密集型制造业和服务业,如医药、软件、服务外包等,而不是在发展中经济体常见劳动密集型产业,如服装、鞋帽、家具等。印度的这种产业结构难以利用丰富而廉价的劳动力,因此非常不利于资本稀缺、劳动力丰富的穷邦完成经济赶超。[1] 与此相

---

[1] Dan Kopf, "Proof That India's Growth Mostly Benefits India's Rich", *Quartz*, 2017, https://qz.com/916236/regional-inequality-is-increasing-in-india/.

应,印度那些条件较好的富邦反而能够在自身高端产业的基础上,进一步虹吸人才和资本,强化原有的产业优势。这也是为什么大部分受教育条件良好的印度人喜欢聚集在高科技企业云集的城市,如古尔冈或是班加罗尔,这也加剧了区域发展失衡的现象。

虽然从经济治理和产业结构两个方面能够部分解释印度区域发展差距长期难以缩小的现象,但是新的问题又浮现出来:如果印度的富邦既是学习的榜样,又是吸引人才、劳动力、资本的磁石,那么穷邦在竞争的氛围中为什么不改善自身改革治理环境与产业结构,以期在竞争中获取优势?

三、药方:竞争性联邦主义

竞争性联邦主义指在联邦内部,各邦之间在经济发展议程上你追我赶,以此共同撬动整个联邦的全面发展。在竞争性联邦主义治理下,各邦为了在一系列发展指标上获得优胜,就会以更优质的经济治理、更完善的基础设施和更优惠的条件吸引资源。自印度人民党以压倒性优势获得 2014 年大选以来,总理纳伦德拉·莫迪将"竞争性联邦主义"视为印度经济发展中的重要战略,期待激烈的邦际竞争能够"提高每个邦的竞争力",继而"使得整个国家实现共同繁荣"。

在竞争性联邦主义下,因地制宜的地方性政策将取代僵化刻板的全国性政策,以最大限度地满足各地差异化的发展要求。为了促进竞争性联邦主义,莫迪政府废止了有着 64 年历史的印度国家计划委员会,用新成立的国家转型委员会取而代之。印度通过国家计委施行自上而下的统一计划指令,各邦的特性往往被忽略,缺少自下而上的信息交流。因此,国家转型委员会成立的意义之一就是赋权给邦级政府,强化地方政府的自主决策,促使他们更多参与中央的政策议程。同时,各邦政府也被赋予了根据自身需要和优先级自主规划预算的自由。在事权以外,地方政府也同时享有了更多的财权。目前,印度中央政府已经把地方政府分享中央财政的比例从原先的 32% 上调到 42%。这样一来,各邦政府进一步从中央政策和财政资源束缚中解放,可以实事求是地制定因地制宜的规划。

除了释放财权和事权以外,国家转型委员会还指派了多个区域理事会,负责在特定区域的多个邦之间促进合作、解决争议,并协调发起涉及交通运输、观光旅游、基础设施等跨邦项目的合作。

　　总而言之,竞争性联邦主义的意义在于创造一个宽松的宏观政策环境,使得各邦可以根据自身需要调整政策,创造良好的营商环境,同时促使各邦在改革议题上形成互相追赶、互相促进的氛围,最终促成印度整体营商环境的改善。这样一来,那些敢于改革、善于改革、精于改革的邦就能够获得最优的营商环境,并从经济发展中汲取最多的红利,而这种红利反过来就成为印度各邦着手改革的动力,自下而上推动了全国性改革。例如,古吉拉特邦在2016年修订了《征地和恢复法》,废除了部分土地开发项目的"社会影响调查"要求和"拆迁同意条款",理顺了古吉拉特邦的土地征收流程;再如,古吉拉特邦2015年通过了一系列劳动法改革,使得公用事业单位员工罢工更加困难,并降低了解雇企业员工的难度。从这个角度看,古吉拉特邦与其他改革议程滞后的邦相比,自然能够吸引更多的投资、人才、劳动力,取得更好的发展成绩,同时古吉拉特邦的发展成绩也成为其他邦艳羡和模仿的对象。

第四节　特征与反思

　　作为幅员辽阔的多民族、多宗教的联邦制国家,印度区域平衡发展问题是其中央政府长期重视、着力应对,但却一直难以圆满解决的问题。印度建国以来各时期印度中央和地方的关系、政府和市场的关系、区域政策手段不断变化,从尼赫鲁时期的中央集权与统制经济,到英迪拉—拉吉夫时代的地方崛起与民粹风行,再到联合政府时期的各自为战与马太效应,区域差异、贫富差距、区域协调的问题始终难以解决。

　　自印度人民党以压倒性优势获得2014年大选以来,总理纳伦德拉·莫迪突出强调了经济发展的重要意义,并将"竞争性联邦主义"视为经济发展中的重要战略,企图通过为邦级政府赋予更多财权、事权,推动各邦内的经济改革,激发邦际的"竞争锦标赛",以此应对长期困扰印度的全国性经济治理与产业结构问题。从理论上说,虽然"竞争性联邦主义"在长时间维度上或许能够起到改善经济治理,推动区域均衡发展的功效,但是短期内这种制度很难发挥均衡器的作用,反而会加剧马太效应。这一点已经被初步印证：当前印度国内最积极推动劳工、土地、许可证制度改革的恰恰是经济发展状况良好的古吉拉特邦、马哈拉施特拉邦和泰米尔纳德邦。在用以取代五年规划的"三年议程"中，印度国家转型委员会也把作为发展先行区的"沿海经济区"放在了条件较好的古吉拉特邦和泰米尔纳德邦。

虽然莫迪推行的"竞争性联邦主义"为印度的区域平衡发展创造了新的可能性，但如前所述，其带来的问题同样显而易见。首先，相比中国改革开放前较为均衡的区域发展，印度中央权力下放改革的基础是本就差异极大的区域发展。因此，如何保证在地方自主权加大的背景下，已然存在的区域发展鸿沟不会加宽，而是走向收窄？其次，虽然印度中央政府和各邦政府有追求经济发展的动力，但是他们的首要目标并非经济绩效，而是选举胜利。因此，邦级政府如何在拥有更大事权、财权的条件下排除政治诱惑，而选择真正有利于经济发展的政策？最后，印度中央政府在邦级层面的经济决定权下降，而新设立的区域理事会功能又不明朗，因此，在中央协调能力下降尤其是在中央和地方分属不同党派执政的情况下，如何保证各邦不出现恶性竞争的情况？如何回答这些问题，将决定莫迪区域经济战略的成败。

参考文献

1. [俄]л.и.阿巴尔金院士主编:《俄罗斯发展前景预测——2015 年最佳方案》,社会科学文献出版社 2001 年版。

2. 安虎森:《有关区域经济政策的一些思考》,《南开学报(哲学社会科学版)》2003 年第 4 期。

3. 包晓雯:《英国区域规划的发展及其启示》,《上海城市规划》2006 年第 4 期。

4. 蔡金城:《印尼经济发展总体规划解读》,《战略决策研究》2011 年第 5 期。

5. 曹银生:《英国规划体系的特点与启示》,《上海城市规划》1999 年第 4 期。

6. 陈成、张丽君:《英国区域空间战略及对我国的启示》,《国土资源情报》2012 年第 1 期。

7. 陈志敏、王红扬:《英国区域规划的现行模式及对中国的启示》,《地域研究与开发》2006 年第 3 期。

8. 范恒山:《国家区域发展战略的实践与走向》,《区域经济评论》2017 年第 1 期。

9. 范恒山:《十八大以来我国区域战略的创新发展》,《人民日报》2017 年 6 月 14 日。

10. 方立:《法国的地区差距及其解决措施》,《高校理论战线》1997 年第 10 期。

11. 冯兴元:《欧盟与德国——解决区域不平衡问题的方法和思路》,中国劳动社会保障出版社 2002 年版。

12. 葛新蓉:《俄罗斯区域经济政策分析》,《俄罗斯东欧中亚研究》2010

年第 2 期。

　　13. 贾丽、殷为华:《论日本区域经济协调发展政策及对我国的启示》,《全国商情·经济理论研究》2007 年第 6 期。

　　14. 李碧华:《越南"两廊一圈"的政策规划建设与中越共建"一带一路"》,《东南亚纵横》2016 年第 5 期。

　　15. 李青、李文军、郭金龙:《区域创新视角下的产业发展:理论与案例研究》,商务印书馆 2004 年版。

　　16. 李铁堆:《美国促进区域经济协调发展的财政经济政策及具体措施》,《经济研究参考》2008 年第 48 期。

　　17. 李小建:《澳大利亚的区域发展政策及实践分析》,《亚太经济》1991 年第 4 期。

　　18. 李晓西:《借鉴美国区域经济政策　缩小我国地区经济差别》,《经济界》1996 年第 6 期。

　　19. 连振隆:《简述美国区域经济的均衡政策及启示》,《甘肃理论学刊》2000 年第 1 期。

　　20. 林承节:《印度现代化的发展道路》,北京大学出版社 2001 年版。

　　21. 林梅:《特朗普当选后印尼经贸政策的调整》,《亚太经济》2017 年第 2 期。

　　22. 刘建芳:《美国的区域经济政策及其启示》,《东南大学学报(哲学社会科学版)》2002 年第 4 期。

　　23. 倪建国:《关于区域经济发展不平衡的理论和巴西政府的实践》,《拉丁美洲研究》1991 年第 2 期。

　　24. 彭浩熹:《美国区域经济发展对中国的启示》,《湘潭师范学院学报(社会科学版)》2009 年第 6 期。

　　25. 彭新万:《法国解决地区差距问题的作法及对我国的启示》,《商业研究》2006 年第 12 期。

　　26. 曲峻岭、董晓霞:《新西兰奶业发展概况及环境保护政策》,《中国食物与营养》2014 年第 8 期。

　　27. 沈红芳、李志龙:《菲律宾政府的 FTAs 和 RTAs 政策选择初探》,《南洋问题研究》2015 年第 2 期。

28. 舒朝普:《范恒山:推动区域经济协调发展需要新思路》,《中国外资》2017 年第 3 期。

29. 司劲松:《美国区域经济发展的成功经验》,《中国经贸导刊》2005 年第 14 期。

30. 孙彩红:《印度行政区划与层级现状、分析及启示》,《东南亚南亚研究》2013 年第 2 期。

31. 孙振明:《新西兰产业集群政策之分析》,《石家庄经济学院学报》2009 年第 3 期。

32. 田庆立:《日本的区域经济政策及对我国的启示》,《环渤海经济瞭望》2010 年第 2 期。

33. 魏后凯:《美国联邦政府对地区经济的干预与调节》,《经济学动态》1997 年第 1 期。

34. 吴崇伯:《印尼新总统佐科的海洋强国梦及其海洋经济发展战略试析》,《南洋问题研究》2015 年第 4 期。

35. 伍红:《借鉴国际经验完善我国促进循环经济发展的税收政策》,《企业经济》2012 年第 5 期。

36. 伍江:《亚洲城市点评:从〈曼谷:迈向可持续和包容性发展面临的挑战〉一文想到的》,《上海城市规划》2015 年第 3 期。

37. 徐锦辉:《巴西对落后地区的开发及几点启示》,《拉丁美洲研究》1988 年第 3 期。

38. 晏敬东:《法国国土整治和区域发展政策》,《武汉汽车工业大学学报》2000 年第 5 期。

39. 杨维富:《加拿大政府促进欠发达地区经济发展的政策措施及启示》,《调查研究报告》2004 年第 196 期。

40. 杨玉梅:《欧盟区域政策述评》,《经济问题探索》2007 年第 1 期。

41. 姚传界:《行政区划变动与印度的政治经济》,《襄阳职业技术学院学报》2006 年第 5 期。

42. 衣保中、任莉:《论日本的区域经济政策及其特色》,《现代日本经济》2003 年第 5 期。

43. 殷醒民、刘婍:《一个目标、两个层级的区域政策——评德国区域平衡发展政策》,《世界经济文汇》2007 年第 3 期。

44. 张秉福:《国外区域经济政策的实践及其启示》,《红旗文稿》2006 年第 2 期。

45. 张洁:《战后日本区域经济政策的演变分析》,《商场现代化》2013 年第 8 期。

46. 张力、夏露林:《美国区域经济政策的演变机理及其对我国的启示》,《当代经济》2010 年第 10 期。

47. 赵磊、王市均:《"一带一路"沿线主要国家之印尼篇》,《世界金属导报》2016 年 5 月 24 日。

48. 周世秀:《巴西现代化进程中的地区经济差距和南方分立运动》,《世界历史》1994 年第 2 期。

49. Apiwat、Ratanawaraha、纪雁等:《曼谷:迈向可持续和包容性发展面临的挑战》,《上海城市规划》2015 年第 3 期。